县域发展与中国现代化

County Development
and China's Modernization

刘建平 徐璐玲等/著

人民出版社

序

县域经济发展事关基层稳定、人民福祉，历来是国家发展全局中的重要因素，受到重视。党的十六大明确提出"发展壮大县域经济"，县域经济和社会发展更被推到一个新的高度。作为推进社会主义新农村建设的重要载体、全面建设小康社会的客观要求、统筹解决我国"三农"问题的必然选择，发展壮大县域经济具有极为重要的现实意义和极强的针对性，是摆在各级干部面前的一项重大而紧迫的战略课题和战略任务。

值得高兴的是，几年来，各地在努力发展壮大县域经济方面，采取了许多卓有成效的措施，探索了许多具有创新性的做法，取得了许多实实在在的成绩。山东陵县在实践中，既立足县情区情，又把握住当前经济社会发展的时代脉搏，初步形成了自己的竞争优势，为县域经济社会全面发展提供了一个生动的样本，值得各方研究、借鉴和关注。

但是，我们也要看到，发展壮大县域经济是一个涉及面广、时间跨度长、需要各方面统一认识、科学设计、把握时机、协调配合、重点突破、带动全局的高度复杂的系统工程，并非解决了几个发展难题就可以"一劳永逸"。所以，无论我们现在取得了多么令人高兴的成绩，相对于我国"三农"工作的长期性、复杂性和艰巨性，发展壮大县域经济仍然只是万里长征迈出了第一步。

县一级经济社会是宏观与微观、工业与农业、城市与农村的连接点，区域特征千差万别、发展程度快慢不一，有发达的、欠发达的、农业主导型的、工业主导型的、服务业主导型的、资源型的、城郊型的、山区型的、平原型的，等等。因此，要充分认识县域经济的差异性；另一方面也要充分认识发展县域经济的系统性和共性。县域经济涉及到投资、生产、流通、分配、消费等各个过程，发展中不能顾此失彼，必须做到"配套改革，整体推进"。

从现实来看，当前仍然需要进一步解放思想，积极推进与社会主义市场经济体制相统一的法制、体制、机制建设，对照市场经济的要求，确立县域经济发展战略。在具体实践中，要善于根据国家全局发展形势和方针政策，结合县域经济特点，发挥县域经济优势，做到思路正确、定位准确、措施得力，真正形成县域经济核心竞争优势。

在发展壮大县域经济的长期任务中，以科学发展观为指导，把全面建设小康社会与统筹解决"三农"结合起来，正确决策，凝聚力量，科学管理，因势利导，我们一定能够实现县域又好又快的持续发展。

十届全国人民代表大会常务委员会副委员长　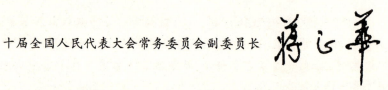

前　言

　　现代化是国家强盛的必由之路，没有谁可以超越抑或绕开它而一步登天。英国如是，美国如是，日本如是，中国亦如是。

　　然而，与其他国家不同的是，中国是一个世界上人口最多的国家，而且，农民占人口总数的绝大多数。

　　这是一个简单的事实，但它却是问题的根本所在。在一个数千年来以农耕文化为主体、拥有巨大农民群体的中国，绝不是来一场文艺复兴、来一次工业革命就可以走向现代化的，但再大的困难也必须克服。因为，没有农业的现代化、没有农村的现代化、没有农民的现代化，就没有中国的现代化。

　　基本的国情决定了中国的现代化只能走自己的道路。这条道路的一个重要特征，就是通过培育现代农业、建设新农村、造就现代农民，实现县域经济社会全面发展，进而实现城乡一体化，并最终实现国家的现代化。

　　《史记·黥布传》早有记载："郡县治，天下安。"在中国，县域是城乡结合体，具有独特的地位和影响力。一方面，它是城市向农村的延伸，是城市连接农村的物质和精神的平台，汇集了从政策到时尚等各种元素，是城市对农村影响最直接的地方；另一方面，它是农村通向城市的必经之地，是农村物流、人流、风俗、文化向外流动扩展的中转站和集散地。县域发展直接包含着农村的发展、体现着农村的发展、决定着农村的发展。

　　唯如此，近年来越来越多的人不遗余力地为县域发展献计献策。也唯如此，党中央在十六大正式使用了"县域"概念，并发出了"壮大县域经济"的号召。其后，党的十六届三中全会进一步强调"要大力发展县域经济"。党的十七大报告提出："以促进农民增收为核心，发展乡镇企业，壮大县域经济，多渠道转移农民就业。"

　　但县域发展并非可以运动式的方式来实现，也并非可以一种模式或数种模式来替代。经济发展的不平衡、历史文化的差异性、地理区位的不相同、乃至发展理念和发展带头人的不一样，都决定了县域发展的复杂性与多样性。

　　于是，人们可以看见许许多多在中国独树一帜、个性鲜明但却具有共同发展主题的县域发展版块或曰模式。举凡苏南、温州、珠江、济源、义乌等等，无一不是这种独创的发展精神的体现，无一不是区域发展的先行者，无一不是县域发展的有益借鉴。但没有谁能将它们复制到整个社会。这就是差异所在。

因此，在这里讨论的县域发展，并非要推荐一种可供遵从的模式，并非要制造一种用以"克隆"的版本。作者希望，通过讲述一个县域的发展，来沟通对于农业现代化与新农村建设、县域经济与县域发展的理解，并从中找到共通、共同的东西，从而最好地协调和处理在县域发展中遇到的各种矛盾，实现又好又快的发展目标。

山东省德州市陵县即是作者在这种思路下的选择。

陵县位于山东的西部、中国的东部，是一个非常普通的县级单位，正是因为它的普通，从而具有很强的代表性。从静态来讲，陵县在人口分布、经济发展水平、技术、管理、社会等诸多方面与全国大多数县相似；从动态来看，陵县这几年经济社会发展很快，社会各界普遍享受到了改革和发展的成果，与其他县域一样，陵县发展中面临的挑战也值得关注。

作者从经济发展、社会进步、环境保护、法制建设、组织保障等多个层面对陵县进行全方位的观察和思考。当然，它的观察结果并非唯一的，它的思考成果也并非唯一的。作者认为，它的价值在于试图用事实阐明以下理念：

县域发展，需要改变传统思维，按照城乡统筹思路去构建发展战略；

县域发展，尤其需要发挥区位优势，最大限度地配置好各种资源；

县域发展，需要构建环境友好型和资源节约型社会，实现可持续性发展；

县域发展，是经济社会全方位的、具体的发展，抽象谈论县域经济没有说服力。

道理还有很多，需要更多的思想交流和智慧碰撞。

值得说明的是，这本书不是一本迎合时尚的流行读物，而是一群奉行学以致用并且身体力行的人的共同创作，是一些志同道合者的劳动结晶。

有一句话叫做知识改变命运。作者坚信：只有将个人命运与国家命运系于一体时，知识改变的个人的命运才愈显其价值。

至于是否能够将所学的知识与中国现实最迫切需要解决的问题结合起来，读者自然会做出评判。

Preface

Modernization is the only way leading to a country's prosperity and strength. No country can become prosperous and strong without undergoing it, as we can see it in the case of Great Britain, America, Japan as well as China.

However, China is different from any other countries. It has the largest population in the world. Moreover, the great majority of its total population is farmers.

This is a simple fact, yet it is a fundamental problem. Since China has formed a dominant farming culture since thousands of years ago and has a large number of farmers, it determines that China's modernization can never be realized simply through a movement like the Renaissance or the Industrial Revolution. However, no matter how great the difficulty is, it must be overcome. Without the modernization of the agriculture, the countryside and the farmers, there will be no modernization of China.

The basic realities of the country decide that China's modernization must follow its own path. One important characteristic of this path is to develop modern agriculture, build a new countryside and train modern farmers so that it can realize the overall development of the county, and further achieve the integration of urban and rural areas, and finally realize the country's modernization.

In the Biography of Qing Bu of the Records of the Historian, it says that "If the counties are in good order, the whole nation will be peaceful" . In China, the county, as a combination of the city and the country, has unique status and influence. On the one hand, it is the stretch of the city to the country. It is a platform for the city to connect with the country's materials and spirit. It is where various elements of the city ranging from policies to fashion converge, thus it is the place where the city imposes its immediate influence on the country. On the other hand, it is the only path leading the country to the city. It is the transferring station and distributing center of the country's logistics, population, customs and culture to flow and spread outwards. The development of counties is part of the development of the countryside, represents the development of the countryside and determines the development of the countryside.

Hence, recently more and more people have spared no pains to make suggestions for the development of counties. And hence, the Central Committee of the Communist Party of China officially used the concept of "county" and called on to "expand county economies" in the 16th NCCPC. And later, in the 3rd Plenary Session of the 16th CPC Central Committee, the idea of "devoting major efforts to developing county economies" was stressed again. And in the Report to the 17th National Congress of the Communist Party of China, it put forward that "To increase farmers' income, we will develop rural enterprises, expand county economies, and transfer rural labor out of farming through various channels".

But the development of counties can't be realized in a mobile mode, nor can it be achieved by using indiscriminately one mode or multiple modes. The Imbalance of economic development, diversification of history and culture, disaffinity of geographical locations as well as varieties of development concepts and leaders determine the complexity and diversity of modes for county development.

As a result, in China, people may see a lot of county development modes or patterns which share common development themes in spite of their uniqueness and distinctness. For example, Sunan, Wenzhou, Zhujiang, Jiyuan, Yiwu, etc, none of them are not embodiment of the creative development spirit; none of them are not forth goers of region development; none of them are not good examples of county development. However, no one can copy their development modes and apply them to the whole society. This is the difference.

Thus, the purpose of the discussion on county development in this book is not to recommend a development mode for people to follow or to create a development pattern which can be cloned to the whole society. The author hopes that by the explanation of one specific country's development, people can get a better understanding of agricultural modernization and building a new countryside, county economies and county development so that they can find out what is in common in county development. And consequently, they can do their best in coordinating and dealing with the various conflicts confronted in county development and realize fast and sound county development.

So thinking, the author chooses Ling County of Dezhou in Shandong Province.

Located in the west of Shandong Province and the east of China, Ling County is a very common county. But it is just its commonness that makes the county itself highly representative. From a static point of view, Ling County is similar to most of other counties in China in the aspects of population distribution, economic development level, technologies, administration and society, etc. From a dynamic point of view, Ling County has been undergoing fast social and economic development in recent years. As a result, all walks of life in the society can share in the benefits of the innovation and development. However, like other counties, the challenges it faces in the development progress are worthy of our attention.

The author has made an all-round observation and thinking on Ling County in multiple aspects such as economic development, social progress, environment protection, legal system construction and organizational guarantee. Of course, the outcome of the observation and thinking is manifold. The author thinks its value lies in that it tries to explain the following ideas by facts:

For the development of counties, we must change the traditional way of thinking and construct development strategies in accordance with the idea of balancing urban and rural development.

For the development of counties, we especially need to bring into play of regional advantages and optimize the allocation of all kinds of resources.

For the development of counties, we must build a resource-conserving and environment-friendly society and achieve sustainable development.

County development is all-round and concrete social and economic development. Any abstract discussion on county economies can't be convincing.

Of course, there are far more ideas than the above-mentioned, the discovery of which needs more communication of thoughts and meetings of great minds.

It is worthy of note that this book is not a popular reading which caters to fashion trends. Rather it is the product by the joint efforts of a group of people who study something in order to apply it in reality and earnestly practice what they advocate; it is the fruit of labor of a group of people who cherish the same ideals and take the same cause.

There is a saying to the effect that knowledge can upgrade one's life. The author firmly believes that only when one links his personal destiny closely with his nation's fate can his life be more worthy.

As for the question whether or not the author has succeeded in applying what he has learned to solving the most urgent problems facing China, it is at readers' judgment.

目　录

第 1 章　总　论

1.1　现代化的定义与空间层次 ……………………………………（3）

　1.1.1　现代化的定义 ………………………………………（3）

　1.1.2　现代化的空间层次 …………………………………（3）

1.2　县域发展在现代化建设中的作用 ……………………………（4）

　1.2.1　经济保障 ……………………………………………（4）

　1.2.2　社会保障 ……………………………………………（5）

　1.2.3　安全保障 ……………………………………………（6）

　1.2.4　生态保障 ……………………………………………（6）

1.3　县域发展的机遇与挑战 ………………………………………（6）

　1.3.1　县域发展的机遇 ……………………………………（7）

　1.3.2　县域发展的挑战 ……………………………………（8）

1.4　县域发展的研究思路 …………………………………………（10）

　1.4.1　研究方法 ……………………………………………（10）

　1.4.2　样本选择 ……………………………………………（11）

第 2 章　县域经济发展

2.1　县域经济发展的内涵与面临的问题 …………………………（17）

　2.1.1　基本内涵 ……………………………………………（17）

　2.1.2　面临的主要问题 ……………………………………（19）

2.2　陵县经济发展规划 ……………………………………… (20)

　2.2.1　区域定位 ………………………………………… (20)

　2.2.2　经济发展规划 …………………………………… (23)

2.3　陵县经济发展规划的实施成效 ……………………… (27)

　2.3.1　经济实力壮大 …………………………………… (27)

　2.3.2　产业结构优化 …………………………………… (30)

　2.3.3　经济活力增强 …………………………………… (34)

第3章　县域新型工业化

3.1　新型工业化与县域经济 ……………………………… (39)

　3.1.1　工业化与新型工业化 …………………………… (39)

　3.1.2　新型工业化实践与探索 ………………………… (40)

3.2　陵县新型工业化的主要措施 ………………………… (43)

　3.2.1　软环境建设 ……………………………………… (43)

　3.2.2　完善开发园区 …………………………………… (45)

　3.2.3　发展高新技术产业 ……………………………… (48)

　3.2.4　实施名牌战略 …………………………………… (53)

3.3　陵县新型工业化的成效与问题 ……………………… (55)

　3.3.1　取得的成效 ……………………………………… (55)

　3.3.2　存在的问题 ……………………………………… (57)

第4章　县域现代农业建设

4.1　现代农业建设与县域发展 …………………………… (61)

　4.1.1　现代农业与新农村建设 ………………………… (61)

　4.1.2　发展现代农业的路径 …………………………… (62)

　4.1.3　发展现代农业的瓶颈 …………………………… (65)

4.2　陵县现代农业的投入保障机制 ……………………… (66)

　4.2.1　加大政府投入力度 ……………………………… (66)

　4.2.2　落实各项惠农政策 ……………………………… (69)

    4.2.3　鼓励投资现代农业 ·· （71）

  4.3　陵县农业产业化经营 ··· （72）

    4.3.1　培育经营主体 ··· （74）

    4.3.2　发挥农村金融的作用 ·· （75）

  4.4　陵县农业市场体系建设 ·· （77）

    4.4.1　强化农产品流通设施建设 ····································· （77）

    4.4.2　发展多元化市场流通主体 ····································· （79）

    4.4.3　加强农产品质量安全监管 ····································· （81）

第5章　县域开放与合作

  5.1　县域开放与合作的作用和现状 ····································· （85）

    5.1.1　县域开放与合作的作用 ······································· （85）

    5.1.2　县域开放与合作的现状 ······································· （87）

  5.2　陵县招商引资 ··· （89）

    5.2.1　基本情况 ··· （89）

    5.2.2　主要措施 ··· （90）

    5.2.3　主要成效 ··· （95）

  5.3　陵县引进技术 ··· （98）

    5.3.1　基本情况 ··· （99）

    5.3.2　主要措施 ·· （100）

    5.3.3　主要成效 ·· （101）

  5.4　陵县引进人才 ·· （103）

    5.4.1　基本情况 ·· （103）

    5.4.2　主要措施 ·· （104）

    5.4.3　主要成效 ·· （109）

第6章　县域社会事业发展

  6.1　县域社会事业发展现状与问题 ···································· （115）

    6.1.1　劳动就业 ·· （115）

　　6.1.2　社会保障 ……………………………………………… (116)

　　6.1.3　其他社会事业 ………………………………………… (118)

　6.2　陵县劳动就业 …………………………………………… (120)

　　6.2.1　就业现状和问题 ……………………………………… (120)

　　6.2.2　促进就业的措施 ……………………………………… (124)

　6.3　陵县社会保障 …………………………………………… (131)

　　6.3.1　社会保障现状和问题 ………………………………… (131)

　　6.3.2　发展社会保障的措施 ………………………………… (132)

　6.4　陵县其他社会事业 ……………………………………… (143)

　　6.4.1　教育事业 ……………………………………………… (143)

　　6.4.2　医疗卫生和计划生育事业 …………………………… (149)

　　6.4.3　旅游和文化体育事业 ………………………………… (153)

第7章　县域环境保护

　7.1　县域环境保护的现状 …………………………………… (161)

　7.2　陵县环境保护工作的目标与重点 ……………………… (162)

　　7.2.1　工作目标 ……………………………………………… (163)

　　7.2.2　工作重点 ……………………………………………… (164)

　　7.2.3　工作措施 ……………………………………………… (165)

　7.3　陵县环境保护工作的成效与问题 ……………………… (171)

　　7.3.1　工作成效 ……………………………………………… (171)

　　7.3.2　主要问题 ……………………………………………… (173)

第8章　县域法制建设与社会稳定

　8.1　县域法制建设的作用与重点 …………………………… (177)

　　8.1.1　县域法制建设的作用 ………………………………… (177)

　　8.1.2　县域法制建设的要点 ………………………………… (178)

　8.2　陵县预防和解决民事纠纷 ……………………………… (180)

　　8.2.1　诉讼外调解纠纷 ……………………………………… (180)

　　8.2.2　践行司法为民理念 ……………………………………（183）

　　8.2.3　维护当事人合法权益 …………………………………（187）

8.3　陵县预防和打击犯罪 …………………………………………（189）

　　8.3.1　严厉打击暴力犯罪 ……………………………………（190）

　　8.3.2　依法打击经济犯罪 ……………………………………（191）

　　8.3.3　预防和打击职务犯罪 …………………………………（192）

8.4　陵县社会安全与稳定工作 ……………………………………（193）

　　8.4.1　城市管理 ………………………………………………（193）

　　8.4.2　信访工作 ………………………………………………（194）

　　8.4.3　安全生产 ………………………………………………（195）

第9章　政府行政和组织保障

9.1　县域政府职能转变与组织保障 ………………………………（199）

　　9.1.1　县域政府职能转变的两个方向 ………………………（199）

　　9.1.2　县域政府职能转变的条件 ……………………………（200）

　　9.1.3　提升基层党组织的执政能力 …………………………（201）

9.2　陵县转变政府职能的着力点 …………………………………（202）

　　9.2.1　服务于经济建设 ………………………………………（202）

　　9.2.2　强化公共服务 …………………………………………（203）

9.3　陵县干部队伍建设 ……………………………………………（204）

　　9.3.1　严格干部选拔与任用 …………………………………（204）

　　9.3.2　开展干部教育与培训 …………………………………（207）

　　9.3.3　注重领导干部作风建设 ………………………………（208）

　　9.3.4　做好干部监督工作 ……………………………………（210）

9.4　陵县组织保障 …………………………………………………（210）

　　9.4.1　加强县乡村三级党组织建设 …………………………（211）

　　9.4.2　加强非公有制企业党组织建设 ………………………（212）

　　9.4.3　保持共产党员先进性 …………………………………（213）

第 10 章　县域发展与现代化的观察与思考

10.1　县域发展重大问题论争 ……………………………… (217)

10.1.1　县域应优先发展何种工业 ………………………… (217)

10.1.2　县域如何处理好工业和农业的关系 ……………… (218)

10.1.3　县域内剩余劳动力的就业如何解决 ……………… (218)

10.1.4　县域经济社会和环境如何协调发展 ……………… (219)

10.2　县域发展道路的理性选择 …………………………… (219)

10.2.1　准确把握当地的区域功能定位 …………………… (220)

10.2.2　因地制宜实施工业强县战略 ……………………… (220)

10.2.3　继续强化农业的基础性地位 ……………………… (221)

10.2.4　统筹城乡就业和社会事业发展 …………………… (221)

10.2.5　实现经济、社会、环境的和谐发展 ………………… (222)

10.2.6　建立强有力的组织保障体系 ……………………… (222)

10.3　中国现代化对县域发展的新要求 …………………… (223)

10.3.1　县域发展历程:中国现代化发展的缩影 ………… (223)

10.3.2　县域发展方向:从发展经济到关注民生 ………… (227)

10.3.3　县域发展新要求:科学发展与社会和谐 ………… (231)

参考文献 …………………………………………………… (241)

后　　记 …………………………………………………… (245)

第 1 章

总 论

  长期以来，"县"一直是中国稳定的区域单位。县域发展不仅仅包括县域经济的发展壮大，也包括县域社会事业的全面进步和生态文明建设等方面的内容。中国现代化目标的实现离不开县域的发展。县域发展的研究应从县域经济入手，并在此基础上讨论县域社会事业发展、环境保护、法制和组织保障等内容。本书以山东陵县作为研究样本。

1.1 现代化的定义与空间层次

1.1.1 现代化的定义

现代化是一个全面发展的概念，可以从动态和静态两方面进行描述。从动态来看，现代化是世界上不断变换着的后进国家对暂时处于领先地位国家的"追赶过程"和世界上不断变换着的先进国家对自身状态的"超越过程"。从静态看，现代化表现为几个能力：对物质、能量和信息的支配能力；对科学技术发展具有革命性提升的创新能力；对社会公正的实现能力；对物质文明与精神文明的协调能力；提高制度的整合能力和规范社会的有序能力；对可持续发展目标的实现能力。

相应地，现代化指标表现为：工业化水平指数、信息化水平指数、竞争力水平指数、城市化水平指数、集约化水平指数、生态化水平指数、公平化水平指数、全球化水平指数，包括了经济增长、社会发展、文明进步、社会有序程度、生活质量的总体表达，可以相对地评估出中国及各省、市、自治区同当代世界中等发达国家在实施严格比较后的现代化程度与现代化水平。

1.1.2 现代化的空间层次

现代化不是抽象的概念，应有具体的地理平台及其边界尺度。从理论地理学的角度出发，现代化的空间边界应在两个层次上做出明确判定：

第一个层次是国家级层次。它是指世界上具有独立的立法、司法、行政和外交能力的国家，它们可以作为一个整体去设计自己的现代化目标并规划不同时段（期）的现代化进程。第二个层次是区域级层次。它是指在一个国家之内具有一定地域规模、人口规模和经济规模的行政区域。在这个层次中，规定必须具备一定的空间面积（不能太小，不能割裂区域中所应包括的城市和乡村，也不能产生环境污染的外溢性效应等）、一定的人口规模、相对独立的经济规模和一定的生态环境单元时，才可能有效地担负起实施和规划该区域现代化进程的职能。

1.2 县域发展在现代化建设中的作用

县域发展的概念既包括县域经济增长，又包括县域社会稳定与发展、文化建设、党组织建设和生态文明建设，县域发展在中国现代化建设中具有重要作用。

1.2.1 经济保障

县域经济是统筹城乡经济社会发展的基本单元，是国民经济的重要基础。它是工业经济与农业经济的结合点，也是宏观经济与微观经济的衔接处。因此，县域经济是集社会功能于一身的国民经济的基层经济。截至 2006 年底，中国列入县域经济统计范围的 2072 个行政单位，人口总数超过 9.62 亿，约占全国总人口的 73%；县域经济的 GDP 约占全国 GDP 的 60%，全社会商品零售总额、实际利用外资等指标都占全国的 $\frac{1}{3}$ 左右，地方财政一般预算收入约占全国的 $\frac{1}{4}$。县域发展为现代化建设提供的经济保障作用主要体现在以下几个方面：

首先，生产力发展要素主要源于县域。一国经济要素包括人口、技术、资本、土地、矿藏、森林、水源等自然资源。广大农村为国家建设提供了充足的劳动力资源。土地、矿藏、森林、水源等自然资源大都集中在县域。没有县域资源在国家资源中的合理配置，就没有国民经济的快速发展。以农副产品为原料的食品业和轻工业，以矿物质为原料的重工业和新兴产业等，大都依赖于县域资源的支撑。可以说，只有县域经济有了长足的发展才能实现一个国家的富强和人民的富裕，这是经济发展和市场建设的基本规律。

其次，消费市场的扩大源于县域。中国农村消费市场潜力巨大，蕴涵着无限商机。随着农村改革的深化和经济社会的发展，县域居民可支配收入与消费水平的提高，县域将成为国内最大的消费市场。只有县域经济加快发展，农民收入和购买力不断提高，市场容量才会进一步扩大，对经济增长的拉动力才会更强[①]。

正因为如此，发展县域已被纳入政府工作议程。2002年11月，十六大报告首次提出："发展农产品加工业，壮大县域经济。"自此，"县域经济"被正式纳入国家经济建设和经济体制改革的范畴。2003年3月，十届人大一次会议政府工作报告提出"推动县域经济发展"；2004年2月，中共中央"1号文件"强调"壮大县域经济"；2005年3月，十届人大三次会议政府工作报告提出"发展乡镇企业，壮大县域经济"；2006年的中央"1号文件"——《中共中央 国务院关于推进社会主义新农村建设的若干意见》指出："增强县级管理能力，发展壮大县域经济。"十七大报告也提出："以促进农民增收为核心，发展乡镇企业，壮大县域经济，多渠道转移农民就业。"

1.2.2　社会保障

当前，中国实现现代化的最大社会障碍源于社会事业发展不平衡。农业大国的基本国情决定了城乡二元经济结构在县域范围内一时难以改变。农村人口多、农业分散经营等问题加剧了县域特别是农村发展在分享工业化成果上的矛盾。城乡二元体制改革进展缓慢，乡村公共基础设施严重不足，造成行路难、饮水难、就学难、就医难、就业难、进城难等等。而县域的发展使得社会保险、社会救助、社会福利、社会慈善等社会保障体系得以逐步健全，使老有所养、病有所医、少有所学等落到实处，因而是现代化建设顺利进行的有力保障。

---

① 尚可．关于发展县域经济的几点思考．中国网，2005-08-31．

1.2.3 安全保障

现代化建设是以一定的安全保障为前提的。安全既包括传统意义上的军事安全，也包括众多的非军事安全，如经济安全、土地安全、粮食安全、公共卫生与疾病防治、文化安全等。县域科学合理发展，既可以保障土地安全，也增加了粮食供给，预防和防范突发性事件（自然灾害、疾病等），为现代化目标的顺利实现提供了非传统意义上的安全保障。

1.2.4 生态保障

生态文明是现代化建设的重要方面。生态文明内容广阔，包括通过节约资源和保护生态环境的产业结构、增长方式、消费模式，减少主要污染物的排放，提高可再生能源比重，明显改善生态环境质量。通过发展县域环保事业，走新型工业化道路，大力发展循环经济，既可以节约资源和能源，避免低水平重复建设，又可以实现人与自然的协调发展，从而最终实现现代化。

1.3 县域发展的机遇与挑战

当今世界正在发生广泛而深刻的变化，当代中国也正在发生广泛而深刻的变革。县域发展机遇前所未有，挑战也前所未有，总体上机遇大于挑战。县域如何在"科学发展和社会和谐"方针指导下带领全县人民从新的历史起点出发，抓住和用好重要战略机遇期，加快推进社会主义现代化进程，是值得认真研究的重大战略问题。

1.3.1 县域发展的机遇

1. 宏观发展环境有利

党的十七大明确提出，"必须坚持统筹兼顾。要正确认识和妥善处理中国特色社会主义事业中的重大关系，统筹城乡发展、区域发展、经济社会发展、人与自然和谐发展、国内发展和对外开放，统筹中央和地方关系，统筹个人利益和集体利益、局部利益和整体利益、当前利益和长远利益，充分调动各方面积极性"，并提出"继续实施区域发展总体战略"，"突破行政区划界限，形成若干带动力强、联系紧密的经济圈和经济带"，"更好发挥经济特区、上海浦东新区、天津滨海新区在改革开放和自主创新中的重要作用"，为推动区域经济协调发展制定了新的战略。

在政策层面上，国家也十分注重经济社会平衡发展，缩小城乡差距和地区差距。其中，最典型的财政政策的变化：一是强化支农惠农财税政策，推动城乡协调发展。加大投入力度是支农惠农的重要政策。2003～2007年，中央财政用于"三农"的资金投入累计达到15059亿元，年均增长15.5％。地方各级财政也相应加大了投入。近几年是改革开放以来财政对农业、农村、农民投入增加最多、增长最快的时期之一。二是国家增加了对教育、社会保障和就业、医疗卫生、公益性事业和文化产业的投入力度，推动经济社会协调发展。三是完善转移支付制度，推动区域协调发展。2002～2007年，中央对地方转移支付总额由4344.96亿元增加到11774.67亿元，年均增长22.1％，其中90％以上用于中西部地区。同时，不断完善转移支付分配办法，形成了上下共同努力提高县乡财政保障能力的机制，推动省以下财政管理方式创新。截至2006年底，全国财政困难县个数已由2005年的791个减少到27个。

2. 经济基础良好

2003年以来，中国GDP连续四年保持10％以上的增速，并且年度最高、最低增幅间差距仅1.1个百分点，CPI年平均上涨2.1％。2006年，中国人均国民收入达2010美元，比2002年翻了近一番，步入了中等收入国家的行列；财政收入达38731亿元，比2002年增长105％，四年内翻了一番多；全国规模以上工业企业实现利润19504亿元，比2002年的5784亿元多13720亿元，四年年均增速高达 35.5%；进出口贸易总额为 17604 亿美元，世界排名由 2002 年的第六位跃升到第三位；外汇储备达 10663 亿美元，位居世界第一位。这些都为县域发展奠定了坚实基础。

1.3.2　县域发展的挑战

1. 城镇化发展滞后

城镇化发展滞后主要表现为：一是城镇化建设无规划或有规划，但执行缺乏严肃性。大多数县城发展没有特色，千篇一律，千城一面；城镇盲目建设，无序建设，使县域经济的自然资源与人力资源难以充分开发和有效利用，阻碍农村剩余劳动力的转移，延缓了农村城市化进程。二是城镇化水平低。据世界银行统计，1995 年世界高收入国家城镇化率平均为 75%，中、低等收入国家分别为 60% 和 28%，而中国城镇化率还不到 30%。到 2006 年底，中国城镇化率 43.9%，比世界平均水平低 12 个百分点以上，比世界发达国家平均水平低 37 个百分点。不难看出，中国城镇化尚处于较低发展水平，这在一定程度上制约了中国经济和社会的可持续发展。

2. 经济结构调整困难

从总体上看，县域经济结构仍处于低级化水平，长期的计划经济体制造成县域经济结构单一，产业、产品雷同，自给自足的小农经济色彩难以在短期内抹掉。由于政策、机制、市场等因素的制约，县域经济结构调整短期内难以有大的突破和质的飞跃。一些原来工业基础相对较好的县（市），由于产品结构不合理，科技含量低，附加值低，近些年在市场竞争中大都转制或淘汰。一些过去的农业大县，近几年出现"高产不难高效难、增产不难增收难、生产不难销售难"的怪圈。

3. 资金短缺

据统计，2006 年中国县域财政总收入约占全国财政总收入的 30% 多，但财政供养人口比例县域占到全国供养人口的 70%。财政的刚性支出入不敷出，这种吃饭财政的局面无力拿出资金支持县域经济的发展。

县域企业在生产经营中存在着比较严重的资金短缺问题，表现为：一是技改资金紧张。企业新上项目、扩大规模、改进工艺、改造传统设备、提高配套能力等方面存在着较大的资金缺口。二是企业流动资金紧张。集中在县域的农副产品加工、纺织、新材料、机械制造等产业都属于大进大出的企业，流动资金占用量大，容易出现资金紧张。三是许多企业之间在贷款方面相互担保，一旦资金链出现问题，将会使很多相关企业受到影响。四是中小企业融资难的问题相当突出。

4. 人才匮乏

一是在党政机关和事业单位中，事务型人员多，系统掌握市场经济理论、适应现代市场经济发展需要的复合型人才、专业型人才较少。二是在企业经营方面，企业家队伍整体素质还有待进一步提高；懂经营、会管理、善于运用现代管理知识对企业进行科学管理、规范管理的企业管理人才较少；有一定专业知识和专业技能，能够促进企业技术创新和产品创新的科技人才比较匮乏。三是在农村，农村实用型人才总量不足。由于人才短缺，县域经济竞争力有限。

5. 外部竞争加剧

一是县域将面临全球化的挑战。对外开放的新阶段给中国带来一系列严峻的挑战。从国家这个层面来看，融入全球化和区域经济一体化，使中国直接面对日益激烈的国际竞争，特别是在那些附加值高、知识密集的产品和服务部门，将面临越来越多的外部压力，而县域上述行业和部门显然缺乏竞争比较优势。二是县域发展面临周边地区的挑战。当前，改革发展是国内的主流，各地都在争相发展，因而各地在政策、资金、税收、人才、项目等各方面都在进行激烈的竞争。县域发展就像逆水行舟，不进则退。如果单个县域稍不注意，很容易被其他县市抛在后面。

6. 社会和环保事业发展任务繁重

在过去几年中，县域各项社会事业总体上得到快速发展。同时也应该看到，县域社会和环保事业发展离构建和谐社会的目标仍有一段差距，县域在教育、就业、社会保障、环境和资源等方面依然任重而道远。

1.4　县域发展的研究思路

1.4.1　研究方法

研究中国县域问题，必须深入实际，开展多种形式的调研活动，并收集大量第一手材料。例如，要与县委、县政府领导人进行面对面的交流，了解县委、县政府如何对本县进行科学定位，如何创造投资环境，建设开发区，如何协调农业和工业的关系，如何将开发区建设和农村城镇化、农业产业化相结合；如何处理经济社会和自然的协调发展；应走访县域企业，了解企业如何节约资源和能源，发展循环经济，走新型工业化道路，并研究国家的政策环境如何对企业的运营产生影响；应深入农村，与农民进行座谈，了解国家惠农政策对农民收入和生活福利的影响，了解当前新农村建设中需要解决的一系列问题。在对县域个案分析基础上，还应将当前中国县域发展中的重大理论问题与县域发展实践相结合，以验证国内理论界关于县域发展道路理论的正确性，并试图将县域发展实践进行总结和推广，从而为中国其他县域发展提供参考和借鉴。

因此，本书的研究思路是：在对县域发展进行科学定位之后，分析县域经济发展与产业结构变迁，了解县域如何进行战略定位，如何发展农村经济和建设现代农业，如何实施工业化道路，如何推动对外开放与合作，如何发展社会事业，如何推动环境保护和加强组织建设。在此基础上，本书将对县域发展进行全面总结，指出具体县域发展对于全国县域发展的参考价值，并论述县域发展与中国现代化的一般性问题。

1.4.2　样本选择

县域发展案例研究应当选择好的样本。从理论上，任何一个县域都有其代表性，即使是老少边穷地区也有其典型意义。不过，对于中国大多数县域而言，县域发展水平和结构在均值附近较多。这样，如果能够选择中国内陆一个普通县，将在很大程度上体现出样本选择的合理性。

那么，中国县域的典型特征究竟应当怎样？本书认为，中国总体上是发展中国家，农村人口占据人口的绝大多数，正处于并将长期处于社会主义初级阶段，经济和社会发展正处于全面转型阶段。由此可以推断，县域发展样本选择的标志是：一是农民占据县域绝大多数，那种城镇化水平已经很高的县域将不具备样本代表性；二是地理条件既不能过好，也不能太差；三是工业化水平不能太高，否则难以反映中国县域的客观实际；四是人均占有土地与全国水平相当，人口过密或过稀将影响样本的典型意义；五是县域经济和社会发展水平与全国总体基本一致。

本书选择陵县作为案例进行研究。陵县的代表性体现在静态和动态两个方面。从静态来讲，陵县无论是在人口分布、经济发展水平、技术、管理、社会等诸多方面都有代表性，从动态来看，陵县这几年经济发展很快，享受到了发展成果。

1. 静态代表性

（1）人口结构。陵县人口结构可以说是全国县域人口结构的一个缩影。从城乡分布结构来看，2005 年陵县乡村人口占全县人口比重达 80％以上，大大高于全国同期 57％的平均水平，陵县工业化、城市化和现代化任务艰巨。从民族结构来看，陵县绝大多数人口是汉族，但也有回族等少数民族，陵县同样也面临着维护民族团结和实现社会和谐的历史使命。从教育结构来看，陵县受过高等教育的人数很少，而中专以下的则占很大比重。从企业家队伍来看，陵县符合现代意义上的企业家队伍很少，构建创新型社会的任务依然十分繁重。

（2）地理位置。陵县在地理上兼承东部和中西部地区的特点。一方面，陵县位于山东省，地理位置优越，交通便利；另一方面，陵县地处中国内陆地区，既没有沿海地区开放的地理优越条件，也没有像西部边境地区具有特殊的地理位置，因而陵县的地理特征在中西部许多县市都可以找到。正是由于上述地理特点，陵县在某种程度上并没有享受到国家的优惠政策。2007年，国务院下发《关于中部六省比照实施振兴东北地区等老工业基地和西部大开发有关政策范围的通知》，正式圈定了中部6省（山西、安徽、江西、河南、湖北、湖南）可以享受国家优惠政策的城市及农业县（市）的范围。同样是农业大县，陵县却因地理条件的限制没有能够享受到国家的扶持政策。

（3）产业结构

陵县是传统农业大县，曾荣获全国农业百强县、全国秸秆养牛示范县、国家大型商品粮生产基地县、全国棉花生产百强县、山东省畜牧大县、山东省棉花产业化生产试点县等称号，陵县的"农业县"特征十分明显。

陵县工业发展迅速，拥有纺织、农副产品加工、新材料、机械加工四大主导产业，拥有乐悟集团、谷神集团等十大骨干企业，拥有谷神牌食用植物油、绿源牌复合肥等10件名牌产品。在三次产业布局中，工业所占比重较高（2007年，第二产业所占比重为52.23%），表明陵县享受到了工业化的成果，陵县工业化可视为全国工业化进程的一个缩影。

（4）土地和自然状况。陵县地处黄河冲积平原，地势平坦，四季分明，属暖温带半干旱大陆性季风气候。全县耕地面积93万亩，人均耕地1.97亩，是全省平均水平的1.4倍、全国的1.5倍，陵县人均土地面积在全省中较高，这为陵县发展现代农业和发展工业奠定了基础。

2. 动态代表性

过去5年，陵县同中国许许多多的县一样，既享受到了发展的成果，又面临着类似的挑战和问题。

在发展成果方面，陵县在县委、县政府的正确领导下从欠发达的传统农业县实现了跨越式发展，经济实力大幅提升，经济保持平稳快速发展，国内生产总值年均增长10%以上，财政金融实力显著增加，近期内经济仍将保持强劲增长态势；基础设施和重点工程建设成效显著，民营经济和外资经济发展迅速，物价基本稳定，人民生活水平显著提高，新农村建设扎实推进，农业产业化取得新进展；民主法制建设取得新进步；文化、教育、医疗卫生及其他社会事业稳步推进。

在未来几年内，陵县社会经济发展将和其他县一样，面临着难得的发展机遇，如国家发展战略和宏观政策对欠发达地区有利，区域发展较好，市场经济体制基础逐步完善，以及自身发展有了一定基础，陵县经济社会发展将进入自主性增长的轨道。

在面临的挑战方面，陵县具有与其他县类似的问题：经济总量小、结构不合理的矛盾仍然比较突出；仍然存在着人才和资金短缺的问题；缺少立县立财政的大项目，收支压力仍然很大；高投入、高消耗、低产出、低利税的现象比较突出；第三产业发展相对滞后；环境保护、安全生产的压力仍然很大；构建和谐社会的任务繁重；改革进入攻坚阶段，一些干部的思想观念、工作方式还不适应新形势、新任务的要求。国际国内的宏观经济环境也对陵县的可持续发展带来一定的影响，如国家出口退税政策、信贷政策，外部竞争加剧等。

第 2 章

县域经济发展

　　县域经济是城乡经济结合部，是中国国民经济的重要组成部分。长期以来，中国走的是一条优先发展城市工业的道路，城乡二元结构格局未能从根本上改变，从而导致县域产业结构单一、工业化水平低、农民身份转换缓慢、消费内需严重不足等问题。

　　因此，大力推动县域经济发展，将有助于从根本上解决这些问题。

2.1 县域经济发展的内涵与面临的问题

2.1.1 基本内涵

县域经济发展内涵丰富，不仅仅意味着县域 GDP 总量的增加和人均 GDP 的提高，更重要的是通过推进经济结构的战略性调整，提高资源的利用效率，提升整个县域居民的福利水平和经济的可持续发展能力。从中国各地县域经济发展的实践来看，县域经济发展至少包括以下五个方面的内容。

1. 发展现代农业

农业是县域经济的基础，也是新农村建设的首要任务。党的十六大提出了建设现代农业的任务，2007 年中央"1 号文件"将"建设现代农业"进一步明确为推进新农村建设的首要任务。所谓现代农业，就是指以保障农产品供给、促进农民收入增加、促进生态环境保护和可持续发展为目标，以提高劳动生产率、资源产出率和商品率为途径，以现代科技和装备为支撑，在家庭承包经营的基础上，农工贸紧密衔接，产加销融为一体，多元化的产业形态和多功能的产业体系。

农业结构调整要着眼于调整农业产业结构、推进农业产业化经营、推动农业科技进步等各个方面，同时，要与工业发展和地区经济整体发展思路结合起来，延长农业生产和农产品加工链条。

2. 发展县域工业

当前，中国县域经济第二、三产业发展普遍滞后。加快第二、三产业发展，对于扩张县域经济总量，提高县域经济整体素质，促进农村经济快速发展显得尤其重要。县域经济要实现超常规发展，必须坚持以信息化带动工业化，以工业化促进信息化，注重劳动密集型产业和资源加工型产业的协同发展，充分发挥资源的比较优势，走出一条科技含量高、经济效益好、环境污染少、人力资源优势得到充分发挥的新型工业化路子。从各地实际出发，县乡工业要在调整结构、转换机制、强化管理上有所突破。一是要科学、合理地选择好适应市场需求和发挥比较经济优势的主导产品和主导产业，协调主导产业与其他非主导产业的关系，提高产业间的关联度。二是根据工业化的一般规律和县域经济发展所处阶段及市场发展空间，走好以劳动密集型产业为主之路。三是把科技作为县域经济发展的先导，坚持以信息化带动工业化，积极发展一批科技含量高、经济效益好、资源消耗低、环境污染少的高新技术产业。四是要实现从粗放经营向集约经营转变。五是要把工业化与实现高就业有机地结合起来，为农业与工业的协同、高效发展积极创造条件。

3. 壮大特色经济

有特色才有生命力。发展特色经济，要坚持比较优势原则。比较优势一般由两个方面的条件构成。一是自然禀赋优势，即本地区在气候、土壤、水文、地质地貌和矿产、资源等自然条件方面所形成的生产某种产品、发展某种产业的优势；二是后天优势，指本地区历史上形成的基础设施、技术装备、交通运输、邮电通讯、劳动力的素质、擅长的技艺以及管理者的水平等优势。比较优势是进入市场的通行证。中国地域辽阔，各地差异很大，各县市自然条件、社会经济条件千差万别，只有选择能充分发挥自己的优势，比较起来成本最低而效益最好的产业和产品来进行生产，才能扬长避短，具有竞争优势。县域经济的快速发展，必须形成能发挥本地优势，有强大支撑力的产业或产品系列；必须形成具有广阔的市场前景和开发潜力的特色产业、特色产品；要求有较高的技术进步贡献份额和高附加值、高科技含量；应注重经济效益、生态效益和社会效益的统一；能充分利用国内外两种资源、两个市场。在巩固原有特色项目和发展新项目时，要注重把特色经济培育成规模经济，要围绕"一县一特、一乡一业、一村一品"的目标，发掘特色产品，即使是小产品，只要有特色，就要加快培植，构建起大产业、大市场；出台鼓励政策，加速特色经济的扩张，向基地化、专业化方向发展。

4. 发展民营经济

中国县域国有经济、集体经济比重偏高，民营经济等非公有制经济发展相对不足，直接导致了县域经济发展后劲不足，活力不强。因此，在县域经济发展过程中，要适应市场经济的要求，以发展民营经济为重点，大胆调整所有制结构，充分发挥民营经济在县域经济中的主体作用。要鼓励民营经济向农业产业化延伸，向全民、集体企业延伸，向小城镇延伸，向第三产业延伸；要引导民营企业上规模、上水平、上效益；要注重提高民营企业的科技含量，着力培育、扶持和发展一批市场竞争力强的民营科技企业，逐步壮大这一新的经济增长点。

5. 加快小城镇建设

各国发展历程表明，工业化与城镇化互为前提，相互制约，协同发展。小城镇是县域经济内引外联，接受城市辐射，密切城乡关系，实现城乡一体化发展的支撑点，是拓展和完善县域市场体系，促进市场经济发展的载体，是吸纳农村剩余劳动力，改善县域二元经济结构，解决"三农"问题，提高县域经济集约化程度，形成集聚效益的有效途径。要努力提高县域城镇化率，加强农村基础设施建设，改善农民的生活条件，从而扩大农村消费，促进服务业的发展。

2.1.2　面临的主要问题

从当前各地实践来看，县域经济发展存在的问题主要有以下几个方面：

一是农业自身结构调整难度大。农业结构调整受资金和劳动力素质等多方面的制约：在种植业上，如何分配粮食和经济作物的比例，在农产品加工上，如何保证能对农民生产的产品全部进行加工，在市场实现上，如何保证农产品能够卖出去，都比过去遇到的困难大。

二是第二产业壮大所需的条件在提高。工业的发展需要资金、技术、劳动力、项目等各种条件。但就县域范围而言，调配资源和组织生产要素的能力是有限的。提高工业经济在整个县域经济总量中的比重还需要较长时间。

三是第三产业的健康协调发展需要一定的时间。第三产业的发展要随着县域城市化进程和市场化进程来进行。没有城镇化和市场化为基础，县域内的第三产业就很难得到健康协调发展。而城镇化和市场化在许多县域还只是刚刚开始，因此需要一定的发展过程。

2.2   陵县经济发展规划

县域经济发展取决于经济发展的规划，而制定规划需要对县域进行合理的定位。

2.2.1   区域定位

县域经济的发展，也应该像企业一样，必须根据自身的特点，分析自身存在的优势、劣势、机会和挑战，了解本县的资源禀赋状况、市场变化情况等等，进而明确本县在全省乃至全国的区域定位，并在此基础上制定特色鲜明的发展战略，从而实现产业结构优化，经济又好又快发展。

陵县地处鲁西北平原，是德州市的近郊县，位于首都北京、港城天津、省会济南之间，素有"京津门户、九达天衢"之称。陵县虽具有得天独厚的区位优势，但也是一个以农业为主的农业大县。因此，陵县经济发展必须建立在对本地县情充分把握的基础上。

2007 年 8 月，通过对陵县 120 个科级以上干部和 50 个企业负责人发放 SWOT 问卷调查，收回有效问卷 143 份，得到的分析结果如表 2—1 所示。

表 2—1   陵县经济发展的 SWOT 矩阵分析

优势	劣势
1. 区位与交通优势明显	1. 技术和管理人才严重不足
2. 农业优势明显，农副产品资源丰富	2. 经济规模小，效益偏低
3. 开发区规划好，基础设施完善	3. 经济基础薄弱
4. 县级领导班子工作得力，战略到位	4. 第三产业发展相对滞后
5. 劳动力优势明显	5. 企业管理水平不高

机会	威胁
1. 宏观经济、政策环境好	1. 经济发展与资源、环境的约束
2. 德州"两个东进、两个对接"战略的实施	2. 国家对区域经济的调控压力
3. 环渤海经济圈经济的高速发展	3. 周边县市的快速发展，竞争加剧
4. 政府服务到位，办事效率高	4. 企业融资渠道不畅通
5. 东部沿海产业的转移	5. 企业抗风险能力不足

资料来源：2007 年 8 月实地调查，按得票多少排序，得票越多越靠前。

总的来看，陵县经济发展既有良好的区位交通、农业资源、园区建设、劳动力丰富和政府支持等各种优势，又存在经济发展基础薄弱、第三产业发展滞后、企业经营管理和技术人才短缺、规模偏小等劣势；既面临着国家宏观经济发展势头良好、德州东进战略的实施、环渤海经济圈高速发展、政府服务良好转型和东部沿海地区产业转移的大好机遇，也面临着环境保护、国家宏观调控、周边地区发展迅猛的压力。

为使陵县经济自身能力与外部环境进行恰到好处的匹配，陵县县委、县政府对本县经济发展定位制定了五大基本原则：

（1）因地制宜原则。不同县的区位优势、资源禀赋、经济基础和人们的思想观念是各不相同的，因此必须根据本县经济发展具有的优势，充分利用外部环境提供的机会，尽量避免自己的劣势，应对国内外的各种挑战，选好主导产业，实行重点开发，探索适合本县的经济发展模式。

（2）统筹发展原则。县域经济具有典型的二元经济特征，农业支持工业、工业反哺农业，城乡互动发展的关系越来越密切。因此发展县域经济，必须站在城乡统筹、优势互补的高度，把农村第一产业的发展与第二、三产业的发展结合起来，以工业化带动城镇化，实现城乡共同发展，城乡人民共享县域经济发展的成果。

（3）可持续发展原则。县域经济的发展，不能走牺牲资源和破坏环境的老路。要在经济发展的同时，加强生态环境保护和建设，实现经济增长、环境友好和社会和谐的统一。

（4）创新原则。创新是一个民族不断进步的源泉。一是要通过领导干部和群众的观念创新，树立敢为人先、与时俱进的思想观念，真正把发展作为县域经济腾飞的第一要务。二是要通过制度创新，消除县域经济发展的体制性障碍，废除与市场经济发展不协调的规章制度，为经济发展创造一个良好的制度环境。三是工作思路和方法创新，要聘请各领域的专家学者，对陵县经济存在的问题准确把脉，转变政府工作方式，大力营造服务型政府，提高办事效率。

（5）开放原则。中国经济落后的主要原因在于闭关锁国。县域经济同样如此，不能通过市场分割和封锁得到有效、持续发展。要坚持开放的理念，充分利用国内国际两大市场，积极承接国内外的符合本地比较优势的产业转移，全力以赴搞好招商引资工作，大力开拓本地企业的市场范围，提高县域经济的竞争力。

根据经济发展定位的原则，县域发展定位的基本思路包括六个方面：

（1）根据陵县资源禀赋定位，立足于自身比较优势，发展特色经济。按照有较高生产效率、较强竞争实力、能形成较大规模经济、市场前景看好、带动和促进相关产业发展的标准，陵县选择和培育了纺织、农副产品加工、新材料和机械制造为主的四大主导产业，把潜在的资源优势变成现实的比较优势和竞争优势。

（2）根据市场经济原则定位，立足于市场规律，大力发展民营经济。市场经济的本质是竞争，而竞争离不开具有自生能力的民营企业的发展。通过政府服务效率的提升和县域经济基础设施的完善，民营经济规模不断扩大，既促进了县级财政收入大幅增加，又促进了农村剩余劳动力转移，提高了农民的收入水平。

（3）根据县域经济实际情况定位，实事求是，大力发展劳动密集型产业。丰富的劳动力资源是所有县域经济共有的特点。既要对本县劳动力进行分流，让其到北京、天津、青岛等大城市寻找就业机会，学习新的技能，树立新的市场经济观念，又要吸引各类劳动密集型企业到本地发展。因此，应培训本地劳动力，提高其适应市场经济的思想观念和工作技能，引导劳动力合理流动，逐步扩大劳动密集型企业在本地企业所占的比重。

（4）根据世界经济发展趋势定位，立足于长远发展，大力发展生态经济。可持续发展问题已经成为全世界普遍关注的焦点。要获得更大的后发优势，必须大力发展生态旅游经济。陵县既有丁东水库、仙人湖2座万亩大型水库，还有悠久的历史文化，特殊的风土人情，因此，应大力发展林业、餐饮、旅游等生态经济，以促进陵县经济的迅速崛起。

（5）根据产业优势定位，注重产业分工，形成有地域特色的优势产业，促进产业在空间的集聚。根据陵县本身的分工状况，在现有产业的基础上，有意识地提升技术水平，巩固产业优势，没有必要发展与本区域竞争优势不匹配的产业，避免产业的重复建设。同时产业聚集还可以节约企业生产成本、培育专业化的供应商、提高基础设施利用效率，共享信息、技术、知识、人才等资源。因此应进一步寻找优势产业在陵县空间集聚的途径，提升产业的集聚程度。

（6）根据陵县产业结构提升定位，大力研发与县情相适宜的技术，逐步提升产业层次。扶持本地高科技企业开发新技术，鼓励它们拥有自己的知识产权，形成强大的科技产品生产优势。借助于邻近北京、济南等大城市的地域优势，与这些城市高校、科研院所展开多层次交流合作，并有意识地引进中高端技术，逐步提升本地的科学技术生产力。

根据陵县经济发展的 SWOT 矩阵分析和战略定位的基本原则和思路，陵县“十一五”规划提出了“打造国家级农副产品深加工基地、鲁西北地区制造业生产基地和现代服务业及物流集聚区”的发展目标，即打造国家级农副产品深加工基地主要是立足于陵县优越的农业发展条件、丰富的农业资源和强大的农产品深加工能力；打造鲁西北地区制造业生产基地主要立足于陵县机械制造产业已经形成了一定的集聚规模，开发区已经建成了完备的基础设施；打造现代服务业及物流集聚区主要立足于陵县独特的区位优势和现代服务业及物流业良好的市场发展前景。借助于中国经济高速发展的东风，充分发挥陵县的比较优势，加上政府、企业和陵县人民的通力协作，这些目标应该是完全可以实现的。

2.2.2　经济发展规划

根据本地区的区位条件、资源禀赋特性、经济发展基础和科技技术水平等，经济发展规划要对本地区未来产业发展和结构调整的重大问题进行战略分析，寻求既能发挥本地区经济发展优势，促使经济快速增长，产业结构高度化和产业布局合理化，提高本地的区域创新能力和核心竞争能力，又符合现代经济发展理念，实现经济效益最大化和生态环境改善的产业发展与结构调整的途径。

1. 经济发展规划思想

从陵县的"九五"规划、"十五"规划和"十一五"规划可以看出，陵县的经济发展规划思想紧紧立足于本县的实际情况，并随着经济的发展和外部环境的变化不断进行调整。

"九五"规划立足于陵县良好的发展机遇和自身的有利条件，提出了坚持以经济建设为中心，以改革开放为动力，切实转变经济增长方式，逐步建立社会主义市场经济体制，实现由农业大县向农业强县、由工业小县向工业大县、由财政穷县向财政富县的转变；建成鲁西北重要的开发开放区域和最大的农副产品集散中心；经济发展跻身于全省经济强县之列，人民生活全面达到小康水平，社会文明程度跃上一个新台阶。可以看出，"九五"规划的经济发展战略紧跟党和国家的号召，立足于陵县第一产业大而不强，第二、三产业发展严重滞后，县级财政入不敷出的严峻现实，战略性地提出了加大对农产品的深加工力度，大力发展工业，提高县级财政收入的要求，应该说是相当正确的。但是，该战略过于粗线条，有些要求过高，没有抓住陵县这个县域经济实体所拥有的独特优势，因而也就提不出具有自身特点的、可操作性强的发展战略，实施的效果不是很好。

"十五"规划仍立足于本县农业发展优势、工业发展薄弱、县级财政状况不佳的实际情况，提出了加快发展的具体战略思想。要求本着"突出重点，工作抓实"的原则，按照"把握结构调整这条主线，突出上大工业这个重点，明确财源建设这个核心，抓好改革开放这一基本动力"的工作布局，大力发展纺织、化工、农副产品加工"三大产业"，努力培植民营企业和合作经济组织"两大群体"，力争工业总量三年翻番，经济总量五年翻番，产业结构形成"三、二、一"的基本格局，实现由农业大县向农业强县、由工业小县向工业大县、由财政穷县向财政富县的历史性跨越，促进国民经济持续、快速、健康发展和社会全面进步。"十五"战略规划比"九五"规划提出了更能够发挥陵县比较优势的战略路径，思路十分清晰，操作性强，因此取得了良好的效果。

"十一五"规划立足于陵县经济发展已经具有一定基础的现实，提出全力打造经济开发区这一龙头，抓好民营经济和招商引资两大工程，加快推进优势产业、骨干企业和知名品牌"三个一批"工程，实施新型工业化、农业产业化、经济国际化和城乡一体化四大战略，加快推进经济增长方式转变，推进节约型社会建设，构建"富裕、开放、文明、和谐"新陵县的目标。经过10年的努力，2007年陵县的工业增加值已经占到全县经济总量的一半以上，说明陵县已经进入工业化的中期，必须加快经济转型，提升工业的技术水平和规模程度，提高产品的附加值。同时通过工业的转型提升经济的外向程度，提升农业的发展水平。因此这个战略紧紧抓住陵县经济发展情况变化的特点和国内外环境的变化，在国家宏观经济调控下和科学发展观的治国理念下，该战略一定能够达到预期的目标。

2. 经济发展规划重点

宏观的规划思想必须通过具体的规划重点来实现。如果规划重点不突出，再好的规划思想也就犹如空中楼阁、海市蜃楼，是不可能实现的。从陵县最近三个五年规划可以看出，陵县的经济发展规划思想是依靠可靠的规划重点实现的。

(1)"九五"规划重点。第一，加快向农业强县转变，全面振兴农村经济。第二，建设实力雄厚、技术进步和主导产业突出的工业大县。第三，大力发展个体私营经济，不断优化发展环境。第四，广泛开展财源建设，通过重点扶持和培植一批财源企业，使之成为增加财政收入的主要来源。最后，实施外向带动战略，加快外经外贸工作发展。通过以招商引资、扩大出口和劳务输出为重点，以提高外向型经济运行质量和综合效益为中心，坚持改革、开放、开发相结合，外资、外贸、外经并举，全面实施外向带动战略。

(2)"十五"规划重点。第一，加快产业产品结构升级优化，增强工业整体素质。第二，调整农业结构，努力增加农民收入。第三，全力构筑大流通格局，加快发展第三产业。最后，启动民资民力，放手发展民营经济。要按照高起点规划、高标准建设经济开发区，完善园区基础设施，优化服务环境，加快园区建设步伐。同时选择一批具有发展潜力的民营企业进行重点培植，形成一批知名企业和知名品牌。最重要的是，加大对棉纺织加工、农副产品加工、地毯加工、木器加工、塑料加工五大产业的重点培植力度，尽快形成规模优势和特色优势。

(3)"十一五"规划重点。第一，加大开发区建设力度，进一步增强园区的承载功能。要通过继续完善建成区，搞好园区布局，加快与德州对接步伐，打造发展平台，努力建设资源节约型和环境友好型开发区，实现开发区的可持续发展。第二，推进工业经济结构的战略性调整。第三，建设社会主义新农村，调整农业结构。要以提高农民收入为目标，以增强农产品竞争力为重点，以科技为依托，以农业产业化为手段，强化对农业的政策支持力度，全面提升农业综合素质，加快推进农业现代化进程。第四，全力构筑大流通格局，加快发展服务业。第五，启动民资民力，再创民营经济发展新优势。第六，强力推进招商引资，努力扩大对外开放程度。第七，加强基础设施建设，统筹城乡发展。

3. 经济发展规划措施

根据制定的发展思想和重点，以现有条件为基础，陵县历届县委、县政府从思想观念、技术创新、人才保障和城乡环境优化等方面着手，选择了适宜的发展措施。

第一，解放思想促进经济发展。解放思想、转变观念是陵县经济腾飞的根本所在。只有不断解放思想，转变观念，才能不断解决新问题，开拓新境界，抓住新机遇，实现新飞跃。要进一步增强加快发展的责任感和紧迫感，以深化改革、推进体制创新为动力，用新思路谋划振兴县域经济的新方法，以更加积极的姿态抓改革，抓创新。加快政府职能转变，建立服务型政府，改善服务质量，提高行政效率，为经济发展创造十分宽松的环境，培育有活力、有利于创新的社会氛围。同时，在全社会大力加强创业精神的宣传和教育，激发千家万户闯市场、敢创业的热情，推动全县经济实现跨越式发展。

第二，增强科技自主创新的带动能力。首先完善科技创新体系。坚持技术创新和体制创新的有机统一，进一步建立和完善政府引导、企业主导、产学研相结合的科技创新体系。其次，要围绕优势产业集群、现代服务业、现代农业和循环经济，支持企业开发一批具有自主知识产权的关键技术和配套技术，并在对引进的国际先进技术进行消化、吸收的基础上推陈出新，培育自主创新能力。最后，要运用税收、投融资等政策措施，充分利用市场机制，引导社会资源参与创新。

第三，增强人才智库的支持保障能力。要牢固树立人力资源是第一资源的观念，大力培养、积极引进和合理使用各类人才，为陵县的现代化建设提供强大的人力资源保障和智力支持。首先，要加大人力资源培养招引力度，重视学术和科技带头人的选拔和引进，在重点企业、涉外部门有计划地选择有一定基础的年轻干部到高等院校培训深造，特别要提高外经贸人员的素质。其次，围绕产业发展重点，大力引进陵县急需的高层次人才。最后，在人力资源管理和使用中引入市场机制，建立公开、公正、竞争、择优的选才用才机制和法治完备、纪律严明的约束机制。

第四，全面优化对外开放环境。要按照"企业之外零成本、生产经营零干扰、国外客商零投诉、优化服务零距离"的要求，创造良好的政策环境。优化对外开放的法治环境，创造规范管理、公平竞争的市场秩序，制定统一、规范、透明的投资准入政策，增强对外商投资的吸引力。优化对外开发的服务环境，加快建立符合国际惯例、高效运转的外商投资管理机制和服务体系，为企业提供便捷服务。采取多种方式弘扬诚信文化，增强整个社会的诚信意识。

2.3 陵县经济发展规划的实施成效

自 1996 年以来，在正确的经济发展定位下，陵县通过制定合理的发展规划，经济迅速从一个以农业为主导的农业大县向农业强县和工业强县转变，经济总量和人均 GDP 快速增加；三次产业发展迅猛，产业结构不断优化升级；同时经济活力不断增强，民营企业也有了长足的发展。

2.3.1 经济实力壮大

2001～2007 年，陵县经济发展十分迅猛，地区生产总值从 2001 年的 33.7 亿元增加到 2007 年的 104.3 亿元，突破 100 亿元大关，年均增长

21.6％。随着陵县经济的快速增加，陵县经济的地位也日益显著。从陵县经济在山东的地位看，虽然所占比重很小，但一直逐年增长，从 2001 的 0.37％增加到 2007 年的 0.40％。陵县经济占全国的比重从 2001 的 0.03％增加到 2007 年的 0.04％（见表 2－2）。

从经济增长速度看，2001 年到 2007 年是陵县飞速发展的时期，经济增长速度一直维持在 13％以上，2005 年高达 33.2％（见表 2－3）。尽管同一时期，德州、山东乃至全国的经济增长速度都比较快，但仍远低于陵县的经济增速。

表 2－2　2001～2007 年陵县 GDP 发展情况及其在德州、山东和全国的地位

单位：亿元，％

年份 地区	2001	2002	2003	2004	2005	2006	2007
陵县	33.7	38.2	48.3	57.6	77.0	83.8	96.8
德州	407.4	460.5	556.7	688.3	831.8	1003.4	1180.8
山东	9195.0	10275.5	12078.2	15021.8	18516.9	21846.7	25887.7
全国	109655.2	120332.7	135822.8	159878.3	183867.9	210871.0	246619.0
占德州的比重	8.27	8.29	8.68	8.37	9.25	8.35	8.20
占山东的比重	0.37	0.37	0.40	0.38	0.42	0.38	0.37
占全国的比重	0.03	0.03	0.04	0.04	0.04	0.04	0.04

数据来源：陵县和德州 2001～2005 年 GDP 来源于德州统计年鉴 2002～2006，陵县 2006～2007 年 GDP 由陵县统计局提供；德州 2006～2007 年 GDP 来自于德州国民经济和社会发展统计公报；山东和全国 2001～2006 年 GDP 分别来源于山东和全国统计年鉴 2007，2007 年 GDP 分别来源于山东和中国 2007 年国民经济和社会发展统计公报。

表 2－3　2001～2007 年陵县 GDP 增长速度与德州、山东和全国的比较

单位：％

年份 地区	2001	2002	2003	2004	2005	2006	2007
陵县	14	13.2	21.7	22.3	33.2	17.6	16.6
德州	12.3	12.6	16.6	17.1	17.2	16.4	15.2
山东	10	11.7	13.4	15.3	15.2	14.7	14.3
全国	8.3	9.1	10	10.1	10.4	11.1	11.4

数据来源：同上表。

从人均GDP来看，尽管陵县近几年发展较快，但由于是农业大县，从事农业的绝对人口多，底子薄，产品附加值低，因此人均GDP仍低于德州、山东和全国的人均水平，但差距正在逐步缩小。从绝对值水平看，陵县人均GDP从2001年的6175元增加到2007年的18139元，增长了196%。与德州市人均GDP相比，从2001年的81.6%增加到2007年的83.5%，略有增加。与山东人均GDP相比，从2001年的60.6%增加到2007年的65.4%，也是略有增加，但差距仍然较大，不到山东省人均GDP的70%，还需要奋起直追。与全国人均GDP相比，从2001年的71.6%增加到2007年的97.1%（见表2—4），已经接近于全国的人均水平。如果按照目前的发展速度，最近两年达到并超过全国的人均GDP是大有希望的。

表2—4 2001～2007年陵县人均GDP与德州、山东和全国的比较

单位：元，%

年份 地区	2001	2002	2003	2004	2005	2006	2007
陵县	6175	6906	8685	10300	13660	14708	18139
德州	7572	8496	10218	12542	15098	18071	21723
山东	10195	11340	13268	16413	20096	23546	27723
全国	8622	9398	10542	12336	14103.	16084	18665
与德州人均GDP之比	81.6	81.3	85	82.1	90.5	81.4	83.5
与山东人均GDP之比	60.6	60.9	65.5	62.8	68.0	62.5	65.4
与全国人均GDP之比	71.6	73.5	82.4	83.5	96.9	91.5	97.1

数据来源：2001～2005年陵县和德州数据来源于德州统计年鉴2002～2006，2001～2006年山东数据来源于山东统计年鉴2007，2001～2006全国数据来源于中国统计年鉴2007。2006年陵县、德州数据分别来源于陵县、德州国民经济和社会发展统计公报。2007年全国、山东、德州数据分别来源于全国、山东、德州2007年国民经济和社会发展统计公报。陵县2007年数据由陵县统计局提供。

因此，从经济总量和人均GDP来看，虽然陵县位于山东这个中国东部省份境内，从区位上看，实际上属于中部范畴，因此经济总量和人均GDP都与山东的平均水平有巨大的差距。但是经过近6年来的发展，逐步缩小了差距，并且人均GDP即将达到全国的平均水平，这对于一个农业大县来说难能可贵。

2.3.2 产业结构优化

产业结构是指各产业部门之间、各产业部门内部、各行业及企业间的构成及相互制约的联结关系。从世界经济发展的历史看，工业化和现代化的过程也是产业结构不断变化和调整的过程。从发达国家三次产业的演变过程看，发达国家三次产业经历了"一二三"、"二一三"、"三二一"的转变过程。在工业革命之前，发达国家也和中国许多县域经济一样，普遍存在着以农业为主体的产业结构。自工业革命以后，发达国家工业迅速发展，所占比重急剧上升，农业比重逐步下降，第三产业比重缓慢上升。此后，工业比重由缓慢增长到逐步下降，而第三产业由缓慢上升到迅速上升。进入后工业社会后，农业比重已经降到5%以内，工业比重也远远低于第三产业，第三产业比重超过第一、二产业的总和。究其变化的原因，产业结构变动主要是不同产业部门劳动生产率差异、人们需求结构变化、供给条件、国际贸易和技术进步综合作用的结果[①]。

从发达国家和新型工业化国家的三次产业演变的过程看，产业结构演变是一个有序的、高级化的过程，即产业结构从生产力水平低的产业逐步向高水平产业转移、新旧产业优势地位不断更替的过程。陵县作为一个发展落后的县域经济，在现代化的过程中也不例外。

2001～2007年，陵县产业结构逐年优化，三次产业结构从2001年的31.5∶43.2∶25.3的"二一三"格局转变成2007年的17.9∶52.2∶29.9的"二三一"格局，是一种以工业为主导的产业结构演变（表2-5）。7年来，由于民营经济和大量的内外资的引进，使得工业化进程迅速推进，工业取代农业成为经济增长的新亮点。同时工业化进程使陵县由一个传统的农业社会逐渐变迁为工业经济社会。工业增加值由2001年的14.56亿元增加到2007年的50.56亿元，增加了200%多。农业虽然稳步增长，从2001年的10.62亿元增加到2007年的17.92亿元，但增速减缓，占GDP的比重逐年下降，从2001年的"三分天下有其一"到2007年的不到五分之一。第三产业快速、稳步发展，从2001年的8.53亿元增加到2007年的28.96亿元，占GDP的比

---

① 张培刚主编. 发展经济学教程. 北京：经济科学出版社，2005.512.

重逐年增加，2007年接近30％。

表2-5 陵县2001～2007年产业结构演变情况　　　　单位：亿元，％

年份		GDP总量	第一产业	第二产业	第三产业
2001	增加值	33.71	10.62	14.56	8.53
	产业结构	100	31.5	43.2	25.3
2002	增加值	38.19	10.79	16.75	10.65
	产业结构	100	28.3	43.9	27.8
2003	增加值	48.34	11.81	23.15	13.38
	产业结构	100	24.4	47.8	27.8
2004	增加值	57.63	12.05	29.94	15.64
	产业结构	100	20.9	51.9	27.2
2005	增加值	76.97	14.01	41.96	21.01
	产业结构	100	18.2	54.6	27.2
2006	增加值	83.75	15.72	44.08	23.95
	产业结构	100	18.8	52.6	28.6
2007	增加值	96.81	17.92	50.56	28.96
	产业结构	100	17.9	52.2	29.9

数据来源：2001～2005年数据来源于德州统计年鉴2002～2006。2006～2007年数据来源于陵县国民经济和社会发展统计公报。

具体来看，陵县三次产业的结构具有如下特点：

1. 第一产业发展基础稳定，农业经济稳步发展

近5年来，陵县认真贯彻落实中央"1号文件"精神，高度重视农业生产，采取各种有力措施，立足于陵县农业大县的实际情况，以农业增效、农民增收、农村发展为核心，积极深化改革，调整农业经济结构，推进农业产业化进程。农村经济发展水平显著提高，为建设社会主义新农村打下了坚实的基础。农林牧渔业产值从2002年的20.65亿元增加到2007年的34.34亿元。深入探究，陵县农业结构转变具有以下三大特点：

（1）农业结构继续深化调整。主要农产品产量仍然保持稳步增长，种植业占农民经济收入的主导地位。由于国家对粮食的补贴力度加大，肉类价格稳步上扬，这两类产品产量显著增加。粮食从2002年的38.21万吨增加到2007年的69.33万吨，肉类从2002年的4.59万吨增加到2007年的5.67万吨。与此同时，棉花、果品、蔬菜、禽蛋产量有所减少，而生猪和羊基本变

化不大。由于规模化养殖的经济效益和养殖技术的普及，家禽的养殖数量急剧增加，从 2002 年的 265.57 万只增加到 2007 年的 606.1 万只。

（2）林业渔业生产稳步发展。到 2007 年，全县实有林地面积达到 55 万亩，森林覆盖率 34%，远远超过全国平均水平。水产养殖面积从 2002 年的 3.9 万亩增加到 2006 和 2007 年的 5.7 万亩和 6.835 万亩。

（3）畜牧业成为农民增收的一个重要产业。主要牲畜产品的产量增加，市场货源充足，品种日益丰富，为丰富城乡居民的菜篮子和支持工业发展作出了巨大的贡献，畜牧业在陵县农业生产中的地位日益显现。

表 2－6　陵县 2002～2007 年农业发展情况

项目	单位	2002	2003	2004	2005	2006	2007
农林牧渔业产值	亿元	20.65	23.44	24.45	27.4	29.7	34.34
粮食总产量	万吨	38.21	37.31	45.6	58.95	66.47	69.33
棉花产量	万吨	3.14	3.21	3.91	2.33	2	2.28
果品产量	万吨	9.78	7.59	5.4	6.32	5.3	3.77
蔬菜产量	万吨	95.8	93.7	67.16	19.59	23.49	25.11
大牲畜存栏	万头	26.87	24.55	32.78	22.32	20.02	16.34
生猪存栏	万头	31.35	30.86	36.66	29.32	30	27.59
生猪出栏	万头	49.45	41	54.1	55.97	55.08	—
羊存栏	万只	26.72	35.45	39.6	37.72	23.6	19.88
家禽存栏	万只	186.52	236.45	348.97	285.01	372	294.88
家禽出栏	万只	265.57	373.45	615.07	636.58	1052.98	606.1
禽蛋产量	万吨	4.77	3.14	3.68	3.7	2.49	1.44
肉类产量	万吨	4.59	4.79	6.63	7.12	6.82	5.67

数据来源：陵县统计局 2008 年 3 月提供。

2. 第二产业快速发展，支撑陵县经济结构升级

自 2001 年以来，陵县积极调整第二产业结构，培育了一批新兴产业和产品，培育了一批重点龙头企业，整个第二产业呈现良好的发展势头。第二产业占 GDP 的比重逐年增加，已经超过一半，说明第二产业有力地支撑了陵县的经济发展。

通过狠抓好招商引资和民营企业两大工程，陵县工业企业发展迅速，主要经济指标每年以两位数增长，规模和实力迅速增强，初步形成了门类齐全、

地方特色突出、品种繁多、质量优良、布局合理的现代工业体系。到 2007 年上半年，全县规模以上企业共 154 家，比 1997 增加了 102 家，名牌产品从 20 世纪 90 年代的空白，发展到 2007 年的 10 项，其中国家免检产品 2 个，山东省名牌产品 4 个，山东省著名商标 4 个。

在工业发展上，立足于本地的资源优势，利用本地盛产的棉花、大豆、玉米等农产品，大力发展农副产品深加工企业，经过 5 年的努力，逐步建立了以纺织、农副产品加工、新材料和机械制造为主的四大主导产业。到 2007 年，纺织企业有 38 家，农副产品加工企业 207 家，新材料企业 146 家，机械制造企业 47 家。涌现了一批在国内外影响较大的企业，如乐悟集团在全国棉花副产品加工企业中名列前茅；谷神集团为国家级高新技术企业，全国第一批农产品加工示范企业，全国最大的大豆蛋白生产基地；黎明纺织的单体纺纱能力在德州市位居前列；群力朔胶的 BOPP 膜被誉为包装产品中的包装皇后；宏祥化纤的土工材料在全国同行业位居前列，产品备受市场青睐，陵县也因此被授予全国唯一一家"中国土工合成材料生产基地"称号。

3. 第三产业健康协调发展

从第三产业增加值总量来看，由 2002 年的 10.65 亿元增加到 2007 年的 28.96 亿元，年均增长 22.46%，对经济的拉动作用日益增强。但由于基础较弱，占 GDP 的比重变化不大。

从第三产业构成来看，以传统的运输仓储和邮政业、批发零售和住宿餐饮业、金融业和房地产业为主。运输仓储和邮政业、批发零售和住宿餐饮业所占比重有所下降，分别从 2002 年的 35% 和 27.4% 下降到 2007 年的 24.6% 和 23.1%，但在第三产业中仍是最大的两大产业。金融业和房地产这两大朝阳产业发展十分迅猛，金融业增加值从 2002 年的 479 万元增加到 2007 年的 1.56 亿元，所占比重从 2002 年的 0.5% 增加到 2007 年的 5.4%。房地产业增加值从 2002 年的 12777 万元增加到 2007 年的 4.1 亿元，所占比重从 2002 年的 12% 增加到 2007 年的 14.2%。

表 2-7　2002～2007 年陵县第三产业发展构成变化

单位：万元，%

	年份	第三产业	交通运输仓储和邮政业	批发零售和住宿餐饮业	金融业	房地产业	其他服务业
增加值	2002	106478	37267	29207	479	12777	26748
	2003	133803	46404	40793	570	15276	30760
	2004	156418	50327	45912	5058	24925	30196
	2005	210092	54503	68549	12271	36194	38575
	2006	239512	56600	57400	11320	32112	80200
	2007	289600	71242	66898	15600	41000	94860
所占比重	2002	100	35.0	27.4	0.5	12.0	25.1
	2003	100	34.7	30.5	0.4	11.4	23.0
	2004	100	32.2	29.4	3.2	15.9	19.3
	2005	100	26.0	32.6	5.8	17.0	18.4
	2006	100	23.6	24.0	5.3	13.4	33.7
	2007	100	24.6	23.1	5.4	14.2	32.7

数据来源：陵县统计局 2008 年 3 月提供。

2.3.3　经济活力增强

历史上陵县经济基础薄弱，国有企业和集体企业发育不足[①]。因此，要发展就必须在已有国有企业和集体企业的基础上大力发展民营经济。民营经济是指除了国有和国有控股企业以外的多种所有制经济的统称，包括国有民营经济、集体所有制经济、个体经济、私营经济、外商和港澳台经济、混合所有民营经济和民营科技企业等类型。在全国经济体制改革和社会主义市场经济发展的大背景下，陵县采取各种措施，推动本县的民营经济复兴、成长和壮大，民营经济显示出蓬勃的生机与活力，成为经济高速发展的生力军。到2007 年 9 月底，陵县民营企业户达到 2.6 万户，民营企业达到 2215 家，分别比 2003 年同期增加 6200 户和 700 家。同期民营企业固定资产投入达到 46 亿元，增加值达到 69 亿元，分别占全县比重的 85% 和 75%。

---

　　① 1983 年，全县工业企业 135 家，其中县办国营企业 7 家，县办集体企业 28 家，社办企业 100家。1996 年开始逐步对县属企业进行了股份制改造，建立现代企业制度。到 2004 年，县属企业全部改造完毕，除了四家仍有部分国有股份外，其余全部转化为民营企业。

经济结构是在总体各组成部分的此消彼长中发生变化、实现调整的，其调整的速度应取决于其中贡献最大、变化最快、发展势头最强劲、效率最高的那部分。调查研究表明，陵县民营经济具有带动面广、运转效率高、发展前景好并符合改革和经济社会进步的内在要求的特点，是进行产业结构调整、实现三次产业比例优化的最有效的突破口。民营经济的发展有效地带动了就业和促进了城镇化的发展，解决了农村剩余劳动力的转移。

第 3 章

县域新型工业化

　　新型工业化，是充分运用最新科学技术和依靠科技进步的工业化，是提高经济效益和竞争力的工业化，是走可持续发展道路的工业化，是能够充分发挥人力资源优势的工业化。

　　陵县作为一个农业大县，它是怎样从中找到自身的比较优势？它又找到了一条怎样的工业化路径？

3.1 新型工业化与县域经济

工业化是经济发展的必经之路。进入新世纪，县域经济如何顺应整个国民经济发展，完成工业化转型，成为中国经济发展所面临的十分重要的现实课题。

3.1.1 工业化与新型工业化

工业化一般是指传统的农业社会向现代化工业社会转变的过程，也就是由传统的以农业生产为主的社会转变为先进的工业生产的社会。工业化与现代化关系密切。工业化集中体现为现代机械和社会生产方式的广泛应用，工业产值和就业人口在国民经济中比重提高，工业内部结构和整个国民经济结构的升级演进。

工业化是现代化的基础和前提，高度发达的工业体系是现代化的重要标志。工业化是人类经济社会形态发展的重要阶段，从农业经济阶段到工业化阶段是人类社会的巨大进步。从历史上看，今天的发达国家都经历了工业化的发展阶段。以机器生产和社会生产方式的变化为特点的工业化，在给人类带来过去多少世纪都没有生产出来的财富的同时，也改变了人类与自然的关系。随着工业化进程出现了环境、生态等各个方面的问题。因此，在新的起点上重新审视人与自然的关系，新型工业化的概念应运而生。

党的十六大报告对中国选择的新型工业化道路是这样界定的："坚持以信息化带动工业化，以工业化促进信息化，走出一条科技含量高、经济效益好、资源消耗低、环境污染少、人力资源优势得到充分发挥的新型工业化路子。"一些学者指出，工业化有五大特点，即科技含量高、经济效益好、资源共享消耗低、环境污染小、人力资源共享，优势得到充分发挥。也有一些学者认为工业化有三大任务：找到新的快速增长方式，提高综合国力和国际竞争力；解决经济增长和资源、环境的矛盾，有效地应对资源、环境的硬约束，实现可持续发展，降低经济增长的代价；解决劳动力就业问题，从而有力地吸纳因经济结构的优化升级而产生的大量的相对剩余劳动力，确保社会稳定。

与传统的工业化道路相比，新型工业化不仅仅追求工业增加值，也要走可持续发展道路，要求实现自然和社会的和谐统一，以科学发展观为指导，建立资源节约型和环境友好型社会。它对科学技术提出了新要求。首先是要求高新技术发挥不可替代的引领和推动作用；其次是把信息产业放到了优先发展的地位，要求提高科技成果的转化率。新型工业化还有更重要的一点，即要求以新的思路来处理各种关系：针对中国生产力和科技水平发展不平衡、城乡劳动力富余、城乡差别较大等现实国情，正确处理发展高新技术产业和传统产业、资金技术密集型产业和劳动密集型产业、虚拟经济和实体经济的关系。

3.1.2　新型工业化实践与探索

以改革开放为界，中国五十年来的工业化历程大致可以分两个阶段：从"一五"时期到改革开放前是第一个阶段。这一阶段工业发展主要沿袭苏联计划经济模式，单一的公有制结构、片面追求发展重工业、以农哺工、"剪刀差"造成两大部类失衡积累、过分强调自力更生、追求高速度的粗放式发展。这个时期，中国工业奠定了门类齐全的基础，但也存在着一些问题。

改革开放以后，中国工业化开始进入新的阶段。产业结构和所有制结构都进行了大规模调整，工业的市场化程度、外向化程度都有显著提高，工业化的成果在各个领域得到体现。但是，工业化仍沿袭了西方工业革命的传统工业化模式，生产体系前端高投入、高消耗。中国人口压力大、技术落后，继续走这种传统工业化模式必然加速资源枯竭，生态环境恶化，导致环境与经济社会发展的矛盾尖锐。因此，党的十六大和十七大报告适时地提出"走新型工业化道路"，并且将其作为全面实现小康的八大任务的第一条。"坚持以信息化带动工业化，以工业化促进信息化，走出一条科技含量高、经济效益好、资源消耗低、环境污染少，人力资源优势得到充分发挥的新型工业化路子。"

中国县域经济工业化的实践可以说伴随着共和国工业化的全过程。从 20

世纪 50 年代的社队企业，到 80 年代兴起的乡镇企业，县域经济都是工业化进程中不可或缺的一部分。特别是 20 世纪 90 年代以来，工业化成为县域经济发展的一个现实选择，各地都结合实际进行了自己的探索。从宏观和理论层面来分析，中国县域经济工业化的经验有以下几条：

（1）以项目引进带动工业化。项目是县域经济工业化的支撑，没有一定的工业项目，县域经济工业化就很难起步，很难发展。这些年来，各地县域经济发展都非常重视项目建设，通过项目来带动和推进工业化。这些项目本身在省、市甚至全国范围内有着一定的作用。重大工业项目落户县域，在技术、人才、产品乃至社会建设方面，都对当地发展起到带动作用。

（2）以技术改造提升工业化。技术改造是县域经济工业化的核心。新型工业化道路对技术的要求比过去更高、更全面和系统。今天的工业化进程是以技术提升为基础的。技术在工业化进程中处于核心地位，在县域经济工业化发展中也是核心。县域经济要实现工业化，就要把着眼点放在技术进步上，通过技术进步来提升传统产业，发展高新产业。

（3）以园区建设推动工业化。园区是县域经济工业化的重要载体。建立工业园区有利于本地的统筹规划和合理布局，有利于土地的合理利用，有利于资源的优化配置，有利于环境的综合治理，有利于企业集聚形成专业群体，有利于形成产业链降低采购成本，有利于园区内企业间技术交流团结协作，工业园区还可以方便管理。所以说，工业园区的优势和特点正好与走新型工业化之路的要求完全吻合，成为许多地方县域经济工业化的重要选择。

县域经济工业化不仅仅是建几个工厂，增加一些工业产值问题，工业化过程是一个推进社会发展的过程。县域经济工业化要以以下几个方面作为切入点选择现实的路径。

（1）工业化与信息化相结合。信息化在新型工业化过程中发挥着重要作用。因此，党的十六大报告在提到新型工业化道路时，强调"坚持以信息化带动工业化"。信息化也是新型工业化之所以大大快于传统工业化的发展速度的一个重要因素。县域经济在实现工业化过程中要始终把握这点，把工业化与信息化结合起来，在信息化过程中推进工业化进程。

（2）工业化与农业产业化相结合。根据国际通行的标准，判断是否实现工业化有三个重要指标：农业产值占地区生产总值的比重降到 15％以下，农业就业人数占全部就业人数的比重降到 20％以下，城镇人口占全部人口的比重上升到 60％以上。中国的具体国情是，农业和农村人口占据了县域人口的很大部分。结合国际惯例和中国实际，工业化过程中都不能忽视农业的现代化。工业化与农业、服务业有着割舍不断的关联。要从解决"三农"问题的根本途径的角度来认识工业化。这就要求在新型工业化背景下谋划县域农业，以工业的思维指导农业、经营农业，推进农业的产业化、现代化，要跳出"三农"抓"三农"。

（3）工业化与特色资源开发相结合。县域经济工业化很重要的一点是构建有区域特色的产业链。培育产业链要在资源优势中培育特色产业，在传统产品中筛选优势品牌，抓住若干个有竞争力的产品和产业，重点发展。要坚持有所为有所不为，谋求差异化发展，培育优势，规避劣势。找准特色是发展工业化的关键，对于县域经济而言，特色就是优势，特色就是竞争力和生命力。因此，县域经济工业化的过程也就是一个不断寻找特色、强化特色的过程。

（4）工业化与小城镇建设相结合。县域经济的工业化过程必然伴随着经济重新布局和社会发展结构的变化。所以，城镇化是县域经济工业化的一个后果。工业化是城镇化的动力，而城镇化也是工业化的支撑。提升县域经济发展的规模和水平，就要以城镇化为依托。要把工业化作为推进农村城镇化和农业产业化的核心，通过工业反哺农业、城镇带动乡村，引导人口和生产要素向城镇聚集，把大量的农村劳动力吸纳进城镇，融入到工业化过程中。

（5）工业化与县域经济改革相结合。工业化是现阶段县域经济发展的重要内容。实现工业化离不开社会条件的促进，推进工业化必须与县域经济的管理体制改革相结合。要改革县域行政管理体制，提高行政能力和办事效率。要改革企业经营管理体制，增强企业活力。要转变工业发展方式，为工业化创造更好的条件。

（6）工业化与促进农村就业相结合。农村富余劳动力是县域经济发展过程中必须处理好的一个问题，也是关系到农村稳定和农民收入持续增加的一个大问题。农村富余劳动力的特点是知识和技术水平相对偏低，这不符合工业化对劳动力素质的需求。完成工业化与促进农村就业的结合，一方面需要政府加大对农民的培训力度，从工业化需要的角度来提高农村富余劳动力的素质；另一方面要在工业项目的选择上应充分考虑当地的劳动力条件，尽量使工业发展能吸纳当地劳动力。

3.2 陵县新型工业化的主要措施

陵县县委、县政府通过发展高新技术产业、实施"质量兴县、名牌带动"战略、发展循环经济，积极探索新型工业化道路，取得了良好的成绩。

3.2.1 软环境建设

在转变经济增长方式、承接发达国家和东部沿海地区的产业转移的竞争中，中西部许多县域经济兴起了新一轮加快发展的热潮，通过大力实施项目带动战略，加大招商引资的力度，竞争十分激烈。在各地方充分发挥比较优势、加强硬件设施以吸引资金、人才、技术聚集的基础上，软环境成为招商引资成功和加速工业化进程的决定性因素。优良的投资软环境既是一个地区文明和进步的标志，也是影响先进生产技术、资金和项目等生产要素吸纳的重要因素。谁拥有良好的软环境，谁就站在了夺取经济发展的战略资源和潜在财富的战役的制高点上。因此，陵县深入了解各类企业对投资软环境的总体要求，通过提高政府的服务效率、增加基础设施投入、加快新农村建设，优化了软环境，为陵县新型工业化道路打下了坚实的基础。

1. 提高政府服务效率

几年来，陵县各级领导转变工作作风，坚持自力更生、"勒紧裤带，勤俭过日子"，为了陵县经济的快速发展，将有限的资金用在发展基础设施投入上。直到现在，县委、县政府两个办公大楼仍然是 20 世纪 70 年代初的楼房，设施非常陈旧，办公条件十分简陋。同时，围绕陵县的产业发展，以各种形式聘用高层次的科技专家和管理人才，让他们为陵县的发展出谋划策，帮助各级领导转变思想观念、提高城市建设管理的能力、树立服务为民的意识。

如通过多方沟通，从山东省发改委、建设厅、农业厅聘请了四位挂职副书记或副县长；同山东建筑大学、山东财政学院、山东轻工业学院三所高校进行人才和科研合作；花费巨大代价从天津和济南各聘请50位星期天工程师、30位经济发展顾问、30位招商代理，营造积极的人才投资环境。通过这些活动，陵县逐步构建了一支老中青结合、服务意识浓厚、城市建设管理水平高的干部队伍，为陵县的发展打下了坚实的基石。

2. 加大城市基础设施投入

陵县人很早就意识到，良好的基础设施是实现县域经济腾飞的载体，一旦基础设施建设不足，将成为县域经济发展的"瓶颈"。因此近年来，在城镇加大了基础设施投入的力度和广度，向实现和谐陵县的目标不断推进。

在城市建设上，相继实施了管线入地、大树进城、绿化亮化、建城市污水处理厂、城区道路改建、居民住宅楼开发、城市公用设施等各项工程，城市的面貌大为改观。城区现有道路33条；在德州市率先建设启用了城市污水处理厂，同时开发区第二期污水处理厂已经开工建设；天然气管道一期工程全面完成，城区的主要住宅区实现了管道供气；兴建了总建筑面积60万平方米的12个住宅小区，极大地改善了居民的生活居住条件；城市绿化面积达到130多万平方米，绿化覆盖率达到42.5%，人均绿地面积19平方米。因此，整个城区形象清新优美、整洁有序，为整个陵县城市化的发展奠定了坚实的基础。

3. 修建农村基础设施

随着新农村建设日渐深入，陵县农村的基础设施也不断完善。在短短的三年时间里，新建农村柏油路1640公里，实现了村村通柏油路，解决了解放50多年来一直困扰农村经济发展的行路难问题，从根本上改善了农村的生产生活条件。还修建了桥涵闸和扬水站240多座，清淤疏通河道沟渠300多条，农村有线电视入户率达到了80%，实现了通油路、通客车、通自来水、通黄河水、通有线电视五个"村村通"的目标。

4. 改善教育和医疗卫生条件

县委、县政府还十分重视教育和医疗卫生条件的改善。2003～2005年，花费巨资修建了建筑面积达 18 万平方米的陵县一中,可以容纳一万名学生同时上课,极大地改善了学生的生活学习条件,还请原中共中央政治局常委、国务院副总理李岚清同志为学校题词。在县城新建改建了 4 所初级中学,农村 50% 的学生可以到县城就读,接受现代教育。利用压缩的 12 所乡镇初中兴办了高档次的中心小学,改善了农村学生的就学条件。强化小学、初中和高中各级学校的基础设施投入,使全县的中小学生,不管是来自农村还是城市都具有同等的学习生活条件,为减小城乡教育差距、进而减小收入差距打下了坚实的基础。另外,还兴建了 2 万平方米的县医院病房大楼和 5 处标准化中心乡镇卫生院,建成了疾病预防控制和传染病救治两大体系,推行了新型农村合作医疗,提升了农村居民的医疗条件。

通过政府工作作风的转变,大力培养求真务实、廉洁高效的干部队伍,通过加大城市和农村的基础设施建设,改善教育和医疗卫生条件,为陵县的发展创造了良好的工业发展的软环境,为陵县经济崛起和产业转型插上了腾飞的翅膀。

3.2.2 完善开发园区

作为山东省 30 个经济欠发达县之一,陵县落后的原因主要在于第一产业占主导地位,工业基础不强。通过开发区的建设可以促进企业的集聚,将发挥极化功能,促进工业快速发展。但是,中国许多地区开发区的建设是以牺牲耕地为代价的,导致中国的耕地面积连年减少,2006 年已经逼近 18 亿亩的下限,园区发展与保护耕地的矛盾似乎难以协调解决。但是陵县的发展给中国许多县域经济园区发展提供了借鉴。

陵县开发区正式成立于 2001 年 5 月,是以县城西部老工业企业集中区域为基础规划建设,规划面积 35 平方公里。开发区建立在地广人稀、盐碱涝洼比较严重的陵西大洼。因此开发区的建设一方面具有工业发展的基础,为大量工业企业的集聚打下了良好的基础,另一方面避免了大量田地被侵占,有效地保护了陵县的耕地资源。同时由于地广人稀,本地的农业产值低,因此对开发区的农民补偿比较充分,农民主动配合搬迁,从而避免了严重的社会问题的出现。并且,开发区的地理位置十分优越,它位于县城西部,东接陵县老城,西邻德州市区,104 国道贯穿东西,西临京福高速公路。此外,陵县县委、县政府在以下几个方面做了大量工作。

1. 对开发区进行科学规划，合理定位

在2001年陵县开发区成立以后，陵县各级领导为开发区的发展定位绞尽脑汁，希望通过开发区的合理定位带动陵县经济的快速崛起。2003年，根据开发区的区位优势，结合中国的经济发展势头，陵县县委、县政府适时提出了"以区兴县、超常发展"的主体发展战略，希望通过开发区的经济发展的示范作用带动陵县工业的崛起，实现领先经济的跨越式发展。4年来，通过县财政先期投入一块、老城改造盘活一块、新区土地置换一块、金融租赁筹措一块的市场化融资方法，累计投入基础设施和配套建设6.3亿多元，形成了"十纵十横"的道路框架和"七通一平"的配套设施，开发区成为陵县招商引资、上项目的主要载体。

根据2006年德州市委、市政府"两个东进、一个西移"的战略部署，德州市政府将陵县开发区纳入了德州市城市整体规划。在这样的大背景下，陵县2007年确立了"依托德州，以区兴县"的发展构想，按照"科学定位、高速发展、强化功能、一区多园"的发展原则，通过持续不断的开发建设，力图将陵县开发区发展成为德州市区产业转移、扩大农民就业的主要载体和农副产品深加工基地，成为德州市重点经济开发区域和陵县发展的重心区域和龙头。

开发区要成为德州市区产业转移的主要载体。德州市区由于经济的快速发展，土地成本加大，产业升级转换的压力倍增。陵县开发区要依靠毗邻德州的区位优势，大力承接德州市区的产业转移，并在此基础上，将开发区建设成为中国东部乃至世界产业转移的重要载体，逐步培育开发区的优势产业和主导产业。

开发区要成为农民就业的主要载体。陵县是农业大县，农业人口占全县人口的80％以上，因此农村剩余劳动力众多。过去陵县的农村剩余劳动力主要到北京、上海、广东等东部发达城市打工，虽然提高了劳动收入，但第三产业发展缺乏主要市场需求的支撑，造成了陵县的工业发展和产业升级十分缓慢。通过开发区的建设加大农民的就业比重，促进农民收入增长，并刺激第三产业发展，有利于陵县形成合理的产业结构和就业结构。

开发区要成为农副产品深加工基地。农业是陵县的优势产业，农产品十

分丰富。同时经过近10年的建设和政府扶持，建立在农业优势之上的农副产品深加工业十分发达，形成了谷神、黎明纺织等几大明星企业。以后要在此基础上继续扶持这些企业的发展，并引导这些企业加大技术研发力度和规模，形成山东乃至环渤海地区重要的农副产品深加工基地之一。

陵县开发区要成为德州市重点经济开发区域。2005年国家"十一五"规划首次提出了优化开发、重点开发、限制开发和禁止开发四大主体功能区，对于不同的区域采取不同的发展战略。从整体上说，由于地理位置靠近内地，经济基础非常薄弱，农业所占比重过大，德州经济在山东的位置十分靠后，以后要把几个县域开发区发展成为重点开发区域，发挥经济集聚的规模效应和辐射功能。

另外，开发区临近德州这一天然区位优势，使其能够更充分地接受来自德州和京津地区的辐射，博得发展的先机。因此，开发区作为地方经济发展的"桥头堡"，应该为陵县的经济发展起龙头带动作用。

2. 加大投入，完善设施，夯实硬件

构建一个布局比较合理、功能比较齐全、设施比较先进、使用效率比较高的基础设施体系，可以显著提高园区的承载能力。2003~2007年，陵县经济开发区累计投入6.3亿元，新修或改造了19条道路，16座桥梁和145公里地下管网，新增绿化面积140万平方米，绿化覆盖率达到42.5%。投资5000万元，实施了新鬲津河清淤改造工程，开发区高标准实现了"七通一平"。

3. 严格把关，提高土地使用效率

土地是园区最宝贵的财富，为了最大限度地保护土地，提高单位面积的产出效率，实现园区规范、健康、快速的发展，开发区在土地使用上坚持由主管部门实行"五个统一"管理，并按照国家规范园区土地市场的有关规定，制定了《陵县经济园区关于新上项目的有关规定》，对入区项目在占地、建设等方面严格把关。

首先，严把入区项目占地关。严格项目建设用地面积，要求项目平均每亩土地固定资产投资必须达到200万元以上。

其次，严把建筑容积率关。企业建成后，建筑容积率必须达到50%以上，提高土地利用率。

再次，严把项目建设落实关。项目单位入区建设，需向开发区管委会提供项目可行性报告和工程详细规划图，填写统一的《陵县经济园区项目程序化管理表》，签订《投资建厂协议书》，并缴纳投资保证金和土地押金。

第四，严把项目投产关。项目土建完工后，若一年内不能投产，将收回土地，土地租金由项目单位承担。项目投产后，如因经营原因造成连续停产一年以上，土地租金由项目单位承担，连续停产三年（含三年）以上，收回土地。

最后，严把责任追究关。入区项目在建设过程中，如私自扩大建设面积，对超标准占地部分由项目单位自负土地租金，并承担责任。

4. 创造宽松的投资环境

首先，创造宽松的政策环境。把县里制定的一系列促进开发区发展的政策真正落到实处，继续降低门槛、降低收费，凡是政策规定的坚决不走样、不变形地执行，凸显政策优势。

其次，实行扎口管理。管委会和县治理"三乱"办公室加强监督，防止个别部门到开发区企业乱检查、乱罚款、乱收费，并公布开发区公安分局、开发区办公室 24 小时值班电话，坚决打击"三乱"行为，为企业创造良好的经营环境。

再次，发挥好"一站式"服务大厅的作用。健全了大厅的各项管理制度，真正做到不让企业多走一步路，多费一点心，为客商提供全方位的优质服务。

最后，搞好物业保障，进一步优化企业外部环境。为了避免强装强卸、漫天要价、野蛮装卸等不良现象的发生，树立开发区装卸行业良好形象，开发区成立了物业保障部，由一名副主任主抓，具体负责装卸行业管理，实行统一管理、统一价格、统一结算。同时，对开发区的环卫保洁、物业保障等实行统一管理。

因此，可以说陵县开发区是集天时、地利、人和于一体，于 2006 年被确定为山东省级开发区，并逐步发展壮大。

3.2.3 发展高新技术产业

美国经济学家丹尼森（Denison，1974）根据美国国民收入的统计数据对美国的经济增长因素进行了分析和考察，认为知识推动的技术进步对美国经济增长的贡献约占1/3[1]，说明技术进步对一个国家或地区经济增长起到了巨大的推动作用。在当代，技术进步无论是广度还是深度都超过了历史上的任何时期，对一个地区的经济发展发挥了前所未有的推动作用。因此，通过技术研发，加大高新技术产业对经济增长的贡献力度，是陵县人改变过去粗放的经济增长方式，提高经济可持续发展能力的重要手段。

高新技术可以促进企业经济效益提高、劳动力素质提升、本地区经济增长方式转变和经济结构的优化。不论是在企业层面和行业层面，还是在产业层面和区域层面，通过科技创新，大力发展高新技术产业对经济具有积极的影响[2]。

（1）从企业层面看，通过科技创新，大力发展高新技术产业具有规模效应。规模效应是指企业因科技创新引致技术水平的提升，企业得以在较高的技术水平上扩大生产规模，导致单位产品成本递减，从而提高企业的利润。对陵县来说，技术进步主要起源于企业的创新活动，而创新活动的开展需要巨额的研发费用，这笔费用计入未来产品的成本，称为启动成本。随着生产的进行，企业面临着一条下降的供给曲线，不断扩大的生产规模分摊了启动成本，于是企业获得了递增的规模收益。

（2）从行业层面看，通过科技创新，大力发展高新技术产业具有集聚效应。高新技术产品具有信息、知识等软要素的共享性。对同一厂商而言，信息、知识等共同的生产要素不受资产专用性的束缚，可以从一个生产过程转到另一个生产过程而不必支付额外的成本，从而实现成本的降低。一种产业的信息化程度越高，软要素在生产过程中的投入比重越大。随着生产经营范围的扩大，同一行业内部的其他企业就会通过各种方式进行模仿、学习与创新，产生能给相关行业带来创新收益的空间集聚效应。

（3）从产业层面看，通过科技创新，大力发展高新技术产业具有乘数效应。随着高新技术在企业和行业间的扩散与转移，它就会超越行业的层面，在产业内和产业间形成乘数效应，即高新技术通过乘数效应演化为全社会的技术进步，其显著特征就是一个国家或地区所有单个创新主体的科技创新活

---

① ［美］罗伯特·M. 索洛等著. 经济增长因素分析. 北京：商务印书馆，2003.201.

② 纪玉山等. 科技创新促进经济增长的微观机理与政策选择. 经济社会体制比较，2007.

动和高新技术传播所引致的经济更大倍数的增长。

（4）从区域层面看，通过科技创新，大力发展高新技术产业具有竞争效应。一方面，高新技术的发展需要高素质的劳动力，这就迫使本地区的劳动力接受更多的教育和培训，否则将失去工作机会。另一方面，通过科技创新，使用高新技术的企业可以降低物质能耗水平，提高经济效率，可以开发更多的新产品，开拓更大的市场，市场竞争力增强。而本地区劳动力和企业的竞争力增强无疑将增加本地对企业的吸引力，与别的地区相比，将使更多优质企业集中于本地，从而产生良性循环，进一步提高本地的竞争能力。

在 2002 年以前，陵县作为一个农业大县，工业基础不强，技术比较落后，科研技术投入较低，高新技术产业化程度不高，没有政策优惠，这些极大地制约了高新技术产业在本地的发展。陵县人深刻认识到高新技术所具有的规模效应、集聚效应、乘数效应和竞争效应，通过制定优惠政策、加大产学研协作、增加技术投入等各种措施，高新技术产业迅猛发展，促进了经济又好又快发展。

（1）制定技术创新优惠政策。中国在改革开放之后，在"比较优势"理论的指导下，走的是一条"以市场换技术"的技术引进之路。很多人认为，由于中国在劳动、资源密集型产业方面具有比较优势，应该把发展的重心放在这些产业上，忽视了高新技术产业的同步发展，于是，粗放型经济增长方式便成为中国经济发展的典型特征。由于初级产业的低水平和低附加值，直接导致的后果就是资源短缺、能源枯竭、生态失衡和环境污染。随着改革开放逐渐深入，对外技术的依赖逐渐显现出来，大量核心技术掌握在跨国公司手中，极大地阻碍国家创新水平的提高。因此，为使陵县经济步入依靠科技创新和高新技术发展的轨道，提高自主创新能力，政府通过减免税收或低息贷款、甚至直接补助的措施对民间企业的科技创新进行扶持。针对陵县产业发展的特点和企业的技术水平，政府先后制定了《陵县科技进步奖励试行方法》、《中共陵县县委、县政府关于推进加强技术创新的决定》、《关于进一步扶持高新技术产业发展的优惠政策》、《关于加快高新技术产业化的意见》、《关于加快发展生物高新技术产业的优惠政策》等各种政策措施。其中主要的优惠措施有：企业自主创新投入的所得税前抵扣政策；企业按当年实际发生技术开发费用的 150% 抵扣当年应纳税所得额；企业提取职工教育经费在计税工资 2.5% 以内的，可在企业所得税前扣除等。

（2）加强产学研技术协作。全方位、多渠道进行科技合作，可以进一步拓宽陵县进行省内外科技交流和合作的渠道和层次，促进产学研的结合，显著提高企业的技术创新能力。到 2007 年 10 月，陵县利用紧邻北京和济南的地域优势，已经与中国农科院、清华大学、山东大学、山东农业大学、山东省农科院、江南大学、国家大豆工程技术研究中心等 40 多个大专院校、科研院所开展了广泛的技术合作和联合。85％以上规模以上工业企业与国内高校院所建立了不同形式的合作关系，引进了一批高水平的技术成果，培养了一批研发骨干力量，产生了一批拥有自主知识产权和较高技术水平的成果和产品。谷神集团原来是以饲料加工为主的小型企业，后来抢抓机遇，采用生物技术对大豆进行深加工，先后与郑州粮食工程学院、山东粮油科学研究所、国家大豆工程技术研究中心、西安食品研究所等大专院校、科研机构进行技术协作，先后研究开发出大豆分离蛋白、大豆低温粕、大豆低聚糖、大豆浓缩蛋白、功能性大豆浓缩蛋白等科技含量高、附加值高的高新技术产品。乐悟集团则与中棉清华紫光集团等单位进行技术合作，以棉籽、玉米为原料，分别对棉籽、玉米进行深加工，生产低温棉蛋白、淀粉、谷氨酸、生物饲料等科技含量高、附加值高的高新技术产品。另外华越生物、同兴生物、宏祥化纤等企业也与不同的院校进行了广泛而深入的技术合作。

（3）进一步加大科技投入。如果研发费用占 GDP 的比重很低，就无法形成有规模的创新平台，导致创新主体的规模经济较弱，从而制约了科技创新和高新技术的发展。很多发达国家的研发费用占 GDP 的比例通常很高，例如，日本在 20 世纪 80 年代的研发费用占 GDP 的比重为 2％～3％，而 2000～2005 年，中国的研发费用占 GDP 的比重分别在 1.4％以下，远远低于日本，这极大地阻碍了中国自主创新能力的提升。陵县作为一个农业大县，在 2002 年以前研发投入基本可以忽略不计。但自 2002 年起，陵县县财政每年用于应用技术研究与开发资金达到了县级财政支出的 1％以上，7 家高新技术企业用于研发的费用达到了销售收入的 5％以上，规模以上企业用于该项支出的比例也在不断增加。今后陵县要进一步加大县财政对研发的支持力度，鼓励企业进一步提高研发支出，形成高新技术创新的平台。

（4）通过技术进步建设循环经济。县域经济由于受资源等市场要素的制约，更加需要通过技术进步发展循环经济。发展循环经济是建设资源节约型、环境友好型社会和实现可持续发展的重要途径。一方面，发挥当地优势，利用本地盛产棉花、玉米、大豆等特点，大力发展农副产品加工企业的技术研发能力，初步形成以农副产品加工为主，地方特色鲜明的优势产业集群；另一方面，从资源节约入手，突出资源的再利用，实现多次增殖，大力发展循环经济的各种技术。陵县根据资源条件和产业布局，延长和拓展生产链，促进产业间的共生耦合，形成产业优势互补，发挥联动效应，加快新建企业循环经济发展，已迫在眉睫。同时，政府在其中也发挥了重要作用，凡牵涉到循环经济问题，政策优惠，特事特办，职能部门只能帮促，不得设置障碍。如谷神集团的大豆深加工项目，资源多次重复利用，形成闭合式生产链，是典型的循环经济模式，县里从土地、项目、资金审批到项目环评等方面都给予了大力支持，帮助搞好有关审批手续，使项目立项快、投产早、效益好。另外，在发展循环经济中，陵县成立"建设项目环境评审小组"和"建设项目节能评审小组"，推行严格的项目准入制度，不经"两评"评审的项目，资金再多也不能立项，从源头和基础把关，保证了项目质量。

（5）加强知识产权保护工作。知识产权制度是驱动创新引擎的重要动力，如果没有知识产权的法律保障，投资者将失去从事技术创新活动并将其创新成果投放市场的激励。知识产权保护的缺失还会使风险资本的来源枯竭，投资环境恶化，公平的经济秩序受到破坏，并最终损害本地的科技和经济发展。因此，政府有责任充分利用知识产权的法律保护本地企业自主创新的收益的获取。对一个县级政府来说，最重要的知识产权保护就是积极开展科技成果鉴定与专利申报工作，让产权所有者充分得到自主创新的收益，从而刺激本地企业的进一步创新。到 2007 年 10 月，陵县进行的科技成果鉴定项目总共有 10 项，其中有宏祥集团的复合土工膜、谷神集团的大豆天然维生素 E、大豆低聚糖、醇法提取大豆浓缩蛋白等。自 1985 年以来，政府共帮助陵县企业和个人申请专利 183 项，其中 2002 年到 2007 年申请专利数逐年递增，分别为 3、9、10、12、18 和 38 项，其中还有两家企业被命名为山东省专利明星企业。

另外，陵县由于自身财政收入来源比较匮乏，因此加大科研投入急需上级科研部门的支持。为了发挥科技的支持和引领作用，陵县将那些科技含量高、附加值高的高新技术项目申报上级科技计划，争取上级的支持和援助。

2001年到2007年，全县共承担国家级火炬计划3项，国家科技型中小企业技术创新基金2项，国家重点星火计划1项，国家科技富民强县专项行动计划1项，省级火炬计划8项，省级科技攻关项目2项，省级科技型中小企业技术创新专项扶持基金2项，省级农业科技成果转化资金项目1项。

3.2.4 实施名牌战略

在经济日益全球化的今天，名牌是一个国家或地区的招牌。实施"质量兴县、名牌带动"战略既是落实科学发展观的重要内容，又是不断提高企业自主创新能力、增加县域经济核心竞争力、加快推进新型工业化建设的客观需要。陵县自2004年就开始主动实施"质量兴县、名牌带动"战略，有效地推动了资本、技术、人才等生产要素向名牌产品和优势企业集中，显著地提高了陵县企业的自主创新能力、产品质量水平和市场竞争能力。

（1）政府推动。陵县县委、县政府高度重视名牌工作，强化对质量工作的领导，召开了全县质量兴县暨实施名牌战略工作会议，专门成立了职能健全的质量兴县领导小组，分管县长任领导小组组长，具体负责质量兴县和名牌活动的组织、协调、调度、督查和考核。确定了质量奖励制度，制定了名牌扶持和奖励政策，对获得中国名牌、国家免检、山东名牌产品称号的企业给予物质奖励。同时对名牌产品企业在资金、原材料、技术改造等方面给予重点扶持，促进企业上规模、上水平。县政府印发《关于开展质量兴县活动的决定》等指导性文件把质量兴县目标任务分配到各有关部门、镇（乡）、企业，明确了具体工作内容、目标、工作措施、完成时限、责任人，并狠抓落实。

以相关职能部门为质量兴县成员单位，质量兴县办公室设在县质监局具体开展工作。全县各职能部门在实施名牌战略过程中，充分履行职能，发挥优势，强化服务措施，优化服务环境，切实把服务名牌争创工作作为头等大事来抓，做到服务环节前移，服务效果延伸。同时积极指导、帮助企业解决质量、标准、计量等技术基础工作中遇到的问题，为企业夯实争创名牌的工作基础。还积极鼓励企业采用国际标准和国外先进标准，加快与国际惯例接轨步伐，积极推动全县企业开展国际质量体系认证工作。并且根据企业的管理实际，积极为企业培训各类质量、计量、标准化、特种设备等技术人员，并帮促企业做好认证认可工作。

(2) 企业联动。企业是市场的主体，也是实行"质量兴县、名牌带动"的承担者和受益者。通过该战略的实施，能够提高企业产品的质量，增强企业核心竞争力，带动全县经济走上持续、快速、健康发展的道路。

名牌代表企业的信誉和实力，代表企业产品的质量和企业知名度，是一种无形资产，是企业竞争力的核心体现。随着企业对名牌价值认识的提高，企业开始纷纷寻求通过实施名牌战略来提升企业竞争力。全县广大企业认真贯彻《产品质量法》等法律法规，企业加强技术基础研发工作，严格执行标准，建立完善的标准、计量、质量检测体系，严格按标准组织生产；采用科学的质量管理方法，开展全面质量管理活动，推行 ISO9001 质量管理体系认证，建立和完善质量改进和激励机制。坚持企业经营者对质量的负责制，加强质量检验工作，不断改进产品性能和工艺设计，严把原材料质量关，加强信息服务，树立质量成本观念，向质量管理要效益。广大企业通过科技改造、科技创新，着力提高产品质量和产品科技含量，质量后劲增强。

(3) 做好规划。"质量兴县、名牌带动"战略是一项经济调整与发展的地区主导型战略，必须从经济发展的全局出发，根据本地区自身条件和名牌形成的客观规律，制定发展名牌的全局性指导方针计划，迅速培育、创造、发展与保护名牌产品、名牌企业。为切实使"陵县制造"产品走名牌发展道路，陵县特编制了《陵县 2005～2010 年名牌发展规划》，先后将谷神集团等 16 家企业的 19 种产品纳入培育计划，将谷神集团等 8 家企业的 11 个产品推荐参加中国名牌、国家免检产品和山东名牌产品的评审，帮助企业完善相关质量管理制度和申报材料，为顺利争取国家免检产品和山东名牌产品打好坚实的基础。

(4) 全民教育。为了培育注重质量、重视品牌的氛围，陵县加强了质量法制教育，以增强质量法制观念。良好的氛围必然要求企业切实履行法定质量义务，依法生产经营，同时广大消费者要会依法维护自己的合法权益。另外，还加强了对企业经营者和职工的质量管理知识教育，开展劳动技能培训，提高劳动者素质。动员广大人民群众参与质量兴县活动，形成全社会关心、重视质量的环境和氛围。

3.3 陵县新型工业化的成效与问题

3.3.1 取得的成效

通过以上各种措施，陵县新型工业化取得了很好的成效。

1. 软环境得到极大提升

首先，端正了政府的服务态度，提高了政府服务效率，丰富了政府管理经验。其次，改善了城市面貌。整个城区形象清新优美、整洁有序，为整个陵县城市现代化的发展奠定了坚实的基础。再次，改善了农村基础设施，为实现城乡统筹夯实了基础。最后，通过增加医疗和教育投入，提高了陵县人力资本，改善了陵县经济可持续发展的竞争力。

2. 园区建设带动作用增强

经过近几年的开发建设，陵县经济开发区的园区已经基本形成，园区建设已经成为带动陵县经济发展，促进工业发展，带动商业发展的龙头。以2006年和2007年为例。2006年园区内入驻企业已达168家，其中过亿元的项目24家，已投产企业146家，固定资产总投资80亿元，实现销售收入155亿元，利税16亿元。2007年，园区内入区企业已达204家，其中过亿元的项目42家，已投产企业180家，固定资产总投资120亿元，实现销售收入230亿元，利税24亿元。开发区始终坚持以高起点、高标准、高质量的开发原则，以优越的区域优势、宽松的投资环境、优质的服务水平同海内外客商开展广泛的经济合作，共谋发展，争取用最短的时间、最高的效率将开发区建设成为以高新技术产业和外向型经济为主的功能设施齐全的综合性经济开发区。

3. 高新技术发展迅速

自 2002 年以来，陵县以生物技术、新材料技术和节能环保技术为重点的科技含量高、市场容量大、带动能力强、规模产业化的高新技术产业不断壮大，全县高新技术产业产值占工业总产值的比重达到 15.7%，全县高新技术企业发展到 7 家，其中国家级高新技术企业 1 家，省级高新技术企业 5 家，市级高新技术企业 1 家，国家级农业产业化龙头企业 1 家，山东省农业产业化龙头企业 3 家，市级农业产业化龙头企业 19 家，市级民营科技企业 5 家，国家级星火计划龙头企业技术创新中心 1 家。乐悟集团被批准为第一批国家星火计划农村科技服务体系建设示范单位。

从企业的层面看，应用高新技术、信息化技术，加大了对传统产业改造提升的力度，促进了传统产业的生产工艺、装备水平和管理水平的提高，全县重点骨干企业主要装备水平基本达到了 20 世纪 90 年代国际水平，支柱产业的持续创新能力得到进一步加强。如群力塑胶有限公司应用高新技术生产BOPP 膜、双向拉伸聚丙烯合成纸等新材料。同时大部分企业开始重视并采取多种措施发展循环经济，取得了良好的成绩，例如提高了企业的资源利用率，降低污染排放，延长产业链，形成优势互补等。企业在发展循环经济的同时也取得了较大的经济效益，为众多其他企业发展循环经济起到了带头作用。

从地区层面看，生物特色产业基地已成雏形。陵县几大骨干企业，如谷神集团、乐悟集团、华越生物科技有限公司、华茂科技、金稞生物科技有限公司、同兴生物科技有限公司等企业利用生物发酵技术对玉米、大豆、棉籽等农产品进行深加工，开发建设了大豆分离蛋白、大豆组织蛋白、大豆低聚糖、低温脱酚棉蛋白、谷氨酸、味精、低温高蛋白棉仁粉、乙醇氧化制乙醛等科技含量高、附加值高的项目，已列入国家、省级和正在申报的火炬计划共计 8 项，为陵县申报国家火炬计划特色产业基地打下了良好基础。

4. 名牌效应明显

自陵县实施"质量兴县、名牌带动"战略以来，企业的质量意识不断增强，名牌意识不断提高，产品质量不断提升。一是产品质量得到了极大的提高。通过开展质量兴县活动，陵县企业重点产品监督抽查率逐年提高。

2005～2007年重点产品监督抽查合格率分别为71%、76%、87%，分别递增5和11个百分点，比开展质量兴县前提高了20个百分点。二是名牌战略唱响"陵县制造"品牌。通过实施名牌带动战略，名牌工作取得了可喜的成绩，到2007年前陵县已有绿源集团的复合肥料、谷神集团的大豆色拉油等2家企业的2个产品被评为国家免检产品，谷神生物科技集团大豆分离蛋白和大豆浓缩蛋白、山东黎明纺织公司的棉本色纱线、山东宏祥集团的复合土工膜、绿源集团的复合肥料、群力塑胶公司的BOPP薄膜、华茂集团的玉米淀粉等6家企业的7个产品被评为山东名牌产品。

表3-1 2004～2006年陵县企业国家免检产品情况

年度		产值	利税	比重	市场占有率（%）	
		（万元）	（万元）	（%）	全省	全国
绿源化工有限公司	2004	59372	6909	100	11.92	5.86
	2005	60199	7918	100	7.92	4.02
	2006	63129	8507	100	7.92	4.01
谷神生物科技集团	2004	36322	4843	34	6.25	1.83
	2005	36585	4997	24	6.02	1.67
	2006	37648	5648	21	5.36	1.43

说明：绿源化工有限公司复合肥料2005年获得国家免检产品称号，谷神生物科技集团有限公司大豆油2006年获得国家免检产品称号。

3.3.2 存在的问题

尽管陵县的新型工业化取得了很多成就，但也存在一些问题。一是陵县各级领导班子还需要学习更多的现代城市管理经验。二是应当建立陵县开发区与德州开发区对接的协调推进机制。由于隶属于不同的行政管理机构，陵县开发区与德州开发区在对接规划、对接方式和合作利益分享等方面尚未达成一致意见，这需要上级机构的协调。三是陵县自身技术研发基础过于薄弱，本地区又缺少一些科研院所，需要与技术先进地区建立长期稳定的交流机制，但这方面才刚刚起步。四是陵县的品牌还没有在全国唱响，名牌的经济价值没有得到充分体现。这需要企业有更加深远的规划、更加科学的市场营销和管理手段来实现。

第 4 章

县域现代农业建设

农业为国民经济的基础。建设现代农业的过程，就是改造传统农业、不断发展农村生产力的过程，就是转变农业增长方式、促进农业又好又快发展的过程。

作为传统农业大县，陵县有发展农业和推进农业产业化的基础。但这并不意味着它自然而然地就可以向现代农业转型，为了找到发展现代化的路径，陵县进行了多年探索。

4.1 现代农业建设与县域发展

农业是"安天下"的产业，在国民经济的整体格局中始终占有重要地位。农业是国民经济的基础。党的十六大以来，更是把农业提升到党的工作的"重中之重"的位置，从2004年开始党中央连续下发了五个"1号文件"，把目光对准农业、农村和农民。中国农业基础在农村，而县域经济对经济整体层次而言是与农业发展关联度最高的经济层次。可以说，农业也是县域经济的基础产业。工业化、城镇化、市场化进程等关乎县域经济发展的重大问题，都必须立足于县域农业的发展。因此，农业问题是县域经济的基本问题，农业发展对县域经济的发展有着决定性意义。

4.1.1 现代农业与新农村建设

农业是人类社会的第一次大分工。正是因为有了农业生产为人类提供充裕的食品供应，才支撑了人类社会生生不息的延续。在人类发展的最初阶段，食品的富裕成为社会进步的基础条件。随着人类历史进程的发展，农业自身也经历了一个不断发展的过程。农业为工业和其他事业的发展提供了基础，同时，工业和技术的进步也为农业提高生产效率提供了条件。研究县域经济农业发展的现实和未来，都不能不认真研究现代农业。

对于现代农业的内涵专家学者有着诸多论述。但综括这些论述，有几点是大家共同承认的，那就是理念的更新、技术的运用、经营形式的转变、产销体系的变化等。有专家指出，现代农业是以现代发展理念为指导，以现代科学技术和物质装备为支撑，运用现代经营形式和管理手段，贸工农紧密衔接、产加销融为一体的多功能、可持续发展的产业体系。

2007年1月，党中央"1号文件"把现代农业确定为新农村建设的中心。

文件对现代农业的内涵做出了阐述，指出"要用现代物质条件装备农业，用现代科学技术改造农业，用现代产业体系提升农业，用现代经营形式推进农业，用现代发展理念引领农业，用培养新型农民发展农业，提高农业水利化、机械化和信息化水平，提高土地产出率、资源利用率和农业劳动生产率，提高农业素质、效益和竞争力。"文件从与传统农业对比的角度，提出"建设现代农业的过程，就是改造传统农业、不断发展农村生产力的过程，就是转变农业增长方式、促进农业又好又快发展的过程。"

现阶段，中国把现代农业作为建设社会主义新农村的中心，提出发展现代农业的任务，有两个重要的时代背景或者说基础条件。

一是农业发展的基础。中国农业发展取得的成就举世瞩目。简单地说，中国用占世界 7% 的耕地养活了占世界 22% 的人口，这是世界上任何一个国家都没有做到的。不仅在数量上，中国的粮食养活了这么多人，而且在食物结构上，中国农民提供的食品多种多样，极大地丰富了人们的生活，提升了人们对于食品的需要。

二是农业乃至人类自身的可持续发展问题。农业在取得巨大成绩的同时，中国的耕地也承受着巨大压力。耕地资源人均占有量仅有 1.41 亩，低于世界平均水平一半以上；水资源人均年占有量 2000 立方米，是世界平均水平的四分之一。同时，耕地数量减少和耕地质量下降的趋势一直未能得到有效控制。人增地减水减将是长期制约中国农业发展的突出问题。然而，中国社会的进一步发展又对农业提出了新要求，新时期对农业提出了数量、质量、结构、安全等方面的新要求。农业不但要为社会发展提供足够的食物供应，而且要提供优质、多样的食品，还要保证食物的安全。要满足社会发展的需要，进一步让农业发挥对社会的基础和支撑作用，农业就必须有一个新的生产方式上的变化。因此，发展现代农业成为当前农业发展的主要关键词之一。

4.1.2 发展现代农业的路径

社会主义新农村建设是党中央提出的重大战略任务。党的十六届五中全会基于中国基本国情，明确提出建设社会主义新农村的重大战略任务，并对建设新农村提出了"生产发展、生活宽裕、乡风文明、村容整洁、管理民主"的 20 字方针。社会主义新农村建设的基础是发展生产，而现代农业则是发展生产的题中之义。

现代农业的发展是一个历史过程。随着发展进程的加快，会有不同的发展目标和发展重点。中国提出现代农业发展的任务才短短几年，还仅仅是一个开始。就当前和今后一个时期来说，就县域经济发展的整体而言，发展现代农业需要找准现代农业发展的目标，把握好发展的重点和努力的方向。

现代农业发展的目标可以从三个方面来理解：一是粮食增产，这是农业发展的基本目标，也是现代社会对农业发展提出的现实要求。粮食安全是实现经济增长、社会发展的前提和基础。现代农业的发展要为农村和整个社会需要提供更加优质、安全和充裕的粮食，因此，现代农业要保证一定的粮食数量，要从保证粮食安全的角度来认识粮食增产的重要意义。二是农民增收，这是农村发展和农民富裕的要求。农民收入的增加，是农村发展的动力，也是新农村建设的重要条件。没有富裕的农民就没有富裕的农村。现代农业的发展就是要提高土地产出率、资源利用率和农业劳动生产率，富裕农民是其中重要的目标。三是农业多功能发展目标的保障。现代社会对农业提出的要求是多方面的，除了粮食的需求以外，对农产品的供给结构、产品质量和安全等都提出了多方面的要求，农业的生态功能也得到了进一步强调。因此，现代农业的发展就必须满足这些要求，在目标的设定上，要兼顾各方面的功能发展。

2007 年的中央"1 号文件"指出："要用现代物质条件装备农业，用现代科学技术改造农业，用现代产业体系提升农业，用现代经营形式推进农业，用现代发展理念引领农业，用培养新型农民发展农业，提高农业水利化、机械化和信息化水平，提高土地产出率、资源利用率和农业劳动生产率，提高农业素质、效益和竞争力。"这已经说明了现代农业建设需要把握的重点。就县域经济来说，按照党中央的要求发展现代农业要把握这么几个重要原则。

一是因地制宜。这里包括两层意思。首先是发展现代农业，必须从各地实际出发，从各地的地理、气候等客观条件出发，确定现代农业的具体发展方向。在实施过程中，还要突出重点、整体推进，防止一刀切、搞单一模式；要科学规划、立足长远，防止脱离实际、急于求成。其次是发展现代农业要尊重农民的实际，从最有利于农民、最需要解决、最有条件解决的问题着手，持续不断地推进下去。农民始终是现代农业发展的主体，脱离农民的实际，现代农业就很难有大发展。

二是落实政策。近年来，中央按照统筹城乡发展和坚持多予、少取、放活的方针，实行了一系列支农惠农政策。尤其是从 2004 年开始，党中央连续发出了五个"1号文件"，从农民增收、新农村建设、现代农业发展、农村综合改革等各个方面，对农业和农村发展进行了全面部署。这些政策既是县域经济发展的指导思想，又为县域经济发展提供了外部环境和发展条件。发展现代农业，就需要认真落实好已有的政策，让这些政策在实际中发挥最大的作用。

三是增加投入。投入的增加是巩固现代农业发展物质基础的重要条件。中央已经确定了建立"以工促农、以城带乡"的长效机制的方针，县域经济的发展要抓住当前经济发展较快和财政增收较多的有利时机，着力落实好"三个继续高于"和"一个主要用于"的投入政策，即："财政支农投入的增量要继续高于上年，国家固定资产投资用于农村的增量要继续高于上年，土地出让收入用于农村建设的增量要继续高于上年。建设用地税费提高后新增收入主要用于'三农'。"

四是加快改革。以转变政府职能为核心，加强基层政府社会管理和提供公共服务的能力，形成精干高效的农村基层行政管理体制和工作机制，提高农村社会管理和公共服务水平。加快推进农村集体林权制度改革，明晰林地的使用权和林木的所有权。积极搞好水权制度改革，探索建立水权分配、登记、转让的各项管理制度。积极发展农业保险，提高农业的风险防范能力。加快推进农村金融体制改革，引导金融机构增加对农业的放贷力度。

五是培养农民。现代农业最终要靠有文化、懂技术、会经营的新型农民。据农业部统计，在中国 4.9 亿农村劳动力中，具有高中以上文化程度的仅占 13％，接受过系统农业职业技术教育的不足 5％。相对偏低的农民素质是发展现代农业的瓶颈。必须发挥农村的人力资源优势，大幅度增加人力资源开发投入，普遍开展农业生产技能培训，扩大新型农民科技培训工程和科普惠农兴村计划规模，组织实施新农村实用人才培训工程，努力把广大农户培养成有较强市场意识、有较高生产技能、有一定管理能力的现代农业经营者。积极发展种养专业大户、农民专业合作组织、龙头企业和集体经济组织等各类适应现代农业发展要求的经营主体。鼓励外出务工农民带技术、带资金回乡创业，成为建设现代农业的带头人。

4.1.3 发展现代农业的瓶颈

对于县域经济发展而言，发展现代农业当前面临着难得的良好机遇。中国已经进入工业化中期阶段，工业反哺农业的能力明显增强，农业自身发展积累了一定实力。特别是近些年来，中央关于"三农"工作理论不断创新，扶持农业农村发展的政策日益完善，农业政策的统筹性、反哺性、普惠性明显增强，农业和农村已发生并正在发生着巨大而深刻的变化，为全面推进现代农业建设创造了有利条件。但客观地说，在中国县域经济中发展现代农业有一定的现实困难。结合各地实践，至少有下面几对矛盾是县域经济发展现代农业必须突破的瓶颈。

一是加大投入与财力不足的矛盾。现代农业需要增加投入，投入应该是多层次的。但在县域经济这一级，投入能力明显不足。这不但是因为中国还有上百个县属于国家级贫困县，更因为这些县财政能力极其有限。发展现代农业，需要加大县域经济发展的力度，而县域本身能够投入的财力又很有限。投入需求与投入财力不足的矛盾在一个时期内将是现代农业建设必须面对的制约因素。

二是科技需要和科研能力的矛盾。发展现代农业需要运用先进技术，现代农业与传统农业的一个重要区别，就是现代农业更多应用现代技术。而县域经济的技术水平是有限的。大学等科研单位往往设立在县级城市以外，县域范围内没有直接可以依托的大学或科研机构，县域内的科研力量和科研人员又是有限的。这就制约了现代农业的发展。

三是分散经营与龙头企业的矛盾。分散经营是以农户为主体的农村经营结构的特点。这种经营方式在充分调动农民积极性、发挥农民生产主动性方面，发挥了重要作用。但是，面对现代农业的需要，分散经营必须组织起来才能适应新任务。龙头企业在建设现代农业中，应该成为分散农户的组织者和领导者，但龙头企业的成长需要各种条件，即使成长起来的龙头企业在组织农户方面也有许多具体困难。所以，农户的分散经营与龙头企业的矛盾也成为制约现代农业建设的瓶颈。

四是培养农民与生产现实的矛盾。现代农业需要现代农民，而现代农民的培养是需要一个漫长过程的。现代农业必须进行生产，在现代农民不具备的时候，用传统农民也要进行生产。培养农民需要时间和资金投入，而现代农业的发展又需要不断的生产，这就成为一对制约现代农业发展的矛盾。

五是现代理念与转变观念的矛盾。现代农业既是现代技术武装起来的农业，也是需要以现代理念来进行建设的农业。所以，建设现代农业就需要更新观念。尤其是需要各级领导干部及时更新观念，熟悉了传统农业的农民和熟悉传统农业管理的基层干部要转变观念，需要一定的时间和现代农业本身的发展。观念的矛盾也是制约现代农业发展的一个因素。

4.2　陵县现代农业的投入保障机制

加大对农业的投入，是建设现代农业、强化农业基础的迫切要求。按照中央"多予、少取、放活"的方针，陵县县委、县政府积极贯彻落实上级各项"三农"政策；围绕农业增效、农民增收，不断加大基础设施建设投入，大大改善了农村生产、生活条件，农民收入逐年显著提高。2002 年全县农民人均纯收入 2758 元，2003 年 3032 元，2004 年 3392 元，2005 年农民人均纯收入 3740 元，2006 年 4245 元，2007 年 4755 元，年平均增幅超过 10%。

4.2.1　加大政府投入力度

在中国，对"三农"的资金投入由政府主导，政府投入是保障现代农业良性健康发展的基础动力。陵县政府强化对"三农"的投入力度主要表现在以下几个方面：

1. 农村水利设施的扩建改造

水利是农业的命脉，没有良好的水利设施和便利的灌溉条件，促进农业生产就无从谈起。陵县一贯重视对农业水利设施的维护和改造，连续几年加大对扬水站、沟渠、桥涵闸等供水、灌溉工程的投入。

2003 年，投资 105 万元，对张龙扬水站进行了扩建改造，流量由 3 个增加到 6 个；投资 637 万元重修、改造了马颊河 16 座危桥；投资 25 万元，建设了南街、张西楼生产桥梁 2 座，维修三里河、前店、义渡王洪开、天明口、张丰池等涵闸 10 座；投资 1200 万元进行了沟渠的新挖和清淤。

2004 年，投资 202 万元，对新鬲津河进行了清淤；投资 177 万元，新建了笃马河拦蓄工程；投资 71 万元，完成了义渡乡大田管道灌溉工程；投资 510 万元，实施了人畜饮水工程。

2005 年，投资 120 万元，完成郑寨镇联村供水工程；投资 30 万元，更新启闭机 8 台，维修启闭机 25 台，维修闸门 4 处，整修堤防 30 公里；投资 17 万元，对张龙扬水站进行了维修。

2007 年，大力实施引水排涝工程建设。实施了骨干河道治理、危桥改造、桥涵闸配套等工程。共清淤沟渠 110 条、150 公里，新建维修桥涵闸 119 座，新打机井 450 眼，完成土方 230 万方。建设完成了德惠新河盐场桥，危桥改造工程全面竣工；投资 55 万元，组织实施了大宗旱河和张龙沟清淤工程，清淤 7745 米，完成土方 22 万立；投资 135 万元，在陵城镇建设大棚滴灌和大棚蔬菜喷灌示范工程 320 亩。

努力改善农民生活条件，稳步推进村村通自来水工程。把解决水污染比较重的村作为工作的重点，先后投资 720 多万元，完成了于集乡、糜镇等乡镇村村通自来水 64 个村，解决了 3.3 万人的饮水困难。

2007 年，实施小王干沟清淤治理工程。该项工程投资 100 多万元，清淤长度 8200 米，动土 24 万方。投资 810 万元，在滋镇、糜镇建设完成了 4 万亩标准粮田建设。投资 360 万元的陵城镇万亩中低产田改造项目现已基本完成。新建村村通自来水 175 个村庄，解决了 6.67 万人的饮水困难，完成投资 1460.7 万元。

此外，陵县紧依黄河灌区，具有得天独厚的水利资源优势。陵县充分利用这一优势，加大引黄力度，从而改善了灌溉条件，促进农民增收。年引黄总量在 2 亿立方米以上，基本实现了黄河水到陵县后"五天到乡镇、七天到村头"，极大地降低了灌溉成本。据统计，全县农民年可节约灌溉油电支出 8000 多万元，人均节支 170.7 元。同时，引黄还提高了农作物产量。以 2005 年的小麦产量为例，在同等地力条件下，引用黄河水浇灌的麦田平均亩产在

800 斤以上，没有用上黄河水的地块亩产在 500～600 斤。按全县 80% 的地块引用黄河水使每亩增产 200 斤小麦计算，全县可增产小麦 13280 万斤，增加收入 9296 万元，人均增收 200 元。

2. "村村通"公路新修维修

从 2003 年开始到 2005 年，共投入资金 2.14 亿元，新建、维修"村村通"公路 1640 公里，通柏油路的村庄达到了 95% 以上。2006 年改造建设了 249 省道、前宋路，极大地改善了东部、北部乡镇交通条件。完成了村村通油路扫尾工程，全县 99% 的村庄通上了柏油路，解决了建国 50 多年来想解决而没有解决的行路难问题，为农资和农产品的内购外销创造了极大的便利条件，搞活了农村经济，促进了边远村庄的发展。如陵城镇的高屯管区、张机管区、郑家寨镇的祝家管区、张挂管区等，因地处县界，道路交通条件多年来未得到改善，给群众生产生活带来诸多不便。"村村通"公路完成后，农副产品价格明显上升，如生猪每斤上涨 0.1～0.2 元，农民生产积极性大大提高，农村经济逐步走向繁荣。

3. 植树造林

陵县坚持贯彻德州市委市政府的工作部署，结合新农村建设，加快植树造林的进度，力争在农田林网、村镇绿化、河道绿化等方面做出成绩，把宜林地全部栽上树，实现大地园林化（具体见表 4—1）。

表 4—1 2003～2007 年陵县植树造林成果

	总和		完善绿色通道		新建补植农田林网		片林		经济林、围村林	河道防护林		村镇植树
	投资额(万元)	总量(万株)	长度(公里)	总量(万株)	面积(万亩)	总量(万株)	面积(万亩)	总量(万株)	总量(万株)	长度(公里)	总量(万株)	总量(万株)
2003	1500	631	225	132	20	49	1.5	150	260	—	—	100.3
2004	3960	1320	845	226	46	107	2.6	286	360	90	90.7	250.3
2005	2757	1003	518	210	30	47.4	1.6	179.2	248.1	248	198.9	120
2006	2000	754	520	198	15	28	2	160	180	120	88	100
2007	1026	342	220	44	15	30	0.8	60	66	70	56	86

通过几年不懈努力，陵县的森林覆盖率由 2002 年的 9%，提高到目前的 34%，提高了 25 个百分点，在增加收入的同时，也极大地改善了生态环境。

4. 农业综合开发

2003～2004 年投入资金 1506 万元，对丁庄乡、郑寨镇、宋家镇 3.5 万亩中低产田进行了改造，动土 121.8 万方，新挖改造排灌沟渠 119.7 公里，修造生产桥 90 座、涵 66 座、排灌站 1 座，新打机井 220 眼，植树 17 万株，完成节水灌溉 1.7 万亩，形成了沟、渠、路、林结合，桥、涵、闸配套的高标准方田，大大提高了综合生产能力。

4.2.2 落实各项惠农政策

几年来，陵县县委、县政府严格按照中央"1 号文件"精神，踏踏实实地落实各项惠农政策，采取多项措施落实减负工作，防止农民负担出现反弹现象，有力地维护了广大农民群众的根本利益。

首先，层层签订目标责任状。每年县政府主要领导与各乡镇政府签订目标责任状，乡镇政府与村委会也签订责任状。其次，每年下发《全县减负工作意见》，以县委文件的形式下发到各乡镇，指导全县的减负工作。第三，严格落实减负工作责任追究制，明确规定乡镇书记、乡镇长为第一责任人，出了问题除追究直接责任人的责任外，还要严肃追究第一责任人的责任。第四，在收取农民应承担税费的工作中严格要求工作人员必须遵守"八个严禁"的规定，转变工作作风，提高工作水平。最后，强化监督管理，长期坚持组织大型常规检查、明察暗访、查处农民信访，确保农民负担不反弹。

1. 粮食补贴

为稳定粮食种植面积，确保粮食安全，国家于 2004 年开始实行了粮食直补政策，并于 2006 年开始实行综合补贴政策。几年来陵县严格按照农民自报、村级核实、张榜公示、乡镇汇总上报、县汇总上报、资金兑付六个环节认真落实政策，并逐步落实了"齐鲁惠农一本通"。

2004 年，补贴面积 69.47 万亩，标准为 13 元/亩，补贴金额 903.11 万元；2005 年共补贴小麦面积 83.21 万亩，发放补贴资金 1079 万元，人均直接获益 23 元；2006 年补贴面积 84.25 万亩，小麦直补标准 14 元/亩，金额 1179.5 万元；综合补贴标准 14.2 元/亩，金额 1196.35 万元；合计 2375.85 万元；2007 年补贴面积 86.86 万亩，小麦直补标准 14 元/亩，金额 1216.04 万元；综合补贴标准 30.5 元/亩，金额 2649.23 万元；合计 3865.27 万元。

2. 降低税费

2002 年，陵县进行了农村税费改革，农业税正税执行前三年亩平均收入的 6%，农业税附加执行农业税正税的 40%，人均负担 112.5 元；黄河水费人均负担 51.16 元（包括外资还款 20 元），"两工"筹资筹劳人均负担 20.8 元。三项合计人均负担 184.46 元。2003 年，人均负担农业税及附加 111.15 元，黄河水费 31.57 元，"两工"筹资筹劳人均负担 52.85 元，合计人均负担 195.57 元。2004 年，农业税税率降低 3 个百分点，农业税附加随之降低，人均负担 55.89 元，将近 2002 年的一半；黄河水费 46.61 元，"两工"筹资筹劳人均负担 37.2 元。三项合计人均负担 139.7 元，比 2002 年降低 24.3%。2005 年，农业税税率降低 1 个百分点，农业税附加大大降低，人均负担 19.45 元，还不到上年水平的一半；黄河水费 60.3 元；取消了"两工"。两项人均负担 79.75 元，比 2002 年减少 104.71 元，减幅达 56.77%。

3. 良种、农机补贴

陵县于 2005 年和 2006 年承担并实施了《优质专用小麦良种推广补贴项目》。2005 年全县实际落实项目面积 30.2501 万亩，超计划面积 2501 亩，项目区推广了济麦 19、济麦 20、淮麦 8 号、烟农 19 号等 4 个品种，项目区总供种数量 2，268，760.605 公斤。2006 年项目区实际落实面积 30.0586 万亩，超面积 586 亩，项目区推广了济麦 20、济麦 19、山农 664 等 3 个品种，总供种数量 2，554，981 公斤，超计划数量 4981 公斤。2005 年项目拨款 300 万元，2006 年的项目补贴资金 300 万元。

2007 年，按照上级政策要求，圆满完成了粮食直补、粮食综合补贴、棉花良种补贴、农机购置补贴四项惠农政策。一是落实了粮食补贴政策。直补资金全部以"齐鲁惠农一本通"的形式直接兑付到户。全县共补贴小麦面积 86.86 万亩，发放直补资金 1216.04 万元。二是落实了粮食综合补贴政策。三是落实了农机购置补贴政策。获得大型机械购置补贴资金 225 万元。四是棉花良种补贴。2007年3月底全面完成补贴任务，落实补贴面积20万亩，补贴资金300万元。五是小麦良种补贴。9月底全面完成补贴任务，落实补贴面积30万亩，补贴资金300万元。六是可繁母猪补贴。共补贴可繁母猪2.6万头，兑付补贴资金130万元，现已完成。

4.2.3 鼓励投资现代农业

现代农业是以现代发展理念为指导，以现代科学技术和物质装备为支撑，运用现代经营形式和管理手段，贸工农紧密衔接、产加销融为一体的多功能、可持续发展的产业体系。建设现代农业就是用现代物质条件装备农业，用现代科学技术改造农业，用现代产业体系提升农业，用现代经营形式推进农业，用现代发展理念引领农业，用培养新型农民发展农业。与传统农业相比，现代农业的发展更加依靠科技进步和劳动者素质的提高，更加依靠现代生产要素的引进使用，更加依靠市场机制的基础性作用，更加依靠多种功能的不断开发[1]。

陵县县委、县政府认识到，陵县作为一个农业大县，"三农"问题是重中之重，而农业和农村经济形势的发展状况表明，实现传统农业向现代农业的转变是陵县经济发展中不能回避的问题，是陵县社会经济发展的必然选择。实现现代农业，必须进行农业的产业化创新和科技创新。

1. 狠抓良种和技术推广

近几年来，陵县一直鼓励粮棉生产走优质高效的路子，狠抓良种和技术的推广应用，以发展畜牧业为突破点，重点抓好奶牛、黄牛、生猪、家禽"四大基地"建设，制定政策措施，鼓励和扶持养殖小区、大户，切实帮助大户解决资金、土地、技术防疫等关键问题。发挥奶牛养殖优势，培育乐悟、张武、大杨店、唐屯等重点奶牛场。

2. 进行标准化生产

强化标准化生产意识，切实搞好粮食、棉花、畜产品、果品等大宗农副

---

① 孙政才. 以发展现代农业为重点，扎实推进新农村建设. 农村工作通讯，2007.1.

产品无公害生产基地建设，从种养、加工、运销各环节实行全面质量控制，获取农产品进入市场的"绿色通行证"。

3. 培植乡镇特色产业

按照"把特色产业当作企业来抓"的工作思路，乡镇政府落实"一个特色产业、一套专门班子、一套政策规划、一套考核办法、一套奖惩措施"的"五个一"工作机制，集中培植无纺布、棉纺织、塑编、棉花加工、塑料加工、木材加工、小食品、小五金、长途运输等特色产业，形成一批知名产业和特色品牌。

4. 发展大户经济

近几年来，陵县各级政府一直非常重视农业大户的带动和示范作用，努力引导大户创办民营企业，构筑起"党委政府抓大户、大户带群众"的发展格局。抓大户经济发展，既培植了乡镇财源，又促进了农村剩余劳动力的转移，增加了农民收入。

4.3 陵县农业产业化经营

农业产业化是以市场为导向，以资本为纽带，以经济效益为中心，以企业化生产为龙头，带动中介组织、专业大户、农户实现农业生产的规模化、标准化、集约化和专业化的组织形式和生产经营方式。发展农业产业化，就是发展农业的规模化经营和农产品深加工，使农业发展获得更为广阔的市场空间，创造更多的价值。

1. 促进了农业生产发展

在推进农业产业化经营的过程中，现代技术和装备武装了农业，农民获得了先进的实用技术。通过龙头企业、农村合作经济组织等产业组织将先进技术、致富信息带到农村、带给农民，农业龙头企业等产业组织的发展，促进了农业结构调整，带动了农产品生产基地建设，进一步提高了农业比较效益。

以陵县的棉花收购加工企业为例，它们发展到了102家，形成年产100万纱锭、年加工100万担皮棉、30万吨棉籽的加工规模。这类企业的发展有力地促进了全县的棉花生产，带动了以糜镇、滋镇、神头镇、宋家镇、义渡乡为重点的棉花种植基地的发展，棉花面积常年稳定在25万亩以上，棉花优质率达到100%，单产皮棉90多公斤。

2. 稳定完善了农村经营体制

陵县农业产业化经营水平的不断提高，促进了农村经营体制的改革创新，使以家庭承包为主的双层经营体制不断完善，带动产业基地农民自发组成各类合作经济组织，初步形成了"公司+合作经济组织+基地+农户"的产业化经营形式。

例如，糜镇后张村棉花深加工合作社，注册资金3000万元，采取农户入股的形式，集棉花种植、收购、加工、销售于一体，年经营收入2000万元，会员户均年分红2万余元，取得了非常好的经济效益。这种"公司+合作经济组织+农户"的联结方式，将分散的农户与农产品加工龙头企业连接起来，从而拉长和完善了农业产业链条，培植了农业龙头企业，提高了农产品的附加值。

3. 提高了农业生产的组织化程度

小农户、小规模的农业经营模式已经不适应现代市场经济的发展，只有大力发展产业化组织，壮大农业龙头企业，发展农村合作经济组织，将农民组织起来创市场，才能提高竞争力，抵御市场风险。

例如，于集乡张武村村民成立了奶牛合作社，与光明乳业（德州）订立了长期的购销合同，实行统一购进良种奶牛、统一技术指导、统一疫病防治、统一配种、统一挤奶、统一销售、分户饲养"六统一分"，现存栏奶牛1600头，日产鲜奶30多吨，仅此一项人均增收2400元，全村奶牛养殖呈现了蓬勃发展的势头；并且带动了周边村庄的经济发展，获得了较高的经济效益和社会效益。

4. 拓宽了农民的增收渠道

农业龙头企业的迅速发展，生产能力的不断提高，扩大了农产品市场需求，提高了市场价格，而且价格波动较小，市场风险明显降低，从而提高了农民的直接收益。

陵县小麦、玉米、棉花、大豆的产量远不能满足农业龙头企业的需求，龙头企业把大量农产品直接转化为工业产品，实现本地化增值，提高了农业比较效益。据统计，2006 年农业龙头企业直接提高农民收益 1.38 亿元，人均增加收益 290 多元。

农业龙头企业的发展，由于原料全部来自于农村，给农户、民营小企业带了配套空间，也极大地带动了收购、运输、销售、服务等农村第二、三产业的发展。陵县棉花、畜产品、粮食、林木贩销人员发展到 3 万多人，农民人均增加营业性收益 200 多元。同时龙头企业吸纳了大量的农村劳动力，成为就近就地转移农民的主渠道。目前，全县仅在农业龙头企业务工的农民就达 1 万多人，农民人均增加工资性收益 170 多元。

4.3.1　培育经营主体

在农业产业化经营中实行"龙头企业＋合作经济组织＋基地＋农户"或"龙头企业＋合作经济组织＋农户"的经营模式是卓有成效的，由于龙头企业和合作经济组织掌握着充分的市场信息，具有比较雄厚的资本与技术和人才优势，能直接参与并有效地组织农户参与农业产业化经营，因而是最强有力的市场主体和产业化经营主体。

1. 培植壮大农业龙头企业

陵县不断加大招商引资力度，重点扶持农产品加工企业，壮大龙头企业实力。进一步优化农业招商引资环境，广泛吸引市外资金和民间资本投向本县农业龙头企业建设，与当地的资源优势融为一体，形成优势互补、共同发展的格局。在资金扶持、税费收缴、信贷利率、用水用地、项目审批等方面加大政策支持力度。对重点龙头企业实行挂牌保护，杜绝"三乱"和"吃、拿、卡、要"等现象，为龙头企业创造更加宽松的发展环境，使其进一步加快发展步伐，增强辐射带动能力，尽快实现进档升级。截至 2007 年，全县农产品加工企业已发展到 207 个，其中：国家级农业产业化龙头企业 1 家，省级农业产业化龙头企业 3 家，市级农业产业化龙头企业 19 家，涉及棉花加工、粮食加工、畜产品加工、蔬菜果品贮藏等。2007 年，农业龙头企业销售收入 111.35 亿元，利税 8.13 亿元，销售收入过亿元的增加 6 家，达到 21 家，过千万元增加到 28 家。

2. 引导农民发展各类合作经济组织

积极培育由农民自愿联合并实行自主经营、自我管理、自我服务、自负盈亏的专业合作组织，引导和鼓励广大农户尤其是专业种养大户、科技示范户、农产品购销大户，以及农产品加工经销实体、农业龙头企业等，在自愿互利的基础上，通过土地、资金、技术等生产要素入股，实行专业合作和联合，组建各种专业合作社或专业协会。加大财政扶持力度，强化服务，进一步规范农民合作经济组织。

截至 2007 年，全县发展各类农村合作经济组织 138 个，其中专业合作社 8 个，专业协会 96 个，股份合作组织 26 个。在工商部门登记的 19 个，在民政部门登记的 37 个。这些合作经济组织涉及种植、养殖、加工、运销、水利灌溉等多个行业，其中，种植业 33 个，养殖业 57 个，农产品加工业 14 个，运销服务业 2 个；参加农户 1.17 万户，吸引带动农户 3.42 万户，占农村总户数的 38.25%。2007 年合作经济组织固定资产总额 5800 万元，年经营收入 3800 万元，各类合作经济组织每年外销菜、果品、畜禽产品等 170 多万吨，人均增加收入 520 元。

4.3.2 发挥农村金融的作用

随着农业产业化进程的加快，以及农业产业升级、特色农业和特色养殖业迅速发展，企业、合作经济组织以及农户对生产发展资金的需求量不断增大，对金融信贷的依赖也越来越大。对于陵县的各类金融机构来说，这不仅是历史性发展机遇，同时也是巨大的挑战。

截至 2007 年 6 月底，陵县支行级金融机构共 7 家，金融营业网点 66 个，从业人员548人，其中乡镇网点42个。全县金融机构工业、商业、农业和乡镇企业贷款中用于农业产业化的贷款余额约为25亿元，比年初增加了2亿元。同期，全县农业产业化的生产规模也以年平均超过20％的速度增长，整体上呈现出同步、协调的发展势头。

农村金融机构在农业产业化进程中发挥了重要的纽带作用。以农业发展银行为例，其最初的业务范围主要是支持粮棉油的收购与储备，之后逐步发展，支持范围扩大到以粮棉麻丝糖烟为原料的产业化龙头企业、粮棉加工骨干企业，2007年初以来，为了进一步发挥农发行在农村金融中的支柱作用，其职能范围进一步扩大，增加了农村基础设施建设贷款、农业综合开发贷款、农业生产资料贷款等，农发行的贷款业务品种涵盖了新农村建设、农业生产、流通、储备等各个环节。自2002年以来，农发行累计发放各类粮食收购贷款40909万元，支持收购粮食32954万公斤；累计发放棉花贷款26607万元，支持收购棉花64万担。自2004年以来，共考察农业产业化龙头企业、粮棉加工骨干企业项目15个，省行批复9个，累计发放贷款95800多万元。

作为农村金融的主力军之一，农村信用合作联社处于农村金融的最基层，是支持农业和农村经济发展的重要力量。信用联社采取"聚集项目、捆绑资金、集中投向"的方式，支持具备区域资源优势、品质好、特色鲜明、竞争力强的优势农产品产业带建设；大力支持加工农业企业，建立"公司＋农户"的农业产业化经营模式，带动科技农业、高效农业的发展；积极拓展农户联保贷款方式，支持农户联合体发展农业产业化和区域特色农业经营项目；通过自主创新的手段，不断探索成立由政府或经济组织牵头成立农户大额贷款联保组织，为大额农户贷款需求提供担保，发展区域规模产业化农业经济；重点支持发展一批从事省、市、区级确定的农业产业化开发经营项目的企业和利用当地资源、经营规模大、带动较强的大型涉农加工企业，培植大龙头，创造大品牌，使小生产与大市场有机联结起来，促进了农业产业的工业化进程。截至2007年6月末，各项存款余额比年初增长11％，占全县金融机构存款总额的34.21％；各项贷款余额中，农业贷款占60％，农村工商业贷款占19％，贷款占全县金融机构贷款总额的25.74％。

4.4 陵县农业市场体系建设

随着政府对"三农"问题日益重视，并且逐步认识到农产品物流本身所具有的潜在巨大经济和社会效益，例如降低粮食在流通过程中的损耗，减少重复运输，缩小产销价之间的差距，提高农产品的流通效率，促进农业产业化和现代化，等等，陵县政府加大了对农产品物流体系的支持力度，先后出台了促进物流发展的相关政策，加强对农产品物流领域的政策引导和投入。同时，农产品的产销量和运输量巨大，对农产品物流的需求日益提高，从而为农产品物流企业的发展提供了广阔的市场空间。农产品物流企业不断发展壮大，参与农产品流通环节的主体也呈现出多元化的趋势，农产品物流水平得到了一定的提高。

4.4.1 强化农产品流通设施建设

1. 建立专业批发市场，推动农产品物流向专业化、规模化、系统化发展

陵县不断提高市场的现代化管理水平，更新设备、健全配套设施，建立信息系统。陵县的专业批发市场发展到现在有十二处，包括世纪商贸城、糜镇棉花市场、糜镇皮毛市场、于集黄牛市场、蔬菜市场、农机市场、农副产品交易市场、建材市场、服装市场、煤炭市场、副食品批发市场、五金交化市场等。全县市场总建筑面积达到 65 万平方米，容纳门店摊位 12800 多个，经营业户 8700 多户。2007 年新增市场建设投入 16300 万元，同比增加 21.6％，新增建筑面积 53400 平方米，同比增加 24.7％，实现市场交易额 92 亿元，同比增长 27.1％。

~~~~~~

专栏 4－1

糜镇的特色市场

糜镇皮毛市场、棉花市场和蔬菜市场是依托当地养殖、种植优势发展起来的专业市场，在镇域经济发展中发挥着越来越重要的作用。2007 年上半年，共投资 3800 多万元，在棉花市场内新上了棉花加工设备，增加棉花加工能力5000 多万斤，棉花市场新增产值过 2 亿元，创利税千万元。上半年，县、镇两级共引进外资 500 多万元、协调借贷资金 300 万元，投入皮毛市场建设，新建、改造 8 处，吸引了浙江、天津等地客商投资于皮毛市场，市场占地面积扩大了 50 亩，运输车辆增加 300 多辆，屠宰加工户增加了 500 多户。

~~~~~~

2. 优化市场环境，健全服务功能

为了净化市场环境，促进市场繁荣发展，陵县实施了"四个一"政策，即"一套班子、一个窗口、一路绿灯、一条龙服务"。"一套班子"就是成立治理市场环境领导小组，设立市场环境管理办公室，由财办、工商、公安、质监、国土管理、卫生、畜牧等部门参加，负责市场环境的管理。"一个窗口"就是各市场成立市场管理办公室扎口管理，一个窗口对外，统一收费。实行减量减项收费，收费标准降到最低限度，能不收的坚决取消。"一路绿灯"就是保证运输车辆畅通和安全，治理路域环境，打击车匪路霸，杜绝乱设卡、乱收费、乱罚款等现象发生，对重点路段和村庄安排巡逻车昼夜巡逻检查。"一条龙服务"就是采取一系列服务措施，一是健全服务设施，保证市场的供水、通讯、交通和生活所需，让经营者安心经营。二是由市场管理办公室为客户统一办理有关手续，各部门办理手续要遵循"快、简、明"的原则。三是提供市场信息服务。四是工商、税务、公安、交通、畜牧、质监、农业、林业、电信等部门在职责范围内，提供优质、快捷、高效的服务，各部门制定了服务承诺书发到每位经营者手中，随时接受监督。

3. 搞好"万村千乡"市场工程，完善农村商品网络

陵县经过积极努力，被确定为商务部"万村千乡"市场工程的试点县。

根据国家商务部批准实施的"万村千乡"市场工程的具体要求，陵县财贸办公室在对全县农村网点调查摸底的基础上，制定了《陵县"万村千乡"市场工程试点实施规划》。确定陵县兴农生资公司、陵县供销商厦为依托企业完善配送中心。2007 年，实际投资 500 万元，共建设农家店 420 处。

4. 以物流现代化为目标，大力发展新型流通业

陵县物流业发展迅速，新型的流通业态蓬勃发展，超市、专卖店、便民店等新型业态遍布城乡，商业总公司、供销总公司、粮油总公司等企业与大型连锁经营企业积极合作，搞活了现有门店，大力发展连锁、配送业务，建立了县、乡、村金字塔型的连锁配送网络，农资、盐业、烟草、成品油等连续配送网络体系初步形成。基层供销社网点改造全面展开，全县各类超市、专营店、连锁店、厂家直销店发展到 400 多家，连锁配送额达 1.2 亿元。

4.4.2 发展多元化市场流通主体

近年来，陵县始终把培育农村经纪人、农产品运销专业户和农村各类流通中介组织作为搞活农产品流通、调整优化农业经济结构、加快农业产业化进程的重要措施来抓。截至 2007 年，农村经纪人已发展到 8000 人，农产品运销专业户发展到 6000 多户，季节性运销户发展到 5000 多户，各类流通中介组织发展到 150 多个。农村经纪人、运销专业户、流通中介组织年促成交易的农副产品、牲畜、农资总额约 20 多亿元，促成农村剩余劳动力就业约 3 万人。

为了促进多元化市场流通主体的健康发展，陵县成立了农业产业化办公室指导这项工作。

1. 加大宣传，营造良好氛围

制定了乡镇发展农村经纪人、农产品运销专业户和农村各类流通中介组织考核办法，对这项工作实行年终考核。进一步加大宣传培训力度，通过外出参观学习、广播电视、宣传车、召开专题会议等多种形式，大力宣传各类流通主体的重要地位和作用，加深人们的认识，调动农民参与流通的积极性。

2. 加大政策扶持力度，优化发展环境

对农村经纪人、农产品运销专业户和农村各类流通中介组织实行"两优先、两减免"，即优先安排场地、优先提供信贷；免费办理营业执照、免费提供各项信息技术服务，以此调动参与农业流通环节的积极性。同时，严肃查处乱收费、乱罚款现象，努力营造宽松的发展环境。

3. 抓样板、树典型，以点带面

围绕当地主导产业和优势产业，对农村经纪人、农产品运销专业户和农村各类流通中介组织进行大力扶持，在每个产业中选出 2～3 个典型，在资金、技术、信息、场地等方面给予重点倾斜和扶持，使其规范运作、尽快发展壮大，提高其带动能力。同时，总结推广典型经验，通过电视专题报道、组织参观学习等形式进行广泛宣传，进一步扩大影响，让群众看得见、摸得着，见到实实在在的效益，达到以点带面、整体推进的目的，促进农产品中介流通产业全面规范发展。

4. 以龙头企业的发展带动农村经纪人的发展

陵县大力发展农业龙头企业，扩大农产品原料需求，以此带动农村经纪人、农产品运销专业户和农村各类流通中介组织的发展。截至 2007 年，全县农产品加工企业已发展到 207 个，农业龙头企业加工能力的不断提高，极大地带动了收购、运输、销售等农产品流通产业的发展。全县依托农业龙头企业的农村经纪人、农产品运销专业户和农村各类流通中介组织占到总数的60％以上。同时，充分发挥农业、畜牧、蔬菜等部门的职能作用，实行对口帮扶，在生产销售信息、生产技术等方面给予免费服务，使其健康、规范地发展。

5. 加强监管和规范

积极引导农村经纪人注册登记，取得合法的市场主体资格；建立农村经纪人管理档案，实行信用管理；进一步加大对农村经纪人违法违章经营行为的查处力度，严厉查处骗买骗卖、欺诈客户、违法经营等扰乱市场秩序的行为，重点打击合同欺诈、坑农害农的行为。同时，建立了农村经纪人激励机

制，对遵纪守法、诚实守信、表现突出、贡献较大的农村经纪人予以表彰奖励。

4.4.3 加强农产品质量安全监管

陵县相关部门非常重视农产品的质量和安全问题，努力为人民群众营造安全放心的消费环境。陵县农业局制订了农产品质量安全事件应急工作方案，专门成立农产品质量安全事件应急工作小组，由局长、副局长任组长，设立了工作组办公室和联络员，建立相应的协调机制，确保上下协调、及时反映问题。

陵县工商行政管理局对农产品实行进货报告制度。明确要求经销商对进货进行登记备案，对相关商品采取证据先行登记保存，并取样采样化验。凡质量不合格者，除依法没收相关物资外，从重处罚。对于采样操作规程也有严格要求，包括数量、采样方式、对样品缩份、样品加封等。对采样后样品及相关资料的保管制度也进行了严格规定。

为强化流通领域的农产品质量监管，该局借鉴"两账一卡"（进货台账、销售台账和信誉卡），统一设计印制，发放给具有合法经营资格的农产品经销户，并与进货报告制度结合起来，对经营者的进货途径加以监管。

另外，为提高流通领域农产品质量监管的社会影响，该局结合专项整治和进货报告的一些情况，确立了流通领域农产品质量违法案件通报制度。此外，还将质量案件情况通报印发成册广泛散发，并在电视台提出消费警示。

该局建立了"诚信业户"评选机制，对三年无申诉、无质量声誉违法记录的农产品业户授予"诚信业户"称号，产品为"优质品牌"，利用电视广播等媒介予以大张旗鼓的宣传。对于不合格的农产品，则坚决实行退出机制，净化农产品市场环境。

总的来说，陵县近几年来在粮食和林业生产、农业产业化、促进农民增收等方面取得了很大成绩。在这些成绩的背后也应看到，在解决"三农"问题、发展现代农业等方面还存在着一些不足，主要包括：一是财政投入不足。与促进产业园区建设、突出招商引资的工作力度相比，在发展农业方面的财政投入不足。二是农业产业化经营虽已有了一定的发展，但与现代农业能够自我生存与发展的目标相比还有很大距离，一家一户的小生产在农业生产中的比重居高不下，农民抗风险的能力较弱。三是农村金融资金匮乏。在财政支农资金有限的情况下，银行信贷投放能力不足，民间资金启动困难，农民取得金融资金的渠道和数量都非常有限，无法满足农业发展对资金的需求。

第5章

县域开放与合作

对外开放与合作是市场经济发展的内在要求，也是区域经济发展的重要战略选择。改革开放30年来，中国经济社会快速发展，人民物质文化水平日益提高，非常重要的一点就是因为中国坚定不移地推行了开放政策，靠开放提供发展动力，靠开放增创发展新优势，靠开放拓展发展空间。

那么地处内陆的陵县呢？它要不要开放呢？它又怎样实现这种开放呢？

5.1 县域开放与合作的作用和现状

改革开放给中国带来了 30 年的稳定发展，极大地促进了社会生活的变化。党的十七大提出，改革开放是发展中国特色社会主义的强大动力。县域经济的发展也需要不断加大对外开放与合作的力度。

5.1.1 县域开放与合作的作用

对外开放是中国从 20 世纪 80 年代开始的伟大进程。中国在开放中发展，在开放中提高，对外开放提升了中国的经济结构，加快了中国发展的步伐。今天，对外开放面临新形势和新任务。当前谈对外开放，最大的背景是经济全球化。中国必须从全球化的角度来考虑县域经济的对外开放和合作，才能顺应时代发展的要求，更好地发展县域经济。

加入世贸之后，中国的全球化进程就不再是政策引导下的试探和实验，而是变成全面而迅速推进的趋势，贸易和投资的开放都是在世贸文件规定下的常规进程，封闭则由常态变成局部或者暂时的状况。与之相应，中国不再只是劳动力资源的供给者，同时也是日益重要的需求方。与此同时，越来越多的外商直接投资以中国市场作为目标，而不只是以加工制造的方式利用中国的劳动力资源。

更加广泛而深入的资源交换也表现在供给方面，中国不再满足于加工制造，而是积极参与营销和研发等附加值更高的环节。开放不仅只是对外国开放，也包括对外地开放，这是对内开放。这些都属于全球化的内涵，因为它们都意味着资源交换范围的扩大，而且往往是紧密联系在一起的。

对于县域经济的发展而言，开放不仅是对外国的开放，更是对外地的开放；开放不仅是让外地和外国的资金等生产要素进入本地，更是一种全方位的合作。经济学理论认为，对经济社会发展起重要作用的有五大资本：物质资本、人力资本、知识资本、自然资本和国际资本。就县域经济发展来说，人力资本、知识资本和国际资本都是可以引进的。所以，县域经济的开放包含了技术引进、人才引进、设备引进、资金引进、项目引进等各个方面。在中国参与经济全球化日益深入的今天，县域经济作为经济社会发展的基础，必然要成为对外开放的重要主体。

对外开放对县域经济的发展也有着重要意义。首先，开放是县域经济发展的条件。在全球化的今天，县域经济必须置身更大的范围来看待发展，才能找到发展的空间，发现自己的优势。县域经济不能仅仅把目光盯在自己的土地上，而应该立足本地，在更广阔的范围内配置生产要素。其次，开放是县域经济结构调整的动力。在开放条件下，吸纳外来的生产要素，可以促进县域经济的产业结构调整，提高结构调整的速度，优化产业结构。再次，开放合作能够在县域以外的广阔天地内组织生产要素，进行各个方面的合作，可以改善县域经济的人才、技术、资金等各个方面的条件，促进县域经济发展。

对外开放已经成为整个区域经济和社会发展的战略问题。县域经济的发展必须适应这个形势，顺应时代发展要求，与时俱进。县域经济的对外开放，在今天来说，已经不仅仅是引进几个工业项目，开设几个工厂，而是全方位的开放。各个产业和社会生活的各个方面都需要对外开放和合作，在开放中加快发展，优化发展。

产业的开放是县域经济开放的重要内容。农业是县域经济的重要组成部分，也是开放的重要方面。全面开放农业产业，就要鼓励外商投资开发性农业、"三高"农业和创汇农业。调整农业经济外向程度，按开放型经济要求促进农业生产要素优化重组，大力推进农业产业化、外向化。同时要重视开拓国际农产品市场，鼓励特色产品、名优产品参与国际市场竞争。要紧紧抓住对外开放的战略机遇，加快发展开放型工业。扩大招商引资，改善县域工业的产业结构，加强县域内外的经济技术合作。要加快发展开放型第三产业，吸引国内外商业企业、贸易企业合资合作经营，或独资经营。充分利用国家给予的优惠政策，在交通、通讯等领域与外资合资合作。采取合资、合作、出让股权等市场运作方式，吸引各类投资主体投资。适应市场需求，鼓励社会资金以多种方式兴办会计、法律、咨询等中介机构，以及物业管理、职业培训等现代服务业，不断提高第三产业对外开放水平。

引进是县域经济对外开放的重要方式。引进的内容包括技术引进、资金引进、人才引进等各个方面。在引进的方式上，各地也有许多成功的做法：比如可以实行产业招商引进来，引导外资投向高新技术产业、现代服务业、高端制造业和研发环节、节约资源和保护环境等领域；战略投资引进来，各地要把吸引跨国公司战略投资作为对外合作的战略重点，根据自己的比较优势和产业发展规划，明确重点合作方向；以商招商引进来，不断优化投资环境，切实办好现有外资企业，引导企业增资、扩股，更好地发挥示范带动作用，吸引更多的外资企业落户；办好园区引进来，高度重视经济园区在扩大县域开放中的重要载体作用，加快基础设施建设，创新发展模式，构建园区发展格局，以此来引进外资、引进项目、引进人才。

良好的环境和充分落实中央的开放政策是县域经济对外开放的重要条件。能否引进外边的生产要素，归根结底要看本地的环境和条件。地理条件是"天然"决定的，但发展环境却是人创造的。因此，在建设开放型县域经济的过程中，社会环境建设十分重要。投资环境建设，首先包括观念更新和思想解放，要在全社会创造良好的思想舆论环境，形成爱商、亲商、尊商、护商的社会氛围。其次，要深化经济体制改革，完善市场经济体制，创造良好的体制环境，让投资者敢来投资、愿来投资、放心投资。再次，要转变政府职能，完善审批工作，规范收费管理，创造良好的管理和服务环境。还要加快市场经济法规和制度建设，完善经济法规、政策，创造良好的法制环境，加快市场体系建设，发展商品和要素市场，创造良好的市场环境。对于县域经济来说，环境建设的一个重要方面是充分运用好中央和省、市的有关政策，根据这些政策制定有利于吸收投资的配套政策，创造良好的政策环境，在提高投资者回报的基础上加快县域经济发展。

5.1.2 县域开放与合作的现状

经过多年发展，许多地区已普遍树立起"县域以外都是外"的观念，把对外开放、招商引资置于经济工作的首位。作为招商引资的载体，许多县域的园区经济也已成为新一轮经济发展的产业聚集带。目前，中国县域对外开放与合作更加注重引进来和走出去相结合，更加注重引进先进技术、管理经验和高素质人才，在开放中提高自主创新能力和竞争力，更加注重促进互利共赢，维护企业合法权益，更多地从机制保障、法制环境等方面推动扩大开放。县域经济发展朝着外向型经济努力，取得了一定成效，尤其是在东南沿海地区成效更加明显。但是县域经济在对外开放和合作过程中也面临一些现实困难，需要在实践中不断克服。综括起来看，这些困难包括下面几个方面：

在资金引进方面，引进难度不断加大。这方面的困难包括两个方面，一是县域经济本身对外来资金的吸引力是有限的，一些数额大的资金会选择在更大范围投资；另一个方面，适合本地发展的资金很少，往往是找到了适合本地发展的资金，要引进来却很困难。这就需要县域在引进资金的动力和途径上能有新突破。

在项目引进方面，选择项目的难度在加大。项目的引进是以促进本地发展为出发点的，是从本地发展需要来选择的，而这样的项目本身是比较难寻找的。近年来，随着对发展质量要求的提高，对引进项目的环境要求、循环经济要求等不同方面都提出了新要求，这也增加了项目引进的难度。

在人才引进方面，引进条件在提高。过去一个时期，人才引进是靠户口、住房等方面的优惠政策来进行的。当今，人才引进除了生活方面的条件外，还需要提供发展的条件。比如科研启动经费等条件成为人才引进的"必备"条件。这就提高了人才引进的"成本"，增加了引进难度。

在技术引进方面，对技术的选择难度提高了。在今天普遍重视发展质量的情况下，一个地区要引进的技术必须满足两个条件：既要符合产业发展的需要，有一定的先进性，又要符合当地实际，可以促进经济的发展和容纳一定的本地劳动力。这样就增加了技术选择的难度。同时，技术的引进又是与资金的配套相联系的。因此，技术引进的难度也在加大。

陵县在发展过程中也要不断对外开放与合作，这一方面是由于陵县资源有限，虽有自己的比较优势，也存在着许多不足——农业大县、工业小县、财政穷县，为此需要通过对外开放与合作，借助外部的资源和自身的优势相结合来获得更大的发展；另一方面，对外开放与合作有助于更新发展观念、激活市场、提高资源利用效率。陵县在经济发展过程中，不断扩大县域对外开放，切实做到更高水平地"引进来"，更加稳健地"走出去"，提升县域开放型经济水平。开放与合作的主要措施是招商引资、引进技术、引进人才。

5.2 陵县招商引资

外资在中国经济的腾飞中起了巨大作用，陵县要获得大的发展，也离不开大量国内外资金与技术的支持。2002年以前，和发达县市相比，陵县由于经济发展水平相对较低、基础设施相对落后等原因，国内外资金进入较少。为此，千方百计加大招商引资力度，加快吸引更多的资金、人才、技术和管理经验，是陵县对外合作的重要内容。

5.2.1 基本情况

陵县从2001年开始尝试走依靠招商引资求发展的路子。当时开发区内正常经营的企业不到20家，经过一年的招商引资，盘活当地企业14家，客商独资建设新企业16家，资产总量由原来的13亿元迅速增长到22亿元。短期的明显成效证明了陵县的选择是正确的，大抓招商引资的时机适宜。2002年陵县县委、县政府根据当时的情况，结合今后招商引资发展的需要，开始筹划在104国道以南建设新的开发区。2003年，陵县抢抓德州市"两个东进"的历史机遇，聘请同济大学教授精心设计，先后投入6.3亿元资金，在昔日盐碱遍地的陵西大洼上，全力打造经济开发区，并确立了"以区兴县，超常发展"的工作思路。成立了开发区管委会，建立了投产企业服务中心和招商项目服务中心，简化了办事程序，提高了服务水平，为全县招商引资、企业发展、项目建设提供了良好载体。几年间，先后开展了全民招商、小分队招商、大户招商、以商招商等一系列招商活动，成效比较明显。2006年陵县开发区晋升为省级开发区。几年来，招商引进国内外项目193个，区内企业已达204家，固定资产120亿元，形成了年产值230亿元的能力，安置就业人口6万人。招商引资成为拉动陵县经济又好又快发展的"主引擎"。先后有国内外 300 多个考察团、1.8 万人次前来参观考察。

陵县目前有外商投资企业 14 家，其中外商独资企业 6 家，合资企业 8 家。投资领域多为劳动密集型轻工业产品，如工艺品、低压电子产品等。这些企业多数以加工贸易为主。从 2007 年所谈的外资项目看，日韩港台等区域劳动密集型行业是投资陵县的主流。当前，随着沿海地区的发展，东部沿海地区的劳动密集型外商投资企业面临着成本提高、技术升级的压力，必然促使这些企业在区域间进行调整，而国家目前也积极地倡导这类企业向中西部地区推移扩散。陵县人力资源较为丰富，劳动力成本较沿海地区低，自然资源丰富，交通便利，这是陵县最大的也是最现实的比较优势，是沿海劳动密集型外企推移扩散的理想地区。同时，陵县引进外资的主要来源地为亚洲国家，劳动密集型产业是投资重点。这类投资具有显著的就业效应和出口效应，有利于转移农业过剩劳动力，改善二元结构，所以陵县将进一步加大力度，把吸收劳动密集型外商投资作为本段时期引进外资的重点。

陵县这几年在招商引资方面发展最快的行业主要是纺织、农副产品深加工、新材料和机械制造业。纺织和农副产品深加工行业的快速发展主要得益于丰富的农业资源和国家近几年的农业扶持政策。陵县是一个农业大县，也是全国粮棉基地县，年均出产皮棉 60 万担、玉米 26 万吨、小麦 32 万吨。充足的原材料资源和国家全面放开的粮食、棉花流通体制催生了这两个行业的快速发展。而其他几个行业得到快速发展，主要是外商利用了陵县以下三个方面的资源：一是劳动力资源充足；二是工资水平较低；三是技术人才较多。

5.2.2 主要措施

陵县在招商引资中主要采用的措施有：

1. 大力改善投资环境

为加快德州的城市化进程，德州市提出并实施了"两个东进、三区联动、建设大德州"的发展战略。"两个东进"是经济开发区跨过京福高速公路向东扩展；行政中心跨过岔河东移，在德州旧城东面新建一个占地10平方公里的新行政中心区。"三区联动"就是加速德州西部的商贸开发区、中部的德城区、东部的经济开发区的规模膨胀。到2010年，使德州城区人口由2003年的50万人发展到100多万人，市区（含开发区）面积从2003年的42平方公里扩展到210平方公里，让德州真正"长大"、"变强"。2003年初，陵县抓住德州市区两个东进的战略机遇，"对接德州，加快发展"，大手笔建设工业园区。正月初八，陵县16支施工队伍即开始了昼夜建设，经过4个多月时间，在陵县西大洼大片盐碱涝洼地上建起了一个高标准工业园区。当年5月13日，张高丽书记来陵县视察，对陵县园区给予充分肯定和高度评价。

举全县之力打造一流园区。除了优惠政策和到位的服务以外，陵县认识到水、电、路、通讯等基础设施也是影响客商选择投资区域的一个重要因素。2003年提出了打造一流园区，走"以区兴县"的路子，先后投资数亿元新建和拓宽了19条道路、16座桥梁、145公里地下管网，建成了"七通一平"的高标准开发区，大大增强了开发区对客商的吸引力和对大项目的承载力。最近几年，又对开发区进行了亮化、绿化和美化工程。开发区不断吸引大批客商前来投资，也成为区内投资创业者的骄傲。据统计，几年来全县引进的国内外客商投资1000万元以上的项目有3/4落户在各类园区。2007年县财政新增投入2亿元，进一步提升开发区的基础设施和环境建设，通过提高园区功能和承载能力吸引客商。

实行县级领导帮扶重点项目制度。对重大项目，确定一名县领导从项目立项、开工建设、竣工投产、初期经营实行全程跟踪服务。

抓好服务。对外商投资企业实时保护，坚决杜绝"三乱"现象，切实维护企业权益，确保外地客商的安全、安宁；对外商企业实行一条龙服务、一站式管理，对所需手续实行"专办员"制度，全部手续在3～7个工作日内完成，并做到急事急办、特事特办；对外商办公、住宿、户口迁移、子女入托、上学等工作生活问题提供优质服务。

对常驻陵县外地客商的个人资料全部建立了档案，县招商办定期到企业走访，及时了解企业生活和经营中的困难，并帮助解决。

积极抓好"南融北接"工作。成立了以县主要领导为组长的"南融北接"工作领导小组。县所有涉企部门均为成员单位，针对两地产业特点、地域、人力资源、工资水平、投资环境等差别，制定互补式的专项招商政策，定期研究、督促和通报两地对接情况；通过落实"三个30"工作措施，稳步推进与天津滨海新区的对接进程。一是选择30位在天津党政和企业界有影响力的人才组成陵县经济发展顾问团；二是招聘30位陵县籍天津从业人员为陵县的招商代理；三是通过互动促成陵县30家企业与滨海新区的相关企业结成了友好企业。

县经贸局做好项目谋划等基础性工作，在海关报批、工商办证、土地审批等方面搞好服务。

2. 主动出击，积极招商

成立招商引资小分队，主动出击，分片招商。2003年以来，针对全民招商成本高、成功率低的现状，精心选拔一批懂经济、业务熟的人员组成56个小分队，做好分片招商和会展招商工作。期间开展分片招商活动70余次，先后赴韩国、日本、台湾、香港、北京、天津、温州、金华、上海、青岛等地举办了招商活动。

充分发挥企业能动性，做好企业招商。针对日渐壮大的企业队伍，注重发挥企业招商的主体作用，引导企业的厂长、经理转变观念，以招商促企业自身发展。同时，还注重发挥各企业业务员信息灵、联系面广、业务知识熟的优势，先后共联系各企业业务员270多人，向企业发放宣传资料，动员其参与招商，积极招商。

发挥能人能量，强化招商引资。牢牢抓住农村支部书记、常年经商人员、个体私营大户这些招商引资的强势群体。通过宣传发动和积极引导，成效明显。陵城镇王乐悟村支部书记王德江积极响应政策，招商引资近15亿元，他的乐悟集团资产总额已达20亿元，在全市民营企业中名列前茅。在陵县投资创业的管庆钩两年引进3个大项目，其中1个3000万元的项目，1个过5000万元的项目和1个过亿元的项目。目前，陵县80%的个体大户都有招商引资项目，于集乡的银河纺织、精梳纺织、糜镇的宝鼎纺纱都是由当地个体大户引进的投资过亿元的大项目。

做好现有客商的服务，积极做好以商招商。近几年来，许多在陵县创业的客商以切身感受宣传陵县，主动向自己的朋友和业务伙伴介绍陵县，并动员客商来陵县投资创业。以商招商取得了良好的效果，譬如，丁庄乡通过调动县内外客商参与招商的积极性，以商招商成果丰硕。近几年新上的群力塑胶公司、佳美制版公司、江南塑业、全力塑业、艺特软包装（投资 2000 万元）等一批温州企业，都是以商招商的结果。投资 1 亿美元的澳通工业园也是以商招商的成功案例。

建立综合信息数据库。以长三角、珠三角、京津唐、江浙沪地区为重点，抢抓这些区域水、电、土地、用工等矛盾突出导致部分企业被动外迁这一机遇，密切关注企业动向，安排专人及时联系掌握情况，发现线索，迅速登门做工作。同时指定专门人员研究并定期发布当地市情、乡情、产业结构状况、行业发展特点、风土人情、历史文化等，确保与客商交谈时做到心中有数、洽谈有序，增强招商引资的针对性和有效性。

引入专业化、市场化的招商运作模式。在长三角、珠三角、京津唐等区域，通过委托当地的专业招商中介机构邀请客商，组织招商活动，并招聘招商专员，组成驻外招商机构，从而形成正常化的招商渠道和网络。

错位发展，积极做好对接招商。目前陵县已经与济南和天津滨海新区进行了对接，并与长清市结成了友好县市。下一步将结合三地不同的特点，围绕把陵县打造成两地的产业转移基地、制造业配套基地、农副产品供应基地抓好招商。

积极参加国家、行业协会组织的各种交易会、洽谈会及当地的一些大的招商活动，如贸易展、洽谈会等，组织有关乡镇、部门和企业参与进去，广泛接触外商，广交朋友，并将参与情况纳入年度考核指标。2007 年上半年就参加了省、市、县贸促会等部门组织的经贸活动 7 次，参会企业 36 家，吸引外资 38700 万元。

3. 大力开展产业招商

县委、县政府紧紧围绕纺织、农副产品加工、新材料、机械加工四大产业推进招商引资。选择 30 个投资大、前景好、产品附加值高、经营有带动力的企业进行重点培植。对以乐悟集团、谷神集团、颜浩制粉、向春油脂为主的农副产品加工企业，以黎明纺织公司、宝鼎纺织公司、银河纺织公司、新阳纺织公司为主的纺织企业，以群力塑胶、宏祥集团、圣祥焊丝、众联公司为主的新材料企业，以普利森、卓尔、钧力、豪沃为主的机械制造企业，实行县委、县政府、人大、政协主要领导包企业制度，指导企业制定发展规划，帮助企业解决发展中遇到的困难。同时紧紧抓住引进大项目这个着力点，积极实施项目带动战略，建立重大项目报告制度和协调机制，建立健全领导联系重点项目和责任分工制度，凡与四大产业相关的大项目县委书记、县长全程协调，跟踪服务。对成功引进产业招商大项目的有功人员经济上给予特别奖励，政治上优先提拔重用。

在招商引资工作中，依托产业优势，大力开展产业招商。由县外经贸局协同计划局、民经局等部门，编制了招商项目手册，积极向外宣传推介，采取各种方式与外商搞好合作。目前，四大产业已发展成为全县工业的"脊梁"和拉动全县工业发展的绝对主力。

切实抓好项目载体建设，在产业链上抓项目。2007 年，继续深入剖析陵县四大主导产业结构状况，围绕中间补断档、两头抓延长选出招商载体。立足全县的产业基础和资源优势，谋划、筛选了一批符合陵县产业政策、技术含量高、产业链条成长性强、带动作用明显的 10 大项目，通过精心包装和宣传，增强了对外招商的吸引力。

4. 全程督导推进项目建设

认真搞好签约项目的落实工作，对已签约的项目，抓好跟踪落实，力争使协议变合同，合同变资金，尽快投产见效。

对投产的项目全程督导，加快项目建设进度。2007 年继续采取了县级领导包项目制度，从重大项目线索到项目投入生产经营，专人负责，一包到底。及时调度项目进展情况，现场解决项目引入过程中遇到的问题。2007 年先后有新加坡中南集团毅鸣投资有限公司投资 1 亿美元的澳通工业园、山东金大路车业有限公司与美国 ZAP 公司合作投资 2.3 亿元的电动车制造、迪安国际贸易有限公司投资 6000 万元的速冻蔬菜加工、向春油脂一期、同兴酒业、一豆豆制品、利金面粉等 27 个项目已按时或提前竣工投产。

5. 招商引资思路和措施与时俱进

2007 年初组织全县 114 个乡镇、部门和单位认真总结分析了 5 年来的招商引资历程，针对新起点、新形势下的招商引资工作，重点从国内外经济环境的变化、国家产业、土地、银行及相关政策的调整、各地招商引资的差别、陵县招商引资的经验教训和陵县产业结构状况、目前促进招商引资实现新突破的措施等 10 个方面展开讨论。科学制定招商引资新思路，确定新的工作方案。牢固树立"科学、理性、务实、高效"招商的新理念，努力推动由全民招商向专业招商转变，由随机招商向选商择商转变，由重招商向招商安商转变。

主动解决企业发展中的问题。近两年，受到国家政策和落户企业用工需求剧增等影响，陵县在土地、人力等资源供给方面不再具有明显优势，银企供需矛盾也日益突出。县开发区管委会通过成立招工培训机构，为落户企业解决招工难的问题；县纪检委成立治理"三乱"办公室，及时监督检查涉企部门的执法、执业行为，保证了企业落户陵县零干扰。

积极支持符合条件的企业上市，发行企业债券或直接融资。积极引导企业从内部融资方式向直接从资本市场筹集资金转变，加大对有实力、有前途企业的扶持力度，譬如乐悟集团、谷神集团、一豆公司等企业通过寻求境外上市模式来融资，发展壮大企业。目前，一豆公司已经进入海外上市操作程序。

5.2.3 主要成效

内需市场、投资、出口是拉动县域经济发展的三驾马车。在三大动力结构中，对发展县域经济作用最大的是投资，而且这种以投资为主动力推动县域经济上新台阶的动力结构不会在近期内改变。招商引资已成为推动县域生产力发展、培养壮大产业和企业的"加速器"，成为带动农业产业化、提升工业化、促进城镇化的有力杠杆。对陵县这样的县来说，利用劳动力成本低和交通方面的比较优势，主动承接发达地区的产业转移，是发展经济的不二选择。陵县抓住了开发区建设的有利时机，并和德州市的发展紧密结合，利用自身的优势，积极招商引资，获得了巨大的发展机会。

1. 带动陵县经济发展

招商引资作为陵县调整经济结构、推进工业化的突破口，加快培植新的经济增长点，带动了产业升级和技术创新，推动了陵县经济社会更好更快地发展。

陵县企业与国内外合作领域不断拓展，合作层次不断提高，通过交流合作，在资金、技术、人才等方面给予陵县大力支持，并将新的管理理念、经营机制引入到陵县企业，提高了陵县内企业生产经营、抵御市场风险和自主创新的能力。据统计，仅 2007 年，陵县就引进资金 37.67 亿元。

工业园区是工业发展的重要载体，是带动区域经济结构调整和经济增长的引擎。在招商引资工作带动下，产业关联度强、辐射带动能力大的工业园区为陵县充分利用国内外大企业、大集团的资金、技术、管理、市场以及品牌优势，把陵县现有企业规模做大做强，同时主动承接国内外产业转移，为提高陵县工业发展水平和质量发挥了巨大作用。

表 5—1　2002～2007 年陵县招商引资基本情况

年　份	联系洽谈项目（个）	引进项目（个）	新开工及续建（个）	合同引资（亿元）	到位资金（亿元）	出口创汇（万美元）	实际利用外资（万美元）	进出口企业（家）	境外劳务人员（人）
2002	192	181	181	28.5	10.6	70	890	10	230
2003	366	62	98	47.7	25.9	325	2150	16	230
2004	565	297	351	87.4	48.1	1170	3800	29	457
2005	382	98	105	67.4	51.8	1568	1103	36	567
2006	278	97	173	58.65	40.78	2100	871	42	670
2007	136	136	196	58.90	37.67	3875	867.31	47	803

2. 促进产业结构调整

招商引资在很大程度上缓解了陵县产业结构调整因资金短缺而形成的"瓶颈"制约，加速了产业结构调整的步伐。2002 年陵县一、二、三产业比例分别为 38∶37.4∶24.6，2006 年三次产业结构达到了 18.2∶54.6∶27.2，产业结构逐步得到优化，传统产业提档升级，新兴产业崭露头角。黎明、宝鼎、银河、德鑫源、新阳、盛泽等纺织企业群体的壮大，使陵县纺织业向规模化、深加工、高附加值和国际化方向发展，拉长了产业链，正在实现由大产业向强产业跨越；乐悟、华茂、谷神、一豆等农产品加工"龙头"企业成为陵县加速农业产业结构调整和农业产业化进程的"助推器"；以普利森、卓尔、豪沃、均力为代表的机械制造业成长为陵县的新兴产业。

3. 增加就业与保持社会稳定

招商引资已经成为陵县吸纳农村剩余劳动力的主要渠道，有效缓解了下岗职工再就业压力。据不完全统计，目前仅招商引资项目就为全县提供了3万余个就业岗位。如果按每人每月工资 700 元计算，那么，一年就为陵县带来了 2 亿多元的收入，就业解决了，收入增加了，社会就会稳定，人民就会安家乐业。因此，招商引资在促进全县的社会稳定方面发挥了"稳压器"和"减震器"的作用。

4. 促进了观念更新

通过全民招商引资，不仅引进了大量的资金、项目，扩大了经济总量，而且唤醒了人们的经济意识、开放意识，改善了经济发展的软环境，有力地促进了全县广大干部群众思想的解放、观念的更新和素质的提高，"窗口"单位服务意识逐渐增强，机关作风也在悄然改变。

当前，在新的发展环境下，陵县的招商引资还要从以下三方面来完善：

（1）以科学发展观和正确政绩观为指导，提高招商引资质量。招商引资是推动县域生产力发展，培养壮大产业和企业的"加速器"，也是推进县域经济和社会事业发展的战略举措和必由之路。它的具体作用表现在四个方面，即获得土地收益、解决就业、增加税收、获取技术外溢，从而实现当地资源配置的最优化、效益的最大化。招商引资是一个复杂的系统工程，富于创新性兼具风险性，需要科学的发展观和正确的政绩观的指导，县域政府在招商引资决策中要充分考虑一个成本与效益的问题，应着眼长远、统一规划，根据当地实际情况，从产业结构、资源条件、环境情况出发，严格准入标准，只有对当地经济和社会事业可持续发展有利的外资项目，才有必要积极创造条件，千方百计引进来，切实避免单纯重视数量而忽视质量的做法。

（2）改进招商方式，大力提升引资水平。过去招商引资是以政策型引资为主，这种引资方式单一，成本高，代价大，已越来越不适应县域经济发展的需要。要提升引资水平，必须从以下四个方面努力：一是完善招商模式。必须大力推进政策型引资向服务型引资、环境型引资转变，进一步完善招商模式，在继续搞好以会招商、以商招商、以企招商基础上，积极实施网络招商、委托招商，力求招商引资形式多样化。二是增强招商引资的针对性。首先，围绕促进就业，提高农民的收入招商引资，使招商引资项目向农业倾斜，重点引导至农产品加工、基础设施建设等方面；其次，可用财力招商引资，使招商引资项目向第三产业倾斜，尤其是向第三产业中非房地产项目转移，大力发展诸如仓储、物流、旅游休闲、娱乐、餐饮、职业培训和专业市场等能持续增加地方财税收入的第三产业，以改变县域财税结构失衡的弊端。三是树立"大招商"的概念。积极鼓励县域内民间资本的投入，对内外资企业在政策上要给予同等的待遇。要把启动内资纳入招商引资的政绩考核体系，提高各级招商主体对内资招商的积极性。四是加强产业规划，提高产业关联度，发挥集聚效应，促进县域特色产业集群形成。政府应制定长远的产业规划，准确定位特色化产业集群的主产业链，围绕产业主链集聚主题进行招商，选择关联性强的企业加盟产业集群，依托产业集群培育区位品牌。

（3）加快政府职能的转变，切实提高对招商引资的调控力度。深化行政审批体制改革，切实把政府经济管理职能转到主要为市场主体服务和创造良好发展环境上来。要改变事无巨细、统包统揽的现状，努力营造低成本、少障碍、高效率的行政服务环境，可着重从以下三个方面改进：一是要切实精简机构，简化审批手续，对所有审批项目实行一个部门受理，联合审批，限时办结的"一站式"服务。二是减少政府公文和红头文件。三是简化政务工作程序，提高政务信息水平。政府公务员队伍可吸收更多的专家、知识分子参与决策，强化现有人员的培训、学习，采用先进的办公方式，包括运用数字化和网络技术。

5.3 陵县引进技术

依靠科技进步，促进县域经济、资源、环境的协调，是县域经济发展的必由之路，也是县域经济可持续发展的根本保证。陵县积极引导企业引进先进技术，加大研发投入，为陵县经济的发展提供了支撑。

5.3.1　基本情况

陵县在引进技术中主要采用以下几种主要形式：

1. 直接投资引进技术

在陵县招商引资过程中，倡导外商直接投资引进先进技术。譬如以工业产权、专利技术及其他无形资产进行项目转让、参股。

2. 企业直接购买先进设备和技术

陵县主要的企业都是购买专利设备或购进国外的先进设备，如金稞生物、华茂科技是购买专利设备，谷神集团引进的大豆浓缩蛋白是以色列的技术，美国的生产设备。谷神集团直接引进国外先进设备，拥有国内领先的日加工大豆 500 吨常压脱溶低温浸出生产线，引进国际领先水平的美国源高公司 1 万吨/年大豆组织蛋白生产线，引进日本播磨株式会社液体分离机和丹麦 APV 均质机等国际领先水平设备优化组合的大豆分离蛋白生产线 3 条。

3. 企业成立技术研发中心

企业是研发投入的主体，而研发中心是企业研发的平台。谷神、乐悟集团纷纷成立技术开发中心，为技术的引进和自我开发提供了良好的平台。谷神集团技术开发中心成立于 2001 年，是集大豆深加工新产品研发、产品应用领域开发、新工艺的引进和改造、产品小试、产品质量检测于一体的综合性科研部门。科研楼建筑面积 1400 平米，试验仪器 500 万元，目前拥有专业工作人员 35 名，其中中高级职称 17 人，硕士及硕士以上学历 3 人，并且聘请周瑞宝教授和华欲飞、王兴国教授等国内知名蛋白、油脂专家为技术开发中心名誉主任，定期来公司进行技术交流。拥有中心实验室、理化检测实验室等先进的研发检验操作平台，拥有小试成品生产线，如小包装车间等成品形成部门。2005 年谷神集团技术开发中心被山东省经贸委列为省级企业技术中心。中心实验室目前拥有日本产液相色谱仪、瑞典产定氮仪、英国产物性分析仪和色度仪等先进的研发检测设备。目前技术开发中心独立完成了保健品类蛋白质粉的开发，并且已经投产，其产品的蛋白质含量和速溶性与功能性都优于国内同类产品；独立完成了高附加营养活性低聚糖终端产品的开发，并且已经申请投产。

5.3.2 主要措施

1. 出台政策鼓励企业加大技术投入

陵县出台相应的政策，引导企业作为技术研发的主体，加大研发资金的投入。在招商引资中，把相关企业缴纳的增值税地方留成部分，由当地财政奖励企业作为技改发展资金，从而鼓励企业加大技术研发的投入。

在政府政策的激励下，主要企业均加大技术投入。谷神集团公司重视科技、注重人才，每年都提供大量资金用于设备的引进和人才的培养，2006 年，公司投入 3400 余万元用于研究与开发。谷神每年用于研究与开发的经费达到了销售收入的 5％以上，对引进的新工艺、新技术进行创新改造和消化吸收，先后取得"天然大豆维生素 E 生产工艺技术研究与开发"、"大豆低聚糖生产新工艺技术研究与开发"、"醇法改性大豆浓缩蛋白生产新工艺技术研究与开发"等省级科技成果。

2. 加强技术的对外合作

加强对外技术合作，实现生产要素向本地流动和聚集，是加快县域经济发展的必然选择。对外技术合作是抢抓发展机遇、加快陵县优势资源开发的关键举措，也是注入发展动力、提高县域经济竞争力的有效途径。在陵县县委、县政府的支持下，陵县的主要企业纷纷与科研院所、企业、高校展开技术合作。谷神集团与江南大学合作开发醇法浓缩蛋白项目，并已经在蛋白质改性等关键工艺上取得了成果；与湖北工业大学合作开发膜分离技术提取乳清液中低聚糖项目，目前已经生产出质量完好的产品，并且已经应用到保健品低聚糖的开发中，期间取得了有效分离短链蛋白质，改善成品口感，微滤与纳滤有机结合和缩短生产线设备重复利用等成果。此外，谷神集团还和日本 IHI 公司合作拟建中国第一家分离机维修中心。

3. 积极引进技术人才

先进技术的引入需要掌握先进技术的人才，同时，先进设备、技术的引入也为人才的引进提供了良好的条件。陵县的一些企业通过技术、设备的引进，和人才的引进相互促进，共同发展。

4. 积极承担国家、省级科研项目

陵县积极承担国家火炬计划项目、星火计划项目、"十一五"科技支撑计划、省级火炬计划等，具体情况如下：国家火炬计划项目：谷神集团承担的"大豆天然维生素 E"；国家重点星火计划项目：乐悟集团承担的"低温脱酚棉蛋白工业化生产"；国家"十一五"科技支撑计划：谷神集团承担的"大豆优质蛋白与高纯磷脂开发与产业化示范"；省级火炬计划：乐悟集团承担的"谷氨酸工业化生产"、华茂生物科技承担的"年产 6 万吨谷氨酸"、华越生物科技承担的"低温脱酚高蛋白棉仁粉"、金棵生物科技承担的"低温脱酚棉蛋白"、同兴生物科技承担的"乙醇氧化制乙醛"、谷神集团承担的"大豆低聚糖"等项目。

5. 争取国家、省、市资金支持

陵县积极争取国家、省、市无偿资金作为技术研发的经费。具体使用情况如下：国家无偿资金：国家科技型中小企业创新基金 50 万元，用于谷神集团的天然大豆维生素 E 项目的研发费用；省无偿资金：省级科技攻关计划 2 项，无偿资助 22 万元；省级科技型中小企业技术创新专项扶持资金项目 2 项，无偿资助 45 万元；省级农业科技成果转化资金项目 1 项，无偿资助 20 万元。以上资金主要用于项目实施过程中关键设备、仪器、研究人员工资、资料、差旅费用等有关费用的补助经费。

5.3.3 主要成效

因为科学技术广泛地渗透到劳动者素质、劳动对象、劳动资料、劳动组织方式、生产方式、社会经济体制、意识形态等各种因素及其整体的变革中，使生产要素发挥出乘数效应，极大地促进了经济的发展。因此，科学技术是第一生产力，是经济发展的决定性因素。陵县通过引进先进技术，起到了以下三个作用：一是吸引了高新技术人才。通过规模大、技术含量高、应用密集的项目，为高级专业技术人才打造高技术平台，优厚的待遇、优良的环境

吸引了高新技术人才来陵县创业。二是提升质量扩大规模。通过大力引进先进技术，陵县提升了产品的质量，扩大了企业生产规模，在激烈的市场竞争中赢得了先机，推动了县域经济和谐、可持续发展。三是科技实力不断提升。取得省级科研成果 6 项，取得市级科技成果 3 项。累计申请专利 145 项，累计授权 68 项。陵县拥有国家级高新技术企业 1 家（谷神集团），省级高新技术企业 5 家（乐悟集团、华茂科技、金稞生物、华越生物、群力塑胶）。2004 年陵县被评为全国科技进步工作先进县，2005 年被列入首批科技富民强县专项行动计划。

人口多、文化素质差是县域的第一大特点，而巨大的人口基数中又有相当多的人在从事低级的甚至原始的生产活动，这是县域经济发展面临的真正压力。陵县不断引进先进技术，为陵县科技实力的提升和经济的发展起到了较大的推动作用，但陵县在引进技术的过程中也存在一些问题，主要是科技与经济结合不够、科技信息不足，科技引进步伐和力度（农业科技）有待加强。

为此，陵县在今后的发展过程中，要强化科技与经济结合的纽带，完善县域的创新方针，特别是加强企业的研发机构和技术服务体系建设，促使企业成为产品和技术开发的主体。此外，还需要特别加强第二产业的科技进步。要以科学技术为支撑，提高县域经济发展后劲。加强农村科普工作，搞好技术培训，不断提高农民的科学文化素质，切实把县域经济发展转移到依靠科技进步和提高劳动者素质的轨道上来。启动农业科技信息化进程。建立农技推广普及利益机制，重点发挥好科技型企业、龙头企业和农业科技中介组织的作用，带动农民采用新技术。实行科研与引进并举的方针，加大农业科技引进步伐和力度。只有这样，陵县工业和经济才能大有作为。

5.4　陵县引进人才

5.4.1　基本情况

要实现县域经济的快发展、大发展，关键在于特色经济战略与特色人才战略的有机结合，抓住"人才引进、人才培养、人才使用"三个关键环节，实现"人尽其才、才尽所用"，为县域经济发展提供强大的智力支持。近年来，陵县进一步优化用人环境，借鉴发达地区的经验，完善人才管理政策、创业优惠政策、人才流动政策等制度，在人才引进和借用外脑方面取得了较好的效果。

吸引人才就业情况：近几年，陵县共引进各类人才1271人次，其中引进初级工、中级工、高级工554人，工程师44人，引进大中专以上毕业生153人，其中，大专学历的6人，大学本科以上学历的147人。协助驻陵各大企业招聘有意向专业技术人才500多人。从年龄结构看，20～30岁的占26.7%，30～40岁的占13.9%，40～50岁的占33%，50岁以上的占26.4%。

专家引进情况：目前，陵县各大企业集团引进国内外知名专家20人，其中，引进高级专业人才13人、高级工程师5人、注册会计师2人，这些专家有的来自国内省外，有的来自香港、台湾，还有的来自澳大利亚、日本、德国等国家。

和高校、科研院所等合作情况：为了促进产、学、研一体化，加速科技成果向生产力转化，增强自主创新能力，近几年，先后与山东大学、山东理工大学、山东轻工业学院等省内部分高校，以及江南大学、河南工业大学、国家粮科院等高等院校、科研院所，在人才培养、技术交流、成果应用等方面建立了密切合作关系，聘请专家教授担任陵县部分企业集团项目建设顾问，采用合作、协作等方式，实现人才、技术共享。

培训情况：在大力引进、招聘外地人才的同时，积极做好企业内部人才的培养培训工作。一是树立"人人都能成才"的观念。多数企业建立了集团、厂部、车间、班组四级培训体系，采取走出去、请进来、职工上讲台等方式对企业内部人才进行培训。几年来，各企业集团共投资 160 多万元，自办和委托外单位举办各类培训班 56 期，培训人员 1500 多人次。二是紧紧抓住项目建设的有利时机，在实践中锻炼人才。在项目的考察论证阶段就确定各类人才的数量和目标，项目开工建设后，人员直接进入项目组，全方位学习项目的各项知识。如谷神集团自 1999 年以来，通过项目建设，培养了大豆油脂、低变性豆粕、大豆蛋白以及棉纺方面的技术人才 30 多人，专业管理人员 15 人，使企业步入了高速发展的快车道。

5.4.2　主要措施

1. 重视人才，做好人才总体规划

认识到加强和改进人才工作的重要性，大力提高人才素质，是加快经济发展的根本大计，也是构建社会主义和谐社会的重要保障。陵县县委、县政府高度重视人才队伍建设，成立了以县委书记李世民为组长，县委副书记、县长马俊昀，副书记冯如胜为副组长，其他有关县级负责人及有关部门主要负责人为成员的人才工作领导小组，领导小组下设办公室，办公室设在人事局，同时抽调得力人员具体负责这项工作。

为大力推进科技进步和技术创新，以建设一支具有创新能力的高素质人才队伍，顺利实现人才强县战略，特制定了县人才发展规划，确定了人才发展目标、人才发展重点和人才发展对策措施。在县委、县政府的领导下，各级党委、政府对人才的培养、管理与使用日益重视，形成了尊重知识、尊重人才的氛围。

2. 积极出台优惠政策

陵县县委、县政府不断修订、完善了《关于做好引进、培养、管理、使用高层次人才工作意见》、《关于鼓励大中专毕业生从事民营经济的意见》、《关于进一步做好开发智力和引进人才的规定》、《关于县管拔尖人才和优秀青

年专业人才管理的暂行规定》、《关于在县管拔尖人才中建立"一帮一"制度的通知》等一系列优惠政策，为推动人才队伍建设奠定了坚实的基础。出台的《关于做好引进、培养、管理和使用人才工作的意见》，重点从培养、吸引、用好人才三个环节，加强党政人才、企业经营管理人才、专业技术人才、乡土人才四只队伍建设等方面，提出了一系列优惠政策及工作措施。

具体来说，主要的优惠政策有：一是凡应聘来陵县的高级人才（指具有本科以上学历和中、高级职称的人才，以下简称人才），属国家级的有突出贡献的专家，或者是博士、硕士研究生，由县财政提供安家补助费1~2万元。根据本人意愿，可安排到党政群机关工作。二是辞职、离职来陵县工作，具备本科学历或中级以上职称的专业技术人员，承认原有身份、学历、专业技术职务，工龄连续计算。凡应聘到县属企业工作的人才，其户口落到县经贸局；凡应聘到民营企业工作的人才，其户口关系落到民经局，三年内执行双结构工资制：企业发放效益工资，县财政按全额拨款事业单位工作人员的工资标准发放固定工资；凡应聘到教育、卫生事业单位的人才，可直接转正定级，在技术岗位上的，工资上浮一级，满五年后浮动工资转为固定工资，并继续上浮一级工资；对来陵县工作的人才，评聘技术职务优先，技术职务可高一个档次聘任；对待特殊情况可采取一事一议的方法，协调确定各种待遇。

3. 多种渠道引进人才

以市场配置为中心，走出去选拔人才。陵县充分发挥和依托人才市场的枢纽和调节作用，每年都组团参加北京、西安、济南等地大中型人才交流会，每周组织参加在德州市人才市场举办的人才招聘专场活动，并充分利用陵县对接德州的良好机遇，吸引各类专业技术人才到陵县寻找就业机会。县人才交流服务中心建立了人才需求信息库，将全县各企事业单位人才需求信息汇聚到一起，定期通过人才市场向全社会发布。自2000年至今，全县各用人单位通过人才市场成功引进各类人才2200多人。

以项目需求为中心，定向吸收专业人才。把项目作为引进人才的载体，紧紧围绕全县经济发展重点和重点科技攻关项目的需求，不断加大专业人才引进力度，提高人才引进的针对性。以引进技术为目的，以智力流动为形式，吸引人才到陵县工作，对拥有先进技术、陵县所需的人才，积极招徕，采取借用兼职、停薪留职、留薪留职等办法，吸引专业人才到陵县从事技术开发、技术咨询、技术攻关、技术推广工作或进行技术转让、技术入股、承租、创办、联办、兴办各种经济实体。几年来，随着澳通工业园、中茂圣源、普利森、华茂生物、谷神集团等内外资经济发展项目先后入驻陵县经济开发区，大批优秀人才随之同时进入，为陵县的经济发展注入了活力。

企业为主体，以招聘、校企合作等多种形式引进人才。华茂生物科技有限公司谷氨酸分公司，一期19人主要都是从武汉引进的，二期16人主要从武汉、东北三省、重庆引进。华茂生物科技有限公司根据行业特点和企业实际情况，积极利用省内外高校的人力技术优势，与山东轻工业学院、山东农业大学、天津科技大学、山东大学、江南大学开展人才对接、联合办学工作，以通过高层次的人才资源引进和高起点的人才培养工作，更好地解决企业在科研水平、产品竞争力、科研创新能力上存在的瓶颈问题。自2005年起，中茂圣源纸浆公司自山东轻工业学院、陕西科技大学、青岛大学、德州学院、山东工业技术学院、山东电力高等专科学院、山东技师学院等院校招聘本、专科毕业生50余人，目前多数已成长为企业的技术骨干。同时十分重视与各高校的人才、科研开发等合作。

聘请招商代理和经济发展顾问。2007年5月，陵县县府办公室、外经贸局联合下发了通知，要求各乡镇（经济开发区）筛选上报辖区内在天津工作、懂经济、善沟通，并有一定影响的政界、商界、企业界人士；县直各部门和各企业上报与本部门、企业有密切业务往来的企业、财团工作人员以及有资金实力，并有意在陵县投资兴业的各界人士。北接领导小组办公室根据各单位上报情况，筛选了30余人的名单，经过论证后由县政府聘请，分别担任经济发展顾问和招商代理。同时，确定了与陵县企业有业务联系的30家天津企业，将双方结成战略合作伙伴，在资金投入、产品供应、技术合作、人才交流、市场和信息共享等方面实施多层次合作，有序对接，实现双方企业的互利共赢、共同发展。30名招商代理和经济发展顾问定期与县外经贸局（招商办）互通信息，通报情况，取得了一定实效。目前通过这一组织成功引进高频焊管和大型粮食储备库2个投资过亿元项目，在谈投资过亿元项目3个，过千万元项目6个。

4. 落到实处，积极支持引进

明确各部门在人才引进、管理方面的具体职责。高级工程专业人才和硕士研究生及其以上学位的急需人才的引进工作由组织部、人事局、科技局、经贸局负责；本科毕业生的引进由县人事局负责；高考落榜生和中专毕业生的定向培养，由经贸局负责落实培训计划，人事局负责联系学校；中等技术专业人才培养工作由教委负责。县属企业、商流企业、民营企业的用人计划分别由民经局、贸易委、经贸局负责申报；教育、卫生系统用人计划分别由教委、卫生局负责申报；其他行政事业单位的用人计划由主管科局负责申报。年度用人计划必须于每年的一月底前报人事局。各有关部门和企、事业单位都要主动走出去，自主引进、培养人才，使人才资源开发工作逐步变政府行为为部门、企业行为。

设立人才专项基金，用于引进接受各类人才。建立人力资源开发资金，专项用于各类急需人才的培养、引进。博士、硕士研究生的安家补助经费，到民营企业工作毕业生的工资和到县属企业工作毕业生的工资差额部分，由人事局写出报告，财政局将所需经费拨付人事局，专款专用，不得挪作他用。

认真兑现各项优惠政策。安排好引进人才的食宿，保证专业人才有较好的工作生活环境，本单位暂无住房需租赁住房的，由用人单位报销毕业生应享受面积的租赁费；解决好引进人才工资兑现问题，优先保证专业人才工资的足额、按时发放，企业工资发放有困难的，由用人单位提出申请，人事部门从专项基金中予以解决；引进人才职称的评定、晋升，要按照规定优先、及时办理；引进人才到陵县考察的往返路费由用人单位报销；引进人才原则上婚前每年探亲一次，婚后每四年一次，路费由所在单位报销；引进人才缺少档案材料的由人事部门根据本人实际情况和有关政策，可重新建立档案，无户口关系的由公安部门按照有关规定落实户口关系。对因落实待遇不到位，造成引进人才流失的，追究用人单位主要负责人的责任。

各部门、各企业要无条件地接受县分配的各类引进人才，并按照专业对口、学用一致的原则妥善安置，以充分发挥其作用，原则上不能安排引进人才在工人岗位上工作。对专业不对口、不能充分发挥作用要求调整的，可由用人单位写出申请，由人事部门在县域内协商调整。

5. 营造良好的人才环境

鼓励引进人才进行科学研究、技术引进和科技推广。对带来和能够承担科研项目的，由人事部门帮助联系，计划、科技、财政部门要在立项、资金上大力支持，对取得突出经济效益的，按照有关规定给予重奖。

建立人才培养机制。人才的培养、培训要立足长远，根据经济和社会发展要求，本着有利于扩大人才总量，有利于培养高、精、尖复合型人才的原则，由县教委协调用人单位制定规划，确定目标，拿出切实可行的培训、培养方案，坚定不移地组织实施。要充分利用外地高校和科研机构的办学力量，鼓励各部门、各企事业单位自己出资选送人才进大学深造、出国培训或与高校科研院所开展联合办学，尽快培养一批有发展前途的高层次人才。

建立引进人才培养选拔奖励制度。组织、人事、教育部门及各用人单位要把各类人才的培训列入年度计划，积极为各类人才的学习、深造、提高创造条件，搞好人才的上岗前培训及提高性培训，对水平较高、贡献较大，确有培养前途的，优先选派出国培训、进修、留学。对政治素质高、业务能力强的人才，可作为后备干部选拔对象进行培养、锻炼，充实到各级领导岗位。每年在全县选拔5~10名积极上进、表现突出的优秀人才，由县政府进行表彰奖励。

建立引进人才信息档案和经常联系制度。人事局要逐人建立引进人才档案，明确专人负责，与用人单位加强联系，通过走访、座谈等形式，及时掌握引进人才的情况，了解其意见和要求，帮助解决在工作、学习、生活中的实际问题，为充分发挥其聪明才智营造良好的工作环境和氛围。

加大投入留住引进人才。为解决引进人才的后顾之忧，一方面，陵县各引进人才单位积极为引进人才创造良好的生活条件。如陵县一中、人民医院等单位共投资280余万元为引进人才改建和装修了单身公寓、活动室，添置炊具或建集体食堂，从根本上解决了引进人才的基本生活条件问题。另一方面，加大高层次人才引进补贴力度。企业引进或聘用一名硕士研究生或副高职称、高级技师人才，由县财政给予企业每年5000元的补贴；聘用一名博士或正高职称的人才，每年给予2万元的补贴。鼓励有条件的企业对做出突出贡献的经营管理人才、专业技术人才实行期权、股权激励，以期引进更多的紧缺急需人才。

引进人才来陵县工作三年内，用人单位不得向其收取风险抵押金、就业保证金、集资等费用。对违反规定强行收取费用的要严肃处理，并责其全部退还。用人单位每年要为引进人才按规定向社保部门缴纳养老保险金。

5.4.3 主要成效

通过外来人才的引进，陵县党政干部队伍的数量稳中有降，效率有所提高；专业技术人员队伍的总量在不断增加；高职称、高学历人员在不断增加；年龄结构基本趋于合理，并逐步向年轻化方向发展；专业技术人员在县、乡二级的总体分布基本合理；企业经营管理人才队伍的综合素质在不断提高；非公有制企业的专业技术人员队伍从无到有、从小到大、由弱到强，逐步向前发展。总体上来看，陵县引进的大中专毕业生及各类专业技术人才在各行各业中表现非常突出，外来人才立足本职工作，充分发挥自己的特长和优势，还有的同志结合自己所从事工作中遇到的实际情况，提出了许多切实可行的意见和建议，如"如何评价招商引资在经济发展、产业结构调整、财政收入及人民生活水平提高中所起的作用"、"如何调整产业布局，使其更加合理"、"陵县的企业经济效益究竟怎么样"、"如何把陵县经济开发区打造成服务型、诚信型机关"等，这些意见和建议对陵县的经济发展起到了很大的推动作用。

人才对陵县的教育、经济、社会发展起到了很大的促进作用，主要表现在三个方面：

（1）充分发挥了智囊作用。陵县县委、县政府经常邀请各类专业技术人才参加各种专题研讨会，就不同领域的工作如何推进创新征求意见建议，并对县里制定的实施方案和部分单位的具体措施进行咨询论证。同时，针对部分基层单位反映的一些争议性较强的问题和操作难度较大的技术问题，组织专家帮助答疑解惑，为基层单位推进创新厘清工作思路。县里成立的由专家教授牵头、各类专业技术人才参加的专题调研小组，对全县开展的主题教育等活动进行跟踪调研，其调研报告为县委、县政府决策提供了很好的借鉴和参考。

（2）发挥了指导作用。一些专业技术人才结合自身在研究过程中了解掌握的全国各地的成功事例和经验教训，对陵县的各项工作有针对性地进行指导，促进了陵县加快发展的步伐。

（3）起到了带头作用。各类人才带头发展陵县经济，为陵县的经济发展和社会进步做出突出贡献的同时，也起到了带动作用，引导全县人才为经济、社会发展尽心尽力，添砖加瓦。

总之，近几年通过招才引智工作的深入开展，陵县人才队伍的规模不断壮大，整体素质不断提高，为全县经济又好又快地向前发展提供了强有力的智力支持和人才保证。当然，虽然人才队伍的规模和整体素质在不断壮大提高，但也存在着较多制约因素，影响着人才工作对经济发展的促进。在吸引人才的制度建设中，还应做好以下几方面的工作：

（1）注重创新人才引进机制，努力开辟引进各类人才的渠道。推行"但求所用、不求所有"的"候鸟式"人才引进机制，建立"户口不迁、关系不转、双向选择、来去自由"的人才柔性流动机制，满足县域经济跨越式发展对人才的需求。可选择的人才引进模式主要有："项目"＋"人才"，以项目为载体带动人才聚集；建立专家组织，将本地人才和本地在外工作、事业有所成就的人员建立信息库，通过其推荐和介绍，建立专家组织；技术合作，鼓励人才"以智入股"。此外，充分利用选聘和科技挂职服务的渠道。从经济发达地区、知名高校引进人才来挂职锻炼，在所挂职单位的支持下，努力发挥专业特长，谏言献策，为地方经济、科技和社会发展等方面提供智力支持。通过建立长期的对口联系和帮扶关系，利用其他地区人才智力和培训资源，采取"请进来，走出去"的方式，与顾问建立经常性对口联系。

（2）拓宽人才发挥作用的平台和空间。在人才引进的具体工作中，要抓住当前沿海地区产业向内陆转移的机会，做好招商引资，进一步丰富特色产业内容，做大特色产业集群规模，拓宽人才发挥作用的平台和空间。实施更加优惠的政策，充分发挥企业吸引和使用人才的主体作用，加快引进一流的人才，努力形成县域特色产业在人才规模、层次、结构和水平上的综合优势。要积极推进特色产业资本与科技资本的联合，充分利用高校、科研院所等科研力量，进行特色产业产品开发、技术攻关等，使人才资源得到充分的利用，为陵县特色产业发展出谋划策。

在人才引进和开发资金的使用上，要向优势特色产业项目和企业的人才倾斜，为这些人才提供良好的外部支持。

（3）围绕特色产业，充分发挥人才作用。加强政策引导，积极鼓励现有人才向特色产业流动，鼓励在职事业单位的专业技术人员在完成本职工作的同时到特色产业企业中兼职，或通过其他方式为特色产业企业进行技术开发、项目研究等专职服务，把企业建设成人才高地的具体落脚点，成为人才投资开发的主体。积极引导大中专毕业生到特色产业企业和项目就业，按照特色产业企业和项目的实际需求和大中专毕业生的专业特长，实现用人和择业的有机对接。围绕县域重点发展和建设的特色产业，成立专家组，实行首席专家负责制，充分发挥其智力资源和领衔作用，培养并形成与特色产业布局相一致的人才聚集群体，展现人才智力引进示范作用，促进科技创新体系的形成。

（4）搭建人才集聚平台。在承接中心城市产业转移的同时，要多引入一些科技含量高、产品附加值高的高新技术企业，以更有发展前景的事业吸引更多的高层次创新型专业人才。依托特色产业集群，搭建技术研发、成果转化、人才聚集的服务平台，在产业链条延伸的过程中，对产业结构进行调整、优化、升级，提高产品附加值，促进产业互融共生。积极实施特色产业人才聚集工程，根据优势特色产业企业和项目的人才需求，集中一定的财力和物力建立研发中心和人才孵化中心，大力吸引国内外该产业优秀人才和本地具有发展潜力的后备人才进入中心，有重点地培养特色产业急需的高层次人才和一大批能够支撑特色产业发展的高技能人才，打造特色产业人才培养基地，形成人才的"蓄水池"，实现人才优势与产业优势的相互促进。

第 6 章

县域社会事业发展

社会建设与经济增长和人民幸福安康息息相关。经济增长带动社会进步，社会事业发展促进经济增长发展方式转变，提高人民生活质量。

陵县的做法是，以解决人民群众最关心、最直接、最现实的利益为重点，着力发展社会事业，努力促进经济与社会协调发展。

6.1 县域社会事业发展现状与问题

6.1.1 劳动就业

1. 就业形势

当前，中国县域就业形势呈现出以下几个方面的特点：一是劳动力供求两旺，需求相对供给而言更加旺盛。二是不同产业就业结构改善。第二产业的劳动力需求增速最高，以第三产业为主体的产业需求格局相对稳定，在第三产业内部，金融、保险、房地产等新兴部门劳动力需求增速也高于其他传统部门。三是劳动者素质还不适应经济发展的需要。中国经济增长的动力主要还是投资，人力资本还没有成为经济增长的主要动力。四是对外贸易依然是促进就业的重要途径。五是农村劳动力持续快速转移，但结构性矛盾日益突出。六是体制转轨遗留问题有待解决，下岗失业人员再就业工作尚未彻底完成。七是青年就业问题日益突出。八是就业关系多样化导致的就业稳定性、安全性低的问题依然存在。九是劳动力供求的区域不平衡性加剧。总体上看，中国就业形势相对平稳，在总量就业压力不减的同时，结构性就业矛盾日益突出，趋势性就业问题逐步显现。[①]

2. 存在的问题

中国县域范围内的就业问题主要表现在：

（1）农村劳动力就业。过去很长一段时期，劳动生产率低下，农民被户籍制度固定在土地上，中国农村劳动力呈现出"隐性富余"；家庭联产承包责

---

① 游钧主编．《2006～2007 年：中国就业报告——探索素质就业》．北京：中国劳动与社会保障出版社，2007.

任制以后，农业生产率得到很大提高，农村劳动力从土地上解放出来，而乡镇企业的发展无法吸收如此大量的农村富余劳动力，农村劳动力出现"显性富余"。乡镇企业的发展曾经在很大程度上吸纳了大部分农村富余劳动力。随着经济的进一步发展和城乡交流的增多，从 20 世纪 80 年代后期开始，农村劳动力大量向城市流动。如今，每年流动到城市的农民工将近两亿人次。县域作为农民的主要居住地，是农村富余劳动力的输出地；县域范围以内的农民就业问题直接关系到当地农民收入的增加甚至社会稳定，农村富余劳动力的就业问题始终是县域经济的重要内容。

（2）城镇劳动力就业。县域经济存在一定的工业。县域工业在过去大多以国有和集体所有为主。县域经济范围本身是有限度的，这使得下岗再就业安置工作的难度加大。县域范围内工业本身安置就业能力有限，又不可能在更大范围内调配和安置富余劳动力，再加上下岗人员的知识结构、年龄等方面的条件，在新型工业体以内很难安置再就业。这在客观上增加了县域经济范围内城镇职工再就业的难度。

6.1.2　社会保障

1. 社会保障事业发展现状

在党中央、国务院的正确领导下，各地按照科学发展观和建立统筹城乡的社会保障体系要求，努力扩大社会保险覆盖范围，加强社会保险基金征缴和管理，提高各项社会保险待遇水平，社会保险事业取得了新进展。

（1）养老保险。2007 年，全国基本养老保险参保人数 20137 万人，比上年末增加 1371 万人，城镇参加企业基本养老保险覆盖率为 77%。全国养老保险基金收入 7834 亿元，比上年增长 24.2%；基金支出 5965 亿元，比上年增长 21.8%；年末基金累计结存 7391 亿元。全国企业参保退休人员月人均基本养老金达到 925 元。

（2）医疗保险。2007 年，全国参加城镇职工基本医疗保险人数 18020 万人（其中职工 13420 万人，退休人员 4600 万人），比上年末增加 2288 万人。参加基本医疗保险的农民工为 3131 万人，比上年末增加 764 万人。由城镇职工基本医疗保险统筹基金支付的门诊大病和住院达 5599 万人次，181 万参保居民开始享受基本医疗保险待遇。

（3）失业保险。2007年，全国参加失业保险人数11645万人，比上年末增加458万人。按《失业保险条例》规定，失业保险覆盖率为78％。全国失业保险基金收入472亿元，比上年增长17.5％；基金支出218亿元，比上年增长9.0％；年末基金累计结存979亿元。全国领取失业保险金人数为286万人，另有87万名劳动合同期满未续订或者提前解除劳动合同的农民合同制工人领取了一次性生活补助。

（4）工伤保险。2007年，全国参加工伤保险人数12173万人（其中农民工参加工伤保险的人数为3980万人，事业单位参保人数为903万人），比上年末增加1905万人。全国工伤保险基金收入166亿元，比上年增长35.9％；基金支出88亿元，比上年增长28.4％；年末基金累计结存262亿元，储备金结存33亿元。2007年，全国有96万人享受了工伤保险待遇，比上年增长24％。

（5）生育保险。2007年，全国参加生育保险人数7775万人，比2006年末增加1316万人。全国生育保险基金收入84亿元，比2006年增长34.5％；基金支出56亿元，比上年增长48.4％；年末基金累计结存127亿元。全国有113万人次享受了生育保险待遇，比上年增加5万人；人均生育保险待遇达到7771元，比上年增长3.3％。

（6）社会保险基金管理。截至2007年底，全国有24个省区市出台了内部控制实施办法或实施细则。全国累计实地稽核企业123万户，涉及参保职工11020万人，查出少报漏报人数861万人，少缴漏缴社会保险费54亿元，已补缴51亿元。2007年共清理收回企业欠缴养老保险费242亿元，核查五项社会保险待遇享受人数4760万人，查出6万人冒领待遇1.8亿元，已全部追回。

（7）社会化管理服务。2007年，全国已纳入社区管理的企业退休人员达到3136万人，占企业退休人员总数的71.2％，比2006年末增加303万人。社会化管理服务各项基础性工作进一步加强。城镇居民基本医疗保险试点城市拓展社区平台职能，为居民的参保登记、缴费、就医管理提供基础性服务。

（8）社会保险经办机构建设。2007年，全国社会保险经办机构总数7434个，比2006年末减少21个；工作人员12.9万人，比上年末增加4349人。[①]

---

① 人力资源和社会保障部．2007年全国社会保险情况，2008年6月12日．

2. 社会保障事业发展面临的问题

目前，中国县域社会保障事业发展的主要问题是：一是社会保障的制度基础还不稳固。从整体来看，社会保障体系框架还比较粗糙，有些项目的制度设计存在一定缺陷，不同保障项目及相关政策的协调性差，新型社会保障体制的制度基础还不稳固。二是社会养老保障制度覆盖面过低且缺乏可持续能力。基本养老保险的覆盖面比较窄，且扩大覆盖面的难度非常大；养老保险基金在财务上的不可持续性问题比较突出；养老保险基金在管理上的漏洞比较多；养老保险体制改革还没有到位。三是失业保障的低覆盖面与福利刚性。失业保险的覆盖面仍然太小，失业保险金的支付时间太长，失业保险金的支付标准太低。四是医疗保障的严重不公平与低效运行。城乡居民的医疗保障权利的不平等；城市中的医疗保险体系仍然带有计划经济色彩，以所有制和正规非正规部门作为划分医疗保险是否开展领域的做法依然存在；由公共财政支持的卫生预防保健体系还很薄弱，不能形成医疗社会保障的一个重要支柱；医疗的社会保障制度效率低。[①]

6.1.3　其他社会事业

近几年来，中国政府统筹经济和社会发展，加快教育、卫生、文化、体育等社会事业发展和改革，积极解决涉及人民群众切身利益的问题。

1. 教育

2007 年，全国财政用于教育支出五年累计 2.43 万亿元，比前五年增长1.26 倍。农村义务教育已全面纳入财政保障范围，对全国农村义务教育阶段学生全部免除学杂费，全部免费提供教科书，对家庭经济困难寄宿生提供生活补助，使 1.5 亿学生和 780 万名家庭经济困难寄宿生受益。西部地区基本普及九年义务教育、基本扫除青壮年文盲攻坚计划如期完成。国家安排专项资金支持 2.2 万多所农村中小学改造危房、建设 7000 多所寄宿制学校，远程教育已覆盖 36 万所农村中小学，更多农村学生享受到优质教育资源。2007 年

---

① 陈佳贵主编．《中国社会保障发展报告 No. 2》，北京社会科学文献出版社，2004.

中、高等职业教育在校生分别达到 2000 万人和 861 万人。普通高等教育本科生和研究生规模达到 1144 万人。高校重点学科建设继续加强。建立健全普通本科高校、高等和中等职业学校国家奖学金助学金制度，中央财政此项支出从 2006 年 20.5 亿元增加到 2007 年的 98 亿元，高校资助面超过 20%，中等职业学校资助面超过 90%，资助标准大幅度提高。2007 年开始在教育部直属师范大学实施师范生免费教育试点。中国在实现教育公平上迈出了重大步伐。国家继续深入实施人才强国战略，大力培养、积极引进和合理使用各类人才，高层次、高技能人才队伍不断壮大。

2. 卫生

2007 年，全国财政用于医疗卫生支出五年累计 6294 亿元，比前五年增长 1.27 倍。重点加强公共卫生、医疗服务和医疗保障体系建设，覆盖城乡、功能比较齐全的疾病预防控制和应急医疗救治体系基本建成。国家规划免疫预防的疾病由 7 种扩大到 15 种，对艾滋病、结核病、血吸虫病等重大传染病患者实施免费救治。国家安排资金改造和新建 1.88 万所乡镇卫生院、786 所县医院、285 所县中医院和 534 所县妇幼保健院，为 1.17 万个乡镇卫生院配备了医疗设备，农村医疗卫生条件明显改善。全国建立了 2.4 万多个社区卫生服务机构，进一步健全了新型城市医疗卫生服务体系。人口和计划生育事业取得新进展，继续保持低生育水平。人民健康水平不断提高，婴儿死亡率和孕产妇死亡率明显下降，2005 年人均期望寿命达到 73 岁。

3. 文化和体育

2007 年，全国财政用于文化体育事业支出五年累计 3104 亿元，比前五年增长 1.3 倍。县乡两级公共文化服务体系初步形成，基本实现了县县有图书馆、文化馆。全国文化信息资源共享工程、广播电视村村通工程等基层文化设施建设扎实推进。哲学社会科学和新闻出版、广播影视、文学艺术进一步繁荣。文物和非物质文化遗产保护得到加强。对外文化交流更加活跃。城乡公共体育设施建设加快，群众性体育蓬勃发展，体育健儿在国际大赛中取得优异成绩。[1]

---

① 温家宝. 政府工作报告，2008 年 3 月 5 日在第十一届全国人民代表大会第一次会议上.

6.2   陵县劳动就业

6.2.1   就业现状和问题

截至 2006 年，陵县全县总人口约为 57 万人，比上年增长 10.6‰，全县人口出生率 11.1‰，死亡率 5.3‰，人口自然增长率 5.92‰。劳动就业基本稳定，工资水平逐步提高。改革开放以来，陵县 GDP 保持了较高的增长率，由此带来就业率显著增长，就业总规模持续扩大。全县就业人数为 14.2 万人，在岗职工工资总额 30269 万元，职工平均工资 10385 元。城乡居民生活水平进一步提高，全县农民人均收入为 4243 元，比上年增长 12%。[①]

表 6—1   1978～2006 年陵县人口、就业与国内生产总值统计表

年份	GDP（亿元）	人均（元/人）	总人口（万人）	城镇就业人数（人）	农村就业人数（人）	总就业人数（人）	就业率
1978	1	226	44.44	11700	10000	21700	4.88%
1979	1.04	232	44.9	12417	11000	23417	5.22%
1980	1.41	310	45.35	13431	12000	25431	5.61%
1981	1.84	402	45.84	14920	12100	27020	5.89%
1982	2.55	554	46.1	15570	12700	28270	6.13%
1983	3.48	747	46.13	16481	13000	29481	6.39%
1984	3.83	817	46.96	16896	13600	30496	6.49%
1985	3.97	841	47.2	17216	14000	31216	6.61%
1986	4.35	917	47.41	17932	15000	32932	6.95%
1987	4.86	1016	47.82	18289	16000	34289	7.17%

① 陵县统计局. 关于 2006 年国民经济和社会发展的统计公报.

年份	GDP（亿元）	人均（元/人）	总人口（万人）	城镇就业人数（人）	农村就业人数（人）	总就业人数（人）	就业率
1988	6.24	1291	48.33	18720	17000	35720	7.39%
1989	6.76	1383	48.87	18937	17300	36237	7.41%
1990	6.92	1376	50.34	18980	18100	37080	7.37%
1991	7.33	1439	50.93	19040	18300	37340	7.33%
1992	7.01	1364	51.27	19217	19550	38767	7.56%
1993	11.83	2289	51.64	19217	21419	40636	7.87%
1994	13.85	2684	51.76	19416	23355	42771	8.26%
1995	16.22	3127	52.08	19811	25858	45669	8.77%
1996	18.68	3586	52.31	20444	28181	48625	9.30%
1997	20.52	3916	52.73	21078	30167	51245	9.72%
1998	23.89	4516	53.06	26711	32267	58978	11.12%
1999	24.04	4500	53.78	27432	34878	62310	11.59%
2000	29.16	5385	54.52	28677	37780	66457	12.19%
2001	33.71	6175	55.04	29119	40912	70031	12.72%
2002	38.2	6906	55.56	30420	44791	75211	13.54%
2003	48.34	8685	55.75	31934	60291	92225	16.54%
2004	59.71	10300	55.94	36334	73291	109625	19.60%
2005	76.98	13660	56.34	41491	87045	128536	22.81%
2006	83.76	14708	56.94	46994	95483	142477	25.02%

资料来源：根据陵县统计局数据及劳动和社会保障局《城乡就业与经济增长统计表》整理。

陵县发展面临人多地少的矛盾，随着经济的发展，耕地面积将继续呈持续减少的趋势，土地对农业劳动力的容纳能力将继续下降。

表6-2　陵县各乡镇人口、劳动力与耕地面积　　（年份：2006　单位：人、亩）

乡镇名称	乡村户数	乡村人口	乡村劳动力	耕地面积	农作物总播种面积	人均耕地面积
合　计	123006	457839	243910	937068	1792972	2.05
陵城镇	19645	73224	35850	134294	220000	1.83
郑寨	10350	38500	19130	88725	209342	2.30
糜镇	11986	45650	23450	83518	159479	1.83
宋家	8875	35920	18900	89424	187700	2.49
徽王	9450	36890	18705	80200	16700	2.17
神头	14010	54320	31960	103969	175200	1.91
滋镇	8850	33052	15970	62876	122946	1.90

续表

乡镇名称	乡村户数	乡村人口	乡村劳动力	耕地面积	农作物总播种面积	人均耕地面积
前孙	7420	28310	17650	68040	109000	2.40
边镇	7020	25083	10645	51038	108988	2.03
义渡	8270	32500	15590	57720	102500	1.78
丁庄	4730	9540	9540	29084	86000	3.05
于集	4970	18400	10730	39194	89204	2.13
开发区	7430	26450	15790	39300	69613	1.49
其他				5900	6000	

资料来源：陵县统计年鉴（2005～2006）。

随着国有企业改革的完成和农民进城步伐的加快，城市化率逐年提高，城镇劳动力就业形势更加严峻。

表6－3　1978～2006年陵县国内生产总值与人口统计表

年份	人均（元/人）	总人口（万人）	农业人口（万人）	非农人口（万人）	城市化率（%）
1978	226	44.44	42.54	1.90	4.3
1979	232	44.90	43.22	1.68	3.7
1980	310	45.35	43.75	1.60	3.5
1981	402	45.84	44.02	1.82	4.0
1982	554	46.10	44.38	1.72	3.7
1983	747	46.13	44.46	1.67	3.6
1984	817	46.96	44.65	2.31	4.9
1985	841	47.20	44.06	3.14	6.7
1986	917	47.41	44.29	3.12	6.6
1987	1016	47.82	44.39	3.43	7.2
1988	1291	48.33	44.37	3.96	8.2
1989	1383	48.87	44.81	4.06	8.3
1990	1376	50.34	46.01	4.33	8.6
1991	1439	50.93	46.44	4.49	8.8
1992	1364	51.27	46.60	4.67	9.1
1993	2289	51.64	46.82	4.82	9.3
1994	2684	51.76	46.80	4.96	9.6
1995	3127	52.08	46.85	5.23	10.0
1996	3586	52.31	46.84	5.47	10.5

年份	人均 （元/人）	总人口 （万人）	农业人口 （万人）	非农人口 （万人）	城市化率 （%）
1997	3916	52.73	46.24	6.49	12.3
1998	4516	53.06	47.00	6.06	11.4
1999	4500	53.78	47.49	6.29	11.7
2000	5385	54.52	47.49	7.03	12.9
2001	6175	55.04	46.89	8.15	14.8
2002	6906	55.56	47.33	8.23	14.8
2003	8685	55.75	46.15	9.60	17.2
2004	10300	55.94	46.24	9.70	17.3
2005	13660	56.34	—	—	
2006	14708	56.94	—	—	

注：从 2005 年起公安局户口不再分农业和非农业，统称居民户口。

陵县城乡之间的劳动力流动日益扩大，城市人力资源市场形成竞争局面。人力资源市场一体化的程度较低，城乡之间的劳动力流动仍然受到阻碍，城乡人力资源市场仍然呈现出分割的状态。

陵县人力资源整体素质不高，城乡差距过大，与城镇劳动力相比，农业劳动力素质较低。农村基础教育比较薄弱，职业技术教育和职业培训比例还很小。2004 年以来，陵县承担了农村劳动力转移培训阳光工程，2005 年由省级转为国家级"阳光工程"管理承担单位。

表 6—4　全县农村住户调查基本情况

指标名称	单位	2005 年	2006 年
一、调查户数	户	100	100
常住人口	人	351	352
（一）整半劳动力	人	280	282
（二）文盲半文盲人数	人	6	11
小学文化程度	人	59	56
初中文化程度	人	154	157
高中、中专文化程度	人	61	58
大专以上文化程度	人	0	0

资料来源：陵县统计年鉴（2005～2006 年）。

表 6—5　各类学校、教职员工、各类学校毕业生、招生和在校生情况（2006 年）

指标名称	学校（所）	教职员工（人）	其中：专职教师（人）	毕业生（人）	招生（人）	在校生（人）
中等师范学校	1					
职业中专	1	128	98	824	787	2881
普通中学	22		1561	8116	7039	23370
（1）普通高中	1		382	2090	2261	7560
（2）普通初中	21		1179	6026	4778	15810
普通小学	185		2465	8371	6242	31497

资料来源：陵县统计年鉴（2006 年）。

6.2.2　促进就业的措施

针对目前的就业形势，陵县采取了一系列政策措施来促进就业：发展农村经济、扶持民营企业和加速城市化，创造就业机会、扩大就业规模；实施积极的就业政策，完善就业机制、协调劳动关系，引导和调节人力资源的合理配置；加大人力资本投资，提高劳动力素质，促进农村富余劳动力转移，以适应劳动力需求状况。

1. 发展县域经济，扩大劳动就业

（1）发展农村经济。陵县人多地少的矛盾是发展的硬性约束条件，随着经济的发展，耕地面积将继续呈持续减少的趋势，土地对农业劳动力的容纳能力将继续下降。随着农业技术进步，农业机械化水平不断提高，在发达地区农业中已出现了用资本替代劳动力的倾向，这必将削弱农业部门继续有效地充当农业过剩劳动力"蓄水池"的作用。为此，县政府十分重视土地开发和耕地保护工作，通过调整农业布局增加农业内部就业容量，推进农业产业化吸纳农业剩余劳动力，农业始终是农村劳动力就业的基本领域。

一是重视土地开发和耕地保护。近几年，县政府十分重视土地开发和耕地保护工作，耕地保有量保持稳中有增，基本农田保护面积稳定，土地开发整理政策措施到位，开发力度不断加大。2000 年以来，陵县共争取国家、省土地开发整理项目 7 个，其中省补助项目 4 个，省示范项目 1 个，国家重点项目 2 个。省级项目已全部实施完成，总投资 757 万元，共增加耕地 420 公顷，产生了良好的社会效益、经济效益和生态效益。为加强耕地保护，陵县政府与各乡镇政府签订了土地管理目标责任书，将耕地保有量、基本农田保护面积、土地开发面积量化分解到各乡镇，同时严格控制建设占用耕地数量，乡镇长为第一责任人。[①]

二是加强农业内部开发，增加农业内部就业容量。首先，县政府大力稳定现有农作物播种面积，加强精耕细作，提高土地复种指数，并努力开垦宜农荒地、加强中低产田改造，从而消化更多农业劳动力。[②] 其次，县政府引导群众通过开发庭院经济，发展生态农业、立体农业、精细农业，如塑料大棚、工厂化种植和养殖、新型模式化栽培，使有限的土地可容纳更多的劳动力就业。[③]

表6-6 农业生产主要综合指标 (1)

项　目	单　位	2005 年	2006 年
果品产量	吨	63172	53088
蔬菜产量	吨	195948	234922
大牲畜存栏	万头	22.32	20.02
生猪存栏	万头	29.32	30.00
羊存栏	万只	37.72	23.60
家禽存栏	万只	285.01	372.00
出栏	万只	636.58	1052.98
禽蛋产量	吨	25802	24928
肉类产量	吨	71257	68174
年末耕地面积	公顷	62471	62471

资料来源：陵县统计年鉴（2005～2006 年）。

三是延长农业产业链，推进农业产业化。农业产业化是以市场为导向，以专业化分工为基础，以龙头企业为依托，以资本、技术为纽带，以提高经济效益为中心，将农业产业的产前、产中与产后诸环节通过一定的组织方式联结成一个完整的产业系统或产业链，实现种养加、产供销、贸工农一体化的经营过程。农业产业化延长了农业的产业链，对吸纳农业剩余劳动力有重

---

① 国土资源局. 陵县土地开发和耕地保护情况. 2007 年 10 月.

② 陵县统计年鉴（2006 年）.

③ 孔祥云. 探索具有中国特色的农业剩余劳动力转移之路. 清华大学学报：哲学社会科学版，2001. 1.

要作用。目前在陵县农业生产中，对产前和产中投入的人力、物力资本较多，但对产后的深加工和销售投入较少，使大多数农产品处于"粮食卖谷、油料卖籽、水果卖鲜、畜禽卖活、林业卖材"的初级产品阶段，在农业的产业化经营并促进农民就业方面都还有较大的发展空间。

表 6-7　农业生产主要综合指标（2）

项　目	单　位	2005 年	2006 年
农民人均纯收入	元	3805	4243
农林牧渔业产值（当年价）	万元	274414	296582
农业产值	万元	126632	152945
林业产值	万元	4537	5114
牧业产值	万元	83765	109224
渔业产值	万元	9329	7799
农业服务业产值	万元	50151	21500
农林牧渔业产值（1990 年价）	万元	129332	139780
粮食总产量	吨	589493	664667
棉花产量	吨	23323	19574

资料来源：陵县统计年鉴（2005～2006 年）。

（2）扶持民营企业。随着国有企业改革的完成和农民进城步伐的加快，城镇劳动力就业形势更加严峻，陵县政府致力于扶持发展民营企业，促使其保持较高的增长速度，扩大其对城乡剩余劳动力的吸纳能力。自 2003 年以来，民营经济有了突飞猛进的发展。

一是引导民营企业走劳动密集与技术密集相结合的路子。陵县政府从陵县城乡劳动力资源丰裕而资本不足这一情况出发，选择适宜的技术路线，形成合理的产品结构和行业结构；加快了产品上档次、质量上水平、企业上规模，加快技术更新步伐；鼓励劳动密集型产品向乡镇扩散，各乡镇将劳动密集型行业作为起步行业，注重发展农业副产品加工工业。

二是引导民营企业选择符合自身的技术标准。引导民营企业选择适应适度规模的、介于劳动密集型和资本密集型之间的中间技术，在短时间内建立更多的工作场所，提供更多的符合陵县现阶段劳动者劳动能力的工作岗位，来缓解城镇失业问题和农村剩余劳动力转移的问题。

三是加快现代企业制度建设，推动民营企业由粗放型向集约型转变。积极促使陵县国有企业和集体企业的改革向深层次推进，完善企业承包、租赁、兼并、拍卖、破产等制度，促进各种形式经济、技术的联合。积极探索各种有效的资产组织形式，以产权制度改革为中心推动企业改革向纵深发展，积极稳妥地推行股份制、股份合作制等现代企业制度，使企业产权明晰、权责明确，经济增长逐步完成从粗放到集约型的转变。

四是引导技术要求较高的民营企业向县城集聚，鼓励民营企业集中发展，建立工业小区。与乡镇相比，县城具有资本、技术、人才和区位等优势，陵县政府鼓励和引导技术要求较高的民营企业向县城集聚，走发展工贸小区的道路。

（3）加速城市化进程。在城市化和经济增长之间存在着很强的相关关系，经济增长会推动城市化。同时，城市化是一个经济结构变动的过程，在这个过程中，农村人口向城市转移，一方面刺激消费和投资需求，另一方面促进产业结构转变和升级，并形成集聚经济效益，促进经济增长。[①]

城市化对经济增长的贡献就可以用下面的图来表示。图中城市部门的劳动生产率（即边际产品价值）VMP_2 高于农村部门的劳动生产率 VMP_1，当一部分农村劳动力转移到城市部门以后，国民总产出增加，而且部门之间劳动生产率的差别会缩小，农村部门的劳动生产率提高到 E 点，城市部门的劳动生产率下降到 C 点。

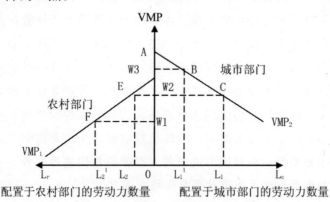

图 6-1　城市化对经济增长的贡献

加速城市化的进程是解决城镇和农村剩余劳动力的最终出路。目前，国家在城镇建设的政策导向上，已经把小城镇的发展摆在了重要战略地位。陵

① 金相郁.中国城市聚集经济的实证分析—以天津市为例.城市发展研究，2004.1.

县政府从本县城镇体系及其产业结构的特点出发，建立以中心城市为主导，中小城镇为补充的组群式城镇发展格局，促进城乡一体化发展。"十一五"期间，全县城镇按城市效能型、工业主导型、市场贸易型、旅游服务型等各种特色的城镇发展方向，围绕"据点带动，轴线辐射、网络发展"的城镇体系战略构想，加快推进城镇化进程。在全县形成以县城为中心，以中心镇为依托，以乡镇为纽带的城镇化体系，使其真正成为支撑经济发展的重要载体。

2. 完善市场就业机制

（1）实施积极的劳动力市场政策。目前，陵县城乡之间的劳动力流动日益扩大，城市人力资源市场也形成了竞争局面。面对严峻的就业形势，陵县政府积极探索有效的政策，加大对劳动力市场的投入力度，采取加快劳动力市场信息网络建设、公众就业服务和管理、劳动力市场培训、就业补助、失业保险以及针对年轻人和残疾人的政策等措施。政府通过实施积极的劳动力市场政策，完善面向所有困难群众的就业援助制度，及时帮助零就业家庭解决就业困难，包括向就业困难群众提供教育和培训，增强困难群众对劳动力市场的适应能力，或是通过向困难群众提供临时性的公共工程就业或者补助性就业，以及通过转移支付的方式来缓解这些人的生活困难。

（2）健全劳动力市场中介组织。在理论上，劳动力的供给和需求在劳动力市场上会自动形成均衡的工资率和均衡的就业量。但在现实中，由于劳动力市场价格信号的传递不是在瞬间就能够完成的，因此价格机制对于劳动力要素的配置往往并不十分灵敏。事实上，劳动力供求双方由于缺乏必要的信息，在劳动力市场上经常会出现这样的情况：一方面劳动者找不到工作，另一方面企业中适合劳动者的就业职位却出现空缺。这在客观上要求建立健全劳动力市场中介组织，为劳动力供求双方提供信息传递等服务。劳动力中介组织是建立就业服务体系和就业信息网络的重要载体。政府通过对中介组织的培育和管理，可以规范职业介绍和职业培训，规范劳动力市场秩序，保证市场机制充分发挥对劳动力资源的配置作用。陵县政府在对中介组织进行规范化管理的过程中，坚持市场化方向，抛除行政干预的思维定式，主要借助法律和经济手段来构造以市场机制为基础的就业服务机构和就业服务体系。为完善陵县劳动力市场中介服务体系，促进社会弱势群体就业，陵县政府加大了对公共职业介绍机构的投入，全力以赴做好劳动力供求信息的收集、分析、评估和发布工作，加快了劳动力市场信息网络化建设，并逐步提高职业介绍工作人员的素质。

专栏 6-1

陵县劳动就业服务网络建设

近两年来，陵县按照扩大就业容量，稳定就业局势的总体要求，努力将就业服务的触角向基层延伸，为广大求职者提供了越来越完善、规范的服务。

1. 大力发展民办科技。在城区内利用各种社会力量办学的基础，与办学者联合对原有民办技校进行了规范和整顿，继而广泛发动，大力宣传，在此基础上多方鼓励，成立了若干家民办技校，主体是电脑学校和氩弧焊学校。到目前，陵县各类民办技校已发展到 10 余所。

2. 积极建设劳动保障服务平台。2007 年以来，根据上级业务部门的安排和部署，积极抓了劳动保障平台建设工作，规范和完善了各乡镇原来建制的劳动保障服务中心。要求各乡镇都腾出不少于 40 平方米的沿街房屋作为办公地点，并进行了适当装修；由县劳动保障局会同县财政局一起，为各乡镇中心配备了办公设备，包括微机（安装使用基层平台就业服务软件）、打印机、传真机、电话各一部，桌、椅、文件橱若干件，统一制作了牌匾。由县编制委员会专门下文规定了乡镇劳动保障服务中心人员配置情况，各乡镇均不少于 3 人。人员工资及工作经费由县财政列入预算。由县劳动保障部门统一规定了机构及人员工作职责，明确工作、服务内容，建立工作制度和工作程序，并悬挂上墙。实现了工作机构、人员编制、人员配置、办公场所、工资经费和工作制度"六到位"。

（3）完善社会保障制度。社会保障制度作为就业体制的重要制度支持，在很大程度上影响和制约着劳动力市场机制的运行效率，是形成劳动力市场秩序的重要制度安排。为了促进劳动力自由流动，陵县政府从培育劳动力市场秩序出发，积极推动社会保障制度改革，促进劳动力自由流动：一是努力扩大社会保障覆盖面，特别加强对个体私营企业和农村流动人口的社会保障制度；二是探索建立城乡统一的社会保障制度，促进劳动力在地区之间和城乡之间自由流动；三是健全社会保障体系，加快医疗保险等相对滞后险种的

改革进程；四是加强社会保障基金的管理和监督，制定合理的社会保障基金投资战略。

（4）规范和协调劳动关系。稳定和谐的劳动关系是市场秩序最重要的内容之一。在市场经济条件下，建立政府、雇主和雇员三方协调机制是协调劳动关系的有效制度安排，也是适应市场经济要求的利益协调机制。陵县劳动和社会保障部门严格贯彻执行《劳动法》、《劳动合同法》和国家有关规定，推动各类企业同劳动者按照平等自愿、协商一致、依法订立的原则签订劳动合同，把劳动合同签订情况专项监察经常化，及时纠正劳动合同管理中存在的问题。开发区从本地区实际出发，成立了法律政策研究、劳动法律监督、工资协商指导、劳资纠纷预警处理等综合机构，抓住重点难点问题开展经常性的工作。同时，全面推行劳动合同制度，切实加强劳动用工管理。陵县建立的由政府、工会和企业代表组成的劳动关系三方协调机制，在陵县经济开发区开展的创建和谐劳动关系工业园区活动中取得成效。

3. 加强人力资本投资

（1）加大教育投入。经济增长在创造就业岗位的同时，也加剧了工作频繁更换和无技术人员失业并受到就业排斥的危险，产业结构和城乡结构的调整和升级对劳动力的素质提出了更高的要求。劳动力素质包含许多内容，仅就劳动力的文化素质而言，包括劳动力的文化教育程度和技术熟练程度两个方面，这两方面水平的提高直接影响到劳动生产率的提高。为此，陵县政府在发展基础教育事业的同时，注重大力发展各种类型的职业教育和成人教育，开展各种形式的培训工作，提高陵县劳动力的文化教育程度和技术熟练程度，消除人力资源合理配置的素质障碍。基础教育投资的效果要在较长时期以后才能表现出来，必须加强先期投入，不能急功近利。陵县是一个农业大县，2007 年，陵县人口已经超过 57 万，其中农业人口约 47 万，农村基础教育是当前陵县教育领域最为薄弱的环节，无论从现实情况看，还是从未来现代化发展战略和科教兴国战略的宏观大局考虑，都要采取有效措施，切实保证农村基础教育的发展。陵县教育结构中职业技术教育和职业培训比例很小，需要调整教育结构，加大职业教育和职业培训力度，通过举办职业培训、社区教育和网络教育等的方法，及时提高工人的知识水平和工作技能，以扩大工人的就业机会，提高就业水平。

（2）促进农村富余劳动力转移。工业化的过程必然伴随着农村劳动力的流动。农业资源特别是土地资源有限，农村人口过多，人口增长速度快，是农业富余劳动力产生的主要原因。农村富余劳动力构成了农村非农人口的主体，主要包括从事非农产业自我雇佣的农村户籍人员、失地农民、各类企事业单位雇用的进城就业的农村户籍雇员等。对如何促进农村非农人口就业，实现农民就业的外部转移，陵县政府根据本县实际状况形成了一套策略体系。一方面通过深化城镇就业制度改革，实行城乡统筹的就业制度和公平合理的就业竞争机制，逐步形成完备的劳动力市场体系；加紧完善和落实进城就业农民参加社会保险的相关政策，解除或减少农民工后顾之忧；积极探索实行弹性化户籍管理制度，认真贯彻实施《农村土地承包法》。另一方面，实施农村劳动力转移培训阳光工程。陵县实施"阳光工程"两年以来总结的主要经验是"强化领导，搞好舆论宣传，健全各项制度，狠抓组织管理"。"阳光工程"的实施显示出了它带动农村劳动力向非农产业转移的巨大威力，由于"阳光工程"是政府行为，信誉高，吸引了更多劳务公司的积极参与，对农村劳动力转移起到了很大的促进作用。

6.3 陵县社会保障

6.3.1 社会保障现状和问题

随着经济的发展和社会保障制度改革的不断深入，陵县的社会保障事业不断发展。2007 年底，全县企业离退休人员已达 3760 人，参保人数 16799人；全县机关事业单位离退休人员已达 3032 人，2007 年底参保 10558 人；全县农村养老保险参保者 65445 人，涉及全县 989 个村庄，2007 年发放养老金19 万元，年底享受待遇者 757 人；全县医疗保险参保人数达到 9000 人，征缴生育保险费 7 万元，支付保险基金 0.4 万元。

陵县社会保障事业面临的问题主要体现在以下五个方面：一是民营企业养老保险的扩面难度大；二是农村养老保险现行政策没有吸引力、感召力，工作开展有难度；三是医疗保险受到新型农村合作医疗业务的冲击和影响；四是由于失业保险与参保者的现实利益距离较远，征缴保险费难，工作不好开展；五是由于工伤保险缴费费率较低，而赔付数额较大，收不抵支的局面难以扭转。

表 6－8　陵县养老保险发展情况统计表（截至 2007 年底）

	参保人数	离退休人数
企业养老保险	16799	3670
机关事业单位养老保险	10558	3032
农村养老保险	65445	757

资料来源：陵县劳动和社会保障局。

6.3.2　发展社会保障的措施

十七大报告提出，"要以社会保险、社会救助、社会福利为基础，以基本养老、基本医疗、最低生活保障制度为重点，以慈善事业、商业保险为补充，加快完善社会保障体系"。陵县积极推进各项工作的制度化、法制化和规范化，扎实推进社会保障制度体系建设工作。

1. 完善社会保障制度体系

（1）逐步完善养老保险制度

第一，促进企业、机关、事业单位基本养老保险制度改革。在企业基本养老保险制度改革方面，陵县于 1986 年组建了企业养老保险处，建立了现收现付的社会统筹与个人账户积累相结合的养老保险体系的基本框架，社会保障筹资渠道不断拓宽，全县养老保险参保人数和征缴额大幅增加，初步形成各级财政拨款、企业与个人共同缴费的多渠道筹资机制。在机关、事业单位基本养老保险改革方面，陵县主要形成了如下思路：一是养老保险费用由国家、单位和个人共同负担，逐步实行个人缴纳养老保险费；二是基金筹集以支定收，略有结余，逐步积累；三是为职工建立养老保险个人账户或手册，探索基本养老保险实行社会统筹与个人账户相结合的办法；四是养老金由离退休人员所在单位支付逐步改为由机关、事业单位社会保险经办机构直接发放或委托银行代为发放。对于政府机构和事业单位中的工人，随同"机关干部"一起按照原离退休制度领取养老金。即退休技术工人，根据工作年限，按本人原岗位工资、技术等级（职务）工资、奖金三项之和的一定折扣比例计发；退休普通工人，根据工作年限，按本人岗位工资和奖金两项之和的一定折扣比例计发。而建国前参加工作并符合原劳动人事部《关于建国前参加工作的老工人退休待遇的通知》规定的退休工人，退休费按本人原基本工资全额计发。

第二，探索建立农村养老保险制度。根据 1992 年民政部制定并发布的《县级农村社会养老保险基本方案（试行）》，陵县 1993 年开始建立县级农村养老保险制度。1994 年前后，民政部成立农村社会保险司和全国农保管理中心，专责农村社会养老保险，陵县相应的农保管理机构也逐渐健全，1999 年农村养老保险业务由县民政部门成建制划转至县劳动保障部门。根据民政部制定的农村养老保险基本方案，农村养老保险由政府主导，以县级为单位实施，农民个人缴费为主，集体给予补助，个人和集体的缴费全部进入个人养老基金账户。凡是 20 岁至 60 岁的农民都可以参保；农民的缴费分十个档次，月缴费最低 2 元，最高 20 元，也可以一次性交费；领取养老金从 60 周岁以后开始，根据交费的标准、年限，确定支付标准；投保人领取养老金，保证期为 10 年。领取养老金超过 10 年的长寿者，支付养老金直至身亡为止。

此外，为了解决好失地农民的问题，陵县在实践中积极探索征地补偿新机制，切实维护农民利益，中心工作是如何变"一次性补偿"为"终身保障"。总结起来，陵县的探索可以归纳为三个主要的方面：一是"以土地换社保"；二是为农民提供培训，"以土地换就业"；三是以土地入股，或者是出租土地，"以土地换长期收入"。

（2）全面推进医疗保险制度建设

陵县从中国经济结构和社会结构的现实国情出发，结合本地经济和社会发展的水平，充分利用现有的资源，逐步建立起针对不同人群的医疗保险制度，实施多层次的、多元化的全民医疗保险制度，即：针对城镇居民的城镇职工基本医疗保险和城镇居民基本医疗保险制度，针对农村居民的新型农村合作医疗制度。

第一，推进城镇职工基本医疗保险制度建设。1998 年 12 月 14 日国务院颁布《国务院关于建立城镇职工基本医疗保险制度的决定》，提出了在全国范围内进行城镇职工医疗保险制度改革，明确了城镇职工医疗保险制度改革的任务是建立适应中国社会主义市场经济需要的，与中国的财政、企业和个人的承担能力相匹配的，保障职工基本医疗需求的社会医疗保险制度；提出的原则是"基本医疗保险的水平要与社会主义初级阶段生产力发展水平相适应"；城镇所有用人单位及其职工都要参加基本医疗保险，实行属地管理；基本医疗保险费由用人单位和职工双方共同负担；基本医疗保险基金实行社会统筹和个人账户相结合。陵县积极推进城镇职工基本医疗保险制度建设，于2002年启动医疗保险新业务，采取由参保单位和投保者个人共同承担的筹资模式，其中单位承担6％，个人承担2％，基金收支采取"以支定收，收支平衡，略有节余"的原则，取得了较好的效果。至2007年底有参保人员25858人，征缴医疗保险费1425万元，支付医保基金1212万元。

第二，推进城镇居民基本医疗保险制度建设。根据《国务院关于开展城镇居民基本医疗保险试点的指导意见》（国发［2007］20号）的精神，全国将于2010年全面推开城镇居民基本医疗保险试点，参保范围包括不属于城镇职工基本医疗保险制度覆盖范围的中小学阶段的学生（包括职业高中、中专、技校学生）、少年儿童和其他非从业城镇居民，都可自愿参加城镇居民基本医疗保险。陵县积极贯彻国务院的精神，探索研究基本医疗保险覆盖范围以外的城镇居民的参保政策，通过多种形式解决城镇破产、关闭和困难企业职工、失业人员、未成年人和部分大中专学生等的医疗保障问题。建立广覆盖的基本医疗保障制度，积极发展商业医疗（大病）保险，满足多层次社会需要。打破所有制界限，建立覆盖全体城镇居民的一体化的医疗保障制度：政府免费提供公共品，如预防保健、免疫、妇幼保健、各种传染病、地方病的控制预防等；政府通过财政支出提供基本医疗保障，个人承担少量费用；鼓励商业（大病）医疗保险，推进社会成员"互保"。同时，探索改革医疗服务机构体制和医药体制，解决卫生资源的筹资和分配问题，有效控制资源浪费和侵蚀现象。

第三，推进新型农村合作医疗制度建设。2002年10月，中共中央、国务院做出《关于进一步加强农村卫生工作的决定》，提出到2010年在全国农村基本建立起适应社会主义市场经济体制要求和农村经济社会发展水平的农村卫生服务体系和农村合作医疗制度。2003年1月23日，国务院办公厅转发了卫生部、财政部和农业部所发的《关于建立新型农村合作医疗的制度的意见》，明确指出，新型合作医疗制度是由政府组织、引导、支持，农民自愿参加，个人、集体和政府多方筹资，以大病统筹为主的农民医疗互助共济制度。2006 年底，陵县被山东省政府确定为新型农村合作医疗试点县，在县委、县政府的正确领导下，通过精心组织、规范运作、强化保障，在全县已初步建立起了"政府主导、群众参与、多方筹资、运转高效"的新型农村医疗保障体系。目前，全县共有 44 万农民参加了合作医疗，参合率达到 95%[①]。从总体上看，陵县农村合作医疗试点工作进展顺利，运行平稳，试点地区农民开始受益，医疗费用负担有所减轻，在一定程度上缓解了农民"因病致贫、因病返贫"问题。

（3）完善城乡居民最低生活保障制度

第一，确保城镇居民最低生活保障的实施。近年来，陵县加强了城镇居民最低生活保障工作，通过加大资金投入，扩大低保覆盖面，严格管理，认真做好低保金社会化发放工作，确保城镇居民最低生活保障的实施。一是颁布了《陵县城市居民最低生活保障工作细则》并组织实施，使全县城市低保工作步入规范化、制度化管理的轨道；二是强化城市低保资金的管理，积极与财政、银行等单位协调，实行社会化发放，保证低保对象按时足额领取保障金；三是加强低保管理的信息化建设，实现了低保对象全部录入微机管理；四是依据城市低保对象的家庭收入变化情况，实行分类管理，及时调整其保障待遇，确保做到应保尽保，应退尽退，不漏不错。2007 年，城市低保标准提高到 150 元/月人，低保对象由最初以下岗工人为主扩展到重病重残人员、国有企业困难职工，实现了动态管理下的应保尽保。2007 年，全县共有城镇低保对象 947 户，共 2835 人，有力地保障了低保对象的基本生活，同时对涉军人员生活困难的 158 人实行了全方位低保救助。由于种种原因，涉军人员多次上访，反映家庭生活困难，陵县劳动保障部门根据县委、县政府要求，将其纳入低保救助，从而化解思想矛盾，促进了社会的稳定。陵县社会保障经费支出情况（见表 6－9）。

---

① 陵县卫生局. 陵县新型农村合作医疗工作情况的汇报，2007.

表 6—9　2000～2006 年陵县社会保障支出情况　　　单位：万元

年度	社会保障分项支出				社保总支出金额	人均社会保障支出金额（元/年）	社保支出中的财政支出额
	离退休职工	在职职工	救济、抚恤和福利	其他			
2000	1141	1226	655	2313	5335	100	2901
2001	1914	1272	760	2783	6729	111	4047
2002	2219	1331	920	4052	8522	155	5582
2003	2312	1128	1119	4272	8831	153	5706
2004	2955	1484	1117	3803	9359	167	6159
2005	3431	1574	1310	4518	10833	183	7509
2006	3697	1827	1574	5982	13080	229	9543

资料来源：陵县劳动局，社会保障经费来源与支出。

第二，落实农村居民最低生活保障制度。陵县根据本县经济和社会发展的实际情况，始终把构建覆盖城乡的低保救助体系作为和谐社会的民生保障工程来抓。建立和实施农村最低生活保障制度，是从根本上解决农村贫困人口温饱问题的有效措施。为全面掌握陵县农村低收入居民家庭的底数，进一步促进农村居民最低生活保障制度的全面落实，陵县按照市局统一部署，从2007 年 3 月中旬开始，利用一个月的时间，对年收入低于上级规定标准的全县贫困居民家庭情况进行了一次全面普查。在"公开、公平、公正"的原则下，经过申请、调查、审核、公示等程序，共统计有低收入家庭 9125 户，14851 人，为促进农村居民最低生活保障制度的全面落实和完善农村救助制度提供了科学、真实、客观的依据①。

（4）完善失业、工伤、生育保险制度

随着陵县近几年经济的快速发展和市场经济体制改革的深入，陵县第二、三产业迅速成长，原主要分布于国有企业和国家机关、事业单位的失业保险、工伤保险和生育保险逐渐提上日程。陵县工伤保险业务起步于 1996 年，至2007 年底，全县参保人数达到 10040 人，征缴工伤保险费 26 万元，支付保险基金 17 万元。生育保险工作于 1996 年启动，至 2007 年底，全县参保人数达到 9000 人，征缴生育保险费 7 万元，支付保险基金 0.4 万元。

---

① 陵县民政局材料．

2. 加强社会保障管理

(1) 扩大社会保险覆盖面

近几年来，陵县根据社会保障事业发展的实际需要，始终将扩大社会保障覆盖面作为工作重点，高度重视、精心实施、加强领导、狠抓落实，取得了显著效果。尤其是2007年以来，根据党和国家坚持以人为本、构建和谐社会的战略思想，强力推进社会保障扩面工作，先后制定了《陵县农民工参加医疗保险办法（试行）》、《陵县农民工参加工伤保险办法（试行）》和《陵县城镇个体工商户和灵活就业人员参加企业基本养老保险办法（试行）》、《陵县城镇个体工商户和自由职业者参加基本医疗保险办法（试行）》，并已开始实施。同时，召开了大型专题会议，印发宣传材料万余份，建立了县政府定期调度、通报和电视台曝光制度，县政府分管劳动保障的同志发表了电视讲话，出台了关于扩大社会保险覆盖面的决定，成立了"陵县人民政府扩大社会保险覆盖面工作领导小组"，设立了社会保险费"一票征缴"工作程序。在职能部门内部加强了队伍建设，强化了人力、物力和财力投入。

由于措施到位，宣传有力，陵县社会保障扩面工作有了实质性进展。截至2007年9月底，企业养老保险新增参保单位10余家，参保人员2000名。通过扩面宣传发动，各项社会保险均已加入，较好地调动了职工工作积极性，企业呈现出蓬勃发展的良好态势。机关事业养老保险新参保人员近500名，医疗保险新增参保单位11个，参保人员1840名[1]。

(2) 探索社会保险关系转续管理

随着陵县经济发展，农村富余劳动力逐步增加，劳动力流动更加频繁，但由于目前社会保障统筹层次限定于省级，陵县也面临着社会保险关系转续问题。为此，陵县开始探索社会保险关系转续问题的原因及其影响，探索对增加社会保险关系便携性的管理。

依据《国务院关于完善企业职工基本养老保险制度的决定》规定，劳动者享受养老保险给付通常所需要达到的条件是"缴费年限累计满15年"，但在实际执行之中，缴费年限仅指在本统筹区域内缴满的15年，当劳动者在进行跨统筹区域的流动时，如果在当地的缴费期限少于15年，即使是经劳动保

---

[1] 陵县劳动和社会保障局材料.

障部门和人事部门认可的调入，之前在其他统筹区域内的个人缴费年限均不予认可，养老保险关系不能够接续，亦即退休后无法在该地区享受基本养老金。这种制度规定意味着劳动力退休后收入的大幅度缩水以及终身收入的大幅度减少，对于曾经在某地长时期工作缴费的劳动力而言，在决定是否流动迁移时养老金权益的损失是一个非常大的影响因素。

出现这样局面的原因是，由于统账结合的养老保险模式规定当个人在进行跨统筹区域的养老关系转移时，只能够携带走个人账户资金，而对于进入统筹账户中的资金则无法转移。在当前的省级统筹模式之下，如果来自于其他统筹区域的劳动力剩余工作年限不足 15 年的情况下想进入某地区，则该地区会认为此劳动者并没有为该地区统筹基金缴纳足够的养老金，还需要为其退休时的基本养老金垫付一笔不斐的资金，所以拒绝接受其个人账户，不承认以往的缴费年限便成为一种自然的选择。

与养老保险关系转接举步维艰的现状相对的另外一个背景是劳动力跨地区流动率的逐步升高，依据 2000 年第五次全国人口普查资料显示，中国有迁移人口 14439 万人，占全国总人口的 11.16％。如此庞大的劳动力流动，使得养老保险的跨地区转移问题与劳动力流动之间的关系不仅仅是单向影响那么简单，劳动力在不同统筹区域之间的流动以及养老保险关系的不能顺利转移支付也为不同统筹区域的养老金基金收支带来了不同的影响。

在当前的养老保险体系下，养老保险关系跨统筹区域转移面临着诸多的困境，其根本原因在于当前体制没有解决在劳动力流动情况下不同地区养老保险统筹基金的利益平衡问题，这种困境使得劳动者缴纳的养老保险缺乏便携性，阻碍了个人的流动意愿，降低了劳动力市场的运行效率，同时也扩大了地区之间的差距。建立责权统一的给付体制，可以将不同地区政府的责任与其收入权益有效地结合起来，平衡不同统筹区域的利益关系，同时，由于劳动力流动并不涉及基金的转移，可以避免程序的繁杂以及地区间利益的纠葛，从而最终有效地解决此类问题。

（3）加强社会保障业务管理

面临逐年增多的参保人数、离退休人数，以及日趋庞大的社保基金（见表 6－11），社会保障的业务管理工作日益繁重。陵县采取一系列措施，不断强化业务管理，提高了社会保障工作的综合管理服务水平。

第一，大力推进社会保险费征缴工作。一是加强宣传，营造良好的征缴环境。加强对用人单位的负责人、劳资和财务人员、广大职工和城镇个体劳动者的宣传，使大家充分了解社会保险的政策规定以及参保企业、参保人员的权利与义务，提高自觉、主动、依法参保和缴费意识，努力营造良好的社会保险费征缴的社会环境。二是加强配合，积极实施。社会保险费征缴涉及面广，各级政府必须做好领导、协调和征收工作。地税部门是社会保险费的征收主体，各级地税部门要切实履行职责，劳动保障、财政、审计等部门对征缴工作要加强指导和监督，充分调动广大企业、职工和城镇个体劳动者及社会各方面的积极性，保证社会保险费的及时足额征缴。三是加强执法，提高征管和服务水平。坚持依法行政，认真做好缴费登记、申报、征收、欠费追缴、监督检查等工作，进一步强化服务意识，不断提高服务水平和质量。

第二，加强社保基金监管。认真研究养老保险基金的保值增值问题，积极探索基金运行的有效方式，确保基金的安全性、流动性，提高基金的收益率。对医疗保险基金的运行进行监管，并加强对参保人员、医疗机构的监管，加大查处力度，阻塞漏洞，确保基金安全。

第三，加强社会保险基础管理和服务工作。离退休人员的养老待遇均实行了社会化发放，参加医保住院病人的医疗费可在出院时直接在定点医疗机构报销，定点零售药店遍布城区，较好地方便了参保者日常购药。设立社会保险征缴服务大厅，社保数据实行微机管理，办公环境大大改善，办公效率显著提高。简化办事程序，实现了"一个窗口"对外和"一站式"、"一条龙"服务的工作目标，进一步方便了广大参保单位和人员前来办理业务。

表 6—10　2000～2006 陵县社会保障经费来源　　　单位：万元

年度	财政	单位	合计
2000	2901	2434	5335
2001	4047	2682	6729
2002	5582	2940	8522
2003	5706	3125	8831
2004	6159	3200	9359
2005	7509	3324	10833
2006	9543	3537	13080

资料来源：陵县劳动和社会保障局，社会保障经费来源与支出。

3. 健全社会救助体系

近年来，民政局紧紧围绕县委、县政府的中心工作，坚持以民为本、为民解困的理念，充分发挥民政部门维护社会稳定减压器的作用，扎实做好社会救助、优抚安置等项重点工作，取得了显著成效，有力地维护了社会稳定，促进了经济发展。

（1）推进社会救助体系建设

第一，全面推进社会救助体系建设工作①。一是坚持"政府主导、民政主管、部门联动、社会参与"原则。"政府主导"强调政府要在社会救助工作中发挥组织领导和综合协调的作用，出台相关的方针政策和措施办法；"民政主管"是指民政部门作为社会救助工作的主管部门，要发挥其归口管理作用，具体组织、协调社会救助工作的开展与落实；"部门联动"指各政府部门要履行好自身职责，根据救助工作的总体部署和统一要求，在本部门的职责范围内开展相应的救助工作；"社会参与"指各群众团体和个人要发挥中华民族扶危济困、守望相助的优良传统和道德，为困难群体救助献上自己的一份爱心。二是将救助工作的重心下移，以乡镇和街道为主体，使之成为救助方与救助对象之间的中介、救助供给与需求之间的媒体，构建起"一个口子上下"的运行机制。三是在整体推进农村社会救助体系建设过程中，坚持与城市救助体系建设接轨原则、社会性原则和因地制宜原则。全面推进社会救助体系建设工作使城市中的"阳光"、"慈善"与"爱心"播洒到广大农村困难居民中，调动了政府、群团组织和个人的共同参与的积极性。

第二，进一步加强五保供养工作和敬老院建设力度。农村税费体制改革全面推开后，五保工作面临着新的挑战，陵县致力于做好以下四项工作：一是加大工作力度，确实做到应保尽保；二是提高供养标准；三是切实解决五保供养资金问题；四是健全、完善和落实集中供养和分散供养有关政策。陵县在摸清五保对象底子的基础上，将符合集中供养的五保对象全部纳入实名制供养范围，按集中供养每人每年 2000 元、分散供养每人每年 1200 元的标准，县、乡两级政府按 5∶5 的比例分别列入县、乡两级财政预算，确保了五

---

① 陈成文、许一波. 从构建和谐社会看建立新型农村社会救助体系. 湖南师范大学社会科学学报，2006.1.

保对象经费所需。近年来，陵县加大了对农村乡镇敬老院建设的投入，农村乡镇敬老院的院容院貌得到了很大改观。陵县有乡镇敬老院 13 处，五保老人 1368 人（集中供养 685 人，分散供养 683 人）。由于大多数敬老院建于上世纪 80 年代，房屋老化，部分房屋损坏，室内配套设施简陋。陵县根据省市敬老院建设意见要求，结合实际情况，于 2005 年制定了敬老院建设三年整体规划，并与各乡镇签订目标责任书。经县乡政府的共同努力，敬老院建设取得了显著成效。全县 13 处敬老院完成了 7 处改造，现有院民房间数 542 间，其中新建 166 间，能容纳院民 1084 人。同时，对敬老院内的设施也进行了配置，全县敬老院大部分实现了多功能、高品位、花园式的建院目标，成为五保老人颐养天年的温馨乐园。①

第三，稳步推进城乡特困户生活救助和救灾救济工作。特困户生活救助是社会救助的基础和主体，主要包括三种形式，即定期定量救济、农村最低生活保障和临时生活救助。近年来，陵县积极开展慈心救助活动，共救助因灾因病困难群众 25 人，发放救助金 26800 元；救助全国小学生、初中生、高中生、大中专学生 82 人，发放救助金 208000 元，有力地维护了社会稳定。在 2007 年春节前夕，民政局根据各乡镇上报的困难户救助名单制定了救助方案，全县共发放救灾资金 118.6 万元，面粉 15520 袋，食用油 4795 桶，折合资金 208.5 万元，保证了受灾群众春节期间的基本生活。

第四，开展农村医疗救助。农村医疗救助是一项新型的救助工作，陵县针对新型农村合作医疗制度在实施过程中出现的问题，譬如由于报销的起付点太高，一部分真正贫困的农村居民得不到实惠，农村困难居民参与合作医疗的积极性不高，探索规范农村医疗救助的起付标准、救助程序和救助基金管理，确保这部分贫困的农村居民得到医疗救助。

（2）积极开展优抚安置工作

优抚工作是"双拥"工作的重要内容，做好优抚工作是县政府义不容辞的责任。今年以来，陵县不折不扣地认真落实优抚安置政策，最大限度地使优抚对象得到党和国家的关怀。

第一，积极开展优抚工作，认真落实优抚政策。一是认真抓好优抚政策的落实工作。全县抚恤定补金在实现社会化发放的基础上，重点做好优抚对

---

① 陵县民政局 2007 年材料.

象抚恤定补金增资提标工作，积极争取县领导支持，协调财政部门，落实配套资金。一季度为优抚对象补发了 831230 元，正常发放了 415808 元，为 8023 部队评残人员发放抚恤 119750 元。二是积极争取县领导支持，落实 1～6 级残疾军人医疗待遇，将 138 名残疾军人纳入医保范围，协调有关部门认真落实医保费用 100419.84 元。三是协调有关部门，积极将在乡"三属"、老复员军人、7～10 级残疾军人加入新型农村合作医疗。四是在建军 80 周年之际，邀请省荣军医院来陵县为优抚对象开展诊疗查体送药下乡活动，共为全县 1130 名老复员军人及 7～10 级残疾军人进行了查体，并赠送 19.6 万元药品。这些措施缓解了老复员军人治病难矛盾，让广大优抚对象感受到党和政府的关怀。

第二，认真贯彻落实复员退伍军人有关政策。根据上级文件精神，对全县伤残、复员退伍军人、"三属"人员提高抚恤补助金，做好增资预算和发放到位。按照省、市部署，陵县对参战、病退、参核人员认真做好调查摸底工作，召开了乡镇和部门负责人参加的会议，成立了调查工作领导小组，各乡镇和县直部门也成立了相应的组织，并明确目标任务，落实责任。自 2007 年 8 月 1 日开始，对三类人员信息情况进行了统计汇总，并按照民发〔2007〕99 号文件精神，安排资金贯彻落实。根据国发〔2005〕23 文件精神，加强领导、注重落实，认真做好城镇退役士兵安置工作，做到对退役士兵依法安置。根据劳社部发〔2007〕28 号，建住房〔2007〕172 号文件精神，按照县政府的部署，由县民政局负责提供部队退役人员名单，配合相关部门落实。①

表 6—11   2000～2006 年陵县抚恤情况统计表   单位：人，元

	烈 属		伤 残		合 计	
	人数	金额	人数	金额	人数	金额
2000 年	847	1314420	736	766272	1583	2080692
2001 年	847	1314420	712	833040	1559	2147460
2002 年	820	1476000	691	1485650	1511	2961650
2003 年	798	1675800	653	1403950	1451	3079750
2004 年	785	1931100	610	2562000	1395	4493100
2005 年	780	2152800	564	2368800	1344	4521600
2006 年	765	2478600	523	2855580	1288	5334180
合计	5642	12343140	4489	12275292	1288	24618432

资料来源：陵县民政局 2007 年 9 月。

---

① 陵县民政局. 关于维护社会稳定工作的汇报，2007 年.

6.4　陵县其他社会事业

陵县在加快经济发展的同时，统筹经济与社会发展，通过支持义务教育、发展农村文化事业、改善农村医疗卫生设施、普及农村新型合作医疗制度、建立和完善农民养老保险体系等全力发展社会事业，确保经济和社会的和谐发展。几年来，陵县教育事业稳步发展，卫生医疗条件进一步改善，城乡文化建设扎实推进，社会事业全面进步，社会稳定，政通人和。

6.4.1　教育事业

教育是现代文明的基石，也是县域发展的重要基石。近年来，教育工作在县委、县政府的正确领导和大力支持下，按照"教育兴县"的指导思想和"优先发展教育事业，建设人力资源强县"工作要求，在前几年工作的基础上，本着巩固、完善、提高的原则，一手抓提高教学质量，一手抓改善办学条件，全面实施"学校管理、教师提高、教科研带动"三项重点工程。同时，重视教育公平，促进义务教育均衡发展，发展职业教育，构建终身教育体系和学习型社会，全县教育教学工作呈现出健康发展的良好局面。

1."教育兴县"战略

2007 年 7 月全县教育工作会议将教育工作列入全县中心工作，2007 年 10 月党的十七大提出了"优先发展教育，建设人力资源强国"的奋斗目标，全县教育系统上下群情振奋，备受鼓舞，决心以更高的热情、更足的干劲投入到"顽强拚搏，扎实苦干，争取三年教育质量进入全市前三位"工作目标中去，推动全县教育教学工作的健康、顺利、科学、有序发展。

（1）提高教育教学水平

陵县大力实施学校管理、教师提高、教科研带动三大工程，以系列达标课和中小学学习方略研究为重点，推动了全县教育教学上档次、上水平。

学校管理更加规范。以《陵县学校常规管理工作暂行标准》促使学校工作细化、量化和规范化，并有重点地引导一批学校争创县、市级规范化学校。加强了中小学学籍管理，与各乡镇区教管会每年签订《控辍责任书》，严格控制辍学。成立了安全、财务等专项检查组，对学校安全、规范学校建设、文化管理、财务管理、绿化美化等工作进行督促检查。

科研兴教扎实推进。着重开展了系列达标课、中小学教育教学视导、教科研研究、信息化建设和远程教育工作。近年投资600余万元，完成了信息中心和各初级中学微机室、多媒体教室及功能室建设，全县教科研基础设备条件不断改善，有力地推动了教科研工作的深入开展。2007年，用于全县远程教育工程建设的219余万元也已到位。

队伍素质稳步提升。2002年和2005年先后推行了全县教育人事制度改革，实施了竞争上岗、末位训诫和绩效工资制，激发了内部活力。组织了以师德和业务培训为主要内容的"两训"活动，调动了教师的工作积极和主动性。2006年县教委出台了"关于加强教育干部和教师队伍管理的有关规定"、"关于进一步加强教职工政治、业务学习有关问题的通知"等文件，组成专门班子，下大气力切实抓好各项考核工作，做到了人人有压力、事事有动力，充分调动各方面的工作积极性、主动性和创造性，推动了"教育兴县"工程的顺利实施。还成功举办了中小学教师系列达标课成果展示和全县中小学校长培训班，取得良好的效果。对中小学校长普遍进行了岗位培训，对部分校长进行了提高培训，全部达到了持证上岗。同时，积极提高教师待遇，先后三次调高教师工资，增幅列全市首位，并按政策办理了养老保险和医疗保险，解除了广大教师的后顾之忧，进一步调动了教师的工作积极性。近几年全县共涌现出省级特级教师3人、省优秀教师3人、市级优秀教师34人、市级优秀教育工作者8人、市级教学能手15人、县首届十佳校长10人，两届名教师100人，县级优秀教师和教育工作者280人，有效带动了全县教师队伍整体素质的提高。

（2）改善办学条件

为进一步优化教育资源，提高办学效益，本着"调优学校布局、调大学校规模、调活教育资源、调高办学效益"的总体要求，陵县制定了"建设万人高中，初中万人进城，乡镇中学集聚，小学合理置换"的学校布局调整思路。按照这一思路，陵县又把危房改造与布局调整和学校建设紧密结合起来，杜绝过去"年年修，年年有危房"现象的发生。自 2003 年以来，全县已累计投入危改及学校建设资金 3842.85 万元，拆除 D 级危房 62623 平方米，维修 B 级危房 21654 平方米、C 级危房 46849 平方米，集中采购红松梁 183 架、檩条 5832 根，更换了所有的杨木梁檩，并投资 14776.67 万元，新建校舍 234327 平方米。学校建设成效显著，办学条件明显改善，教育资源得到优化。

今后，陵县还将继续千方百计加大财政投入，积极争取上级支持，并筹集齐各配套资金，力争两三年内使农村中学全部达到省级规范化学校标准，全部按照明德小学的建设标准，完成剩余的陵城镇等 9 处乡镇的驻地中心小学建设，推动全县学校建设工作再上新水平，办学条件和教育、教学质量不断迈上新台阶[①]。

（3）实施义务教育经费保障机制改革

随着国家宏观经济环境与政策的变化，多渠道筹措教育经费遇到越来越多的政策挑战，首当其冲的是农村税费改革带来的冲击。农村税费改革取消了农村教育费附加和教育集资，农村教育失去了一个重要的经费来源，给本已不堪重负的县乡（镇）财政带来更大的困难。

陵县县委、县政府按照山东省、德州市《关于实施农村义务教育经费保障机制改革的通知》的文件精神，通过总结其他县市的经验，以农村税费改革为契机，深化农村教育体制改革，成立了农村义务教育经费保障机制改革领导小组及办公室，并结合陵县实际，制定了《陵县农村义务教育经费保障机制改革实施方案》，县教委制定了《关于进一步做好农村义务教育经费保障机制改革工作的通知》。目前，全县经费保障机制政策落实到位，资金管理足额及时拨付，整个经费保障机构运转良好。

---

① 陵县教育局.2007 年 10 月 12 日.

表6-12 陵县教育经费统计表（一）   单位：人

	全县适龄人口			学生人数		
	2004 年	2005 年	2006 年	2004 年	2005 年	2006 年
合　计	57488	55940	55626	64714	64004	63691
高级中学				6272	6845	7205
职业中专				995	1270	1480
县属初中	6923	7907	7991	6910	7894	7982
乡镇初中	17469	16193	13231	17446	16168	13220
县属小学	3461	4594	4529	3461	4594	4527
乡镇小学	29635	27246	29878	29630	27233	29869

表6-13 陵县教育经费统计表（二）   单位：人，元

	教师人数			教师月均工资			预算内生均教育经费			生均公用经费		
	04 年	05 年	06 年	04 年	05 年	06 年	04 年	05 年	06 年	04 年	05 年	06 年
	5043	4989	4836	545	850	1195						
高级中学	430	425	437	710	920	1170						
职业中专	129	131	131	729	977	1316						
县属初中	104	234	307	670	872	1105	70	70	70	440	440	440
乡镇初中	1272	1156	1069	510	833	1190	40	40	40	340	340	340
县属小学	146	147	147	740	970	1270	40	40	40	240	240	240
乡镇小学	2962	2896	2745	510	833	1190	30	30	30	240	240	240

资料来源：陵县教委。

（4）加强人才队伍培养

为贯彻落实中央政治局会议和全国人才会议精神，大力实施"人才兴县"战略，最大程度地提高人才质量，激发人才活力，调整人才结构，优化人才环境，促进全县经济发展和社会进步，陵县把人才工作作为一项重要战略任务来抓。在深入调研和广泛征求意见的基础上，县委、县政府出台了《关于做好引进、培养、管理和使用人才工作的意见》文件。重点从培养、吸引、用好人才三个环节，从加强党政人才、企业经营管理人才、专业技术人才、乡土人才四支队伍建设等方面，提出了一系列优惠政策及工作措施。

为大力实施"人才兴县"战略，加快提高陵县人才整体水平，陵县以人才结构调整为突破口，"引"、"培"并举，使整体性人才资源开发得以全面推

进。首先在"引"字上做文章，广开门路汇英才。2007年初，陵县对全县五十多个企事业单位进行了人才需求调查，对现有人才状况和人才需求做到心中有数，以便有的放矢。参照外地、外县市人才引进的政策，进一步修改完善了优惠政策，制定了新的人才引进方案。其次，在"培"字上做文章，就地取材，培养新生力量。进一步拓宽人才培养和培训的渠道，一方面抓住高校招生制度改革和开门办学这个有利时机，充当"红娘"促进厂校联姻，圆高考落榜生上大学深造之梦，另一方面适应形势培训人才，提高现有专业人才的素质，结合本县实际，有计划、有组织、多形式开展了培训工作，通过培训促进了现有专业技术人员人才队伍素质的提高。

2. 义务教育均衡发展

陵县县委、县政府为落实"教育兴县"战略决策，在县域义务教育均衡发展方面形成了一套合理的实施机制。

（1）做好政策引导，健全义务教育均衡发展的相关政策及法律法规。强化和落实"以县为主"的义务教育管理体制，将义务教育的人事、财务等管理权限全部划归县级政府或县教育行政部门负责管理，同时，以法律法规的形式确立各级政府在农村义务教育方面应该承担的责任，并确立一套统一的县域内义务教育学校建设和设施、师资配备的标准，在县域内推行学校标准化建设。

（2）建立城乡均衡统一的投资体制，解决义务教育经费投入问题。由县教育主管部门直接管理辖区内所有中小学的教育经费，落实以县为主的经费投入政策。加大对农村义务教育的转移支付力度。继续发挥乡镇村各级办学兴教的积极性，以确保农村义务教育优质均衡持续发展。坚持多渠道筹措教育经费的路子，吸引社会资金来办高水平民办学校，来解决优质义务教育资源不足的问题。

（3）抓好城乡统筹，搞好资源优化。陵县于2006年制定了《中小学布局调整规划及校舍改造方案》，按照"因地制宜、科学规划、合理布局、分步实施"的原则，进行校舍危改和布局调整。目前，建设万人高中、初中万人进城、农村中学集聚、小学合理置换的新格局初步形成。

（4）建设城乡均衡优良的师资队伍。坚持"百年大计，教育为本，教育大计，教师为本"、"振兴民族的希望在教育，振兴教育的希望在教师"、

"能否有一支高素质的教师队伍是办好教育的关键"。为深化体制改革，加强教师队伍管理，陵县出台了"关于加强教育干部和教师队伍管理的有关规定"，进行综合素质考核、教学工作和教学成绩考核，在教育内部和社会上引起了强烈反响，赢得了社会各界和群众的赞誉。教师作风不断得到改变，队伍整体思想素质和道德水平不断得到提高。同时通过提高教师工资，稳定了教师队伍，遏制了教师行为异化，并提高了教师的成就感和社会威望。

3. 建设学习型社会

中国 1993 年在《中国教育改革与发展纲要》中第一次正式提出"终身教育"概念，1999 年初教育部《面向 21 世纪教育振兴行动计划》中全面地提到了"终身教育"、"终身学习"和"学习型社会"。构建终身教育体系和学习型社会，实际上是教育观念的一场革命，这必然会对传统的教育思想、教育观念、办学体制、教学内容和施教方法的进一步变革提出更高的要求。2007 年 10 月，胡锦涛同志在十七大报告中对实现全面建设小康社会奋斗目标提出新的更高要求，明确提出到 2020 年左右，"终身教育体系基本形成，全民受教育程度和创新人才培养水平明显提高"，"建设全民学习、终身学习的学习型社会"，为陵县构建终身教育体系和学习型社会提供了新的契机。

（1）在职业技术教育方面进行科学规划。一是各级政府高度重视，认识到职业教育和区域经济互动发展的重要性和所产生的巨大作用，并在此基础上做出支持职业教育和区域经济发展的重大决策。二是调整职业教育的布局和专业结构，合理配置和充分利用职业教育资源，逐步建立多元化的职业教育办学体制。三是适应现代职业教育体系的要求，建立完善的初、中、高等职业教育体系，普通教育与职业教育相结合，使职业教育成为终身教育体系的重要环节，促进学习型社会的建立，并特别注意解决农村职业教育发展中存在的问题。陵县 2006 年各类学校、教职员工、各类学校毕业生、招生和在校生情况见表 6—5。

（2）对就业导向和职业教育改革进行积极探索。一是就业导向，加强教学改革。就业导向正在成为全县职业教育机构的普遍共识，重视有针对性地对学员进行一些职业意识、职业精神等"软"技能的培养，并通过加强校企合作，推进产学结合的培养模式，努力提高学生的职业技能和就业能力。二是确立职业教育为创业教育的理念。通过"自我谋职"的教育，培养学生创业、立业意识和能力，使其毕业后不再依赖工资形式就业，而是实现自我就业，并能带动他人就业。与传统的教育相比，创业教育不是直接帮助学生去寻找工作岗位，而是重在教给学生寻找或创造工作岗位的方法。三是普遍加强职业学校职业指导工作，如进行职业理想、职业意识的教育，进行职业道德意识、职业道德行为的培养，转变就业观念，对学生进行求职、就业指导服务，培养学生创新精神、树立创业意识等等。四是确立职业教育为终身教育的理念。

6.4.2 医疗卫生和计划生育事业

近年来，陵县高度重视医疗卫生事业的发展，认真贯彻落实国家有关医疗卫生体制改革政策，医疗卫生事业取得了可喜的成绩，集中体现为"四件大事"：一是县人民医院扩建，投资 4000 万元新建了建筑面积 2 万平方米的县人民医院病房楼；二是建立健全了疾病预防控制和传染病救治两大医疗体系，大大改善了群众的就医条件；三是投资基层医疗卫生建设，2004 年后投资 1000 万元建设乡镇卫生院，2004～2005 年建设 5 处中心卫生院，2006～2007 年对一般卫生院进行了改造和设备配套；四是初步建立起新型农村医疗保障体系。目前，陵县"政府得民心，群众得实惠，医院得发展，社会得和谐"的良好局面已初步显现。

表 6—14　陵县医疗机构和人员统计表

指标名称	2005 年	2006 年
一、医院数（个）	23	23
1. 县医院	2	2
2. 农村卫生院	21	21
二、床位（只）	790	790
其中：县级医院	500	500
三、全县高级卫生技术人员（人）	52	55
四、全县中级卫生技术人员（人）	377	379

资料来源：陵县统计年鉴（2005～2006 年）。

1. 医疗卫生

为响应国家"十一五"规划的要求，陵县适时拟订了陵县国民经济和社会发展第十一个五年规划，对陵县医疗卫生事业的发展作出了系统规划，并针对胡锦涛同志在十七大报告中提出的确保到 2020 年实现"人人享有基本医疗卫生服务"的要求，对医疗卫生体制进行了框架性的设计。一是建立覆盖全民的、一体化的医疗卫生体制；二是划分医疗卫生服务的层次和范围，实行不同的保障方式，将医疗卫生服务分为公共卫生、基本医疗服务和非基本医疗服务三个层次；三是构建与目标体制相适应的医疗卫生服务体系，突出以预防为主，实现防治结合，避免多元服务体系并存带来的资源浪费；四是全面推进医药分开，并辅之以严格的价格监管和相应的惩戒手段，最大限度地控制医药合谋问题；五是建立并逐步完善筹资与组织管理体制。[①]

基本政策框架、服务内容和标准由中央政府来确定，但公共卫生服务和基本医疗保障涉及千家万户，具体的组织实施责任还是要更多地依靠地方政府。从中国目前的情况看，以县级政府作为组织实施的责任主体是比较适宜的选择。

为了实现医疗卫生事业特别是公共卫生及基本医疗事业的均衡发展，实现服务的公平，筹资责任以中央政府为主、各级政府合理分担，地区间的财政能力差异问题通过强化一般性的财政转移支付来逐级解决。

表 6—15　面向全民的医疗卫生体制框架[②]

	公共卫生保障	基本医疗保障	非基本医疗保障
保障目标	公民基本健康	公民基本健康	公民高水平健康
保障对象	全体国民	全体国民	国民中的所有自愿参加者
保障内容	预防保健，传染病控制	常见病、多发病诊疗	高水平医疗服务
保障方式	按需求保障	基本药物及诊疗项目保障	费用支出补贴
组织方式	政府组织，全国统一	政府组织，全国统一	商业保险

---

① 国务院发展研究中心课题组．对中国医疗卫生体制改革的评价与建议调研报告．中国发展评论，2005 年增刊 1 期：13.

② 国务院发展研究中心课题组．对中国医疗卫生体制改革的评价与建议调研报告．中国发展评论，2005 年增刊 1 期：157.

	公共卫生保障	基本医疗保障	非基本医疗保障
资金来源	政府财政投入	政府财政投入十个人少量付费（贫困群体个人付费豁免）	参保人及雇主缴费
服务主体	公共医疗卫生机构	公共医疗卫生机构	公立医疗服务机构，商业医疗卫生机构，非营利医疗机构

资料来源：国务院发展研究中心课题组. 对中国医疗卫生体制改革的评价与建议调研报告 [J]. 中国发展评论，2005 年增刊 1 期：157。

陵县在发展医疗卫生事业的同时，充分关注新旧体制的衔接。一是现有医疗保障体制与目标体制的衔接问题。关键是保证目前享有较高水平保障的社会成员的实际待遇水平不发生明显降低。主要途径是为这些社会成员提供补充保障。例如，对政府公职人员以及其他获得过医疗保障承诺的国有经济部门的中老年职工等，采取由政府统一提供附加商业医疗保险的方式予以解决；对企业职工，政府通过税收优惠政策鼓励企业参加商业性大病医疗保险。二是对现有医疗服务机构的分类改革问题。对现有医疗服务体系的改革只能是"抓大放小"，同时承担公共卫生和基本医疗责任的公立医疗卫生机构，主要应通过对现有各级公共卫生机构、二级以下的公立综合性医院、以农村乡镇卫生院和城市社区医院为主的基层医疗服务机构的改革、调整、合并形成。对目前三级以上的大型专业性或综合性医院，则应进行分类改革，部分改制为营利性机构，部分改制为非营利机构，还有一部分应继续保留其公立机构的性质。

2. 计划生育

衡量一个地方全面建设小康社会的成效，不仅要看经济指标，同时也要看人口指标、人文指标、资源指标和环境指标。没有较快的经济、社会发展速度不行，没有良好的人口环境也不行。陵县县委、县政府遵循十七大提出的"坚持计划生育的基本国策，稳定低生育水平，提高出生人口素质。开展爱国卫生运动，发展妇幼卫生事业"的要求，狠抓新时期的人口和计划生育工作，从全面建设小康社会的高度出发，审视和把握未来的人口形势和面临的人口问题，增强做好人口和计划生育工作的自觉性、使命感和紧迫感，为全面建设小康社会创造良好的人口环境。

（1）建立与完善人口与计划生育调控体系和相关社会经济政策。陵县自20世纪70年代起，逐步建立起了以计划生育为主体的人口控制体系，对控制人口增长发挥了十分重要的作用。但是，随着社会主义市场经济的建立，建立在计划经济体制下的以实行计划生育为主的人口控制体系正面临着一些新困难和新问题，出现了许多不相适应的新情况，为此，必须健全和完善人口宏观调控体系。

建立完备的调控体系和良好的政策环境，是做好人口与计划生育工作的重要保障。人口发展具有周期长、惯性大的特点，人口问题的各个方面相互关联、相互影响，因而人口问题的解决是一个长期和渐进的过程。陵县政府和有关部门制定土地、企业、医疗、社会保障、户籍、劳动、教育、财税等制度和改革措施时，统筹考虑，相互协调，形成合力，逐步提高整体的调控能力，一切工作都要有利于人口与计划生育工作，有利于改进和完善计划生育管理，稳定低生育水平，提高出生人口素质。

（2）把人口与计划生育工作纳入依法管理的轨道。依法施行计划生育政策，是中国民主与法制建设进程的客观要求，是衡量计划生育工作水平的重要标志，也是计划生育事业发展的必然趋势。《中华人民共和国人口与计划生育法》与《流动人口计划生育工作管理办法》、《计划生育技术服务管理条例》、《社会抚养费管理办法》"一法三规"的颁布施行，构成了中国计划生育法律体系的基本框架。

人口与计划生育法制的基本要求是有法可依、有法必依、执法必严、违法必究。要加强计划生育法制宣传，增强干部群众的法律意识。提高依法行政水平，严格执法，义务执法，充分发挥群众监督和舆论监督的作用，切实维护群众的合法权益，使人口与计划生育工作全面走上依法管理的轨道。

（3）加强利益导向机制建设，建立健全计划生育保障机制。计划生育利益导向机制，是指适应社会主义市场经济发展的需要，国家从宏观的社会经济政策的制定上采取综合措施，通过奖励、优惠、优先、扶持、补偿、补贴、减免以及限制、制约等手段，充分利用经济杠杆的宏观调控作用，使实行计划生育的家庭得到多方面优惠、优待和照顾，使不符合法定条件而生育多子女的公民受到多方面的限制和制约，重新调整农村各项社会经济文化活动所涉及的分配格局，激励生育主体从切身利益出发，衡量生育孩子的成本与效益之间的利弊得失，从而达到人们自觉实行计划生育的目的，以调节人口发展规模。

陵县政府及涉农等部门尝试采取小额贷款、项目优先、科技扶持、政策优惠等措施，帮助计划生育农户增加经济收入，解决实际困难，提高社会经济地位。建立激励机制，落实对实行计划生育家庭的奖励和优惠政策。对独生子女户发给一定数量的奖励费，城市独生子女父母退休时，各地可根据实际情况给予必要的补助。对实行计划生育的家庭特别是只有女孩的家庭，在分配集体经济收入、享受集体福利、划分宅基地、承包土地、培训、就业、就医、住房及子女入托、入学等方面给予适当照顾。对违反计划生育政策的家庭征收社会抚养费，给予必要的经济制约。①

6.4.3 旅游和文化体育事业

1. 文化建设

处在社会主义经济发展新阶段的城乡群众，在解决了温饱问题后，对物质和精神文化的需求都在日益增长。缺乏文化如同减少收入一样，最终都将导致群众思想信念的动摇、道德的滑坡以及社会的不稳定。陵县政府认识到，群众思想这块阵地要靠丰富的物质和健康的文化去占领，应当把加强城乡文化事业作为新阶段城镇和农村工作的重大任务，作为塑造社会主义新型城镇居民和新型农民队伍的重要举措。

胡锦涛总书记在党的十七大报告中突出强调了加强文化建设、提高国家文化软实力的极端重要性，对兴起社会主义文化建设新高潮、推动社会主义文化大发展大繁荣做出了全面部署。这充分反映了党对当今时代发展趋势和中国文化发展方位的科学把握，体现了党在新的历史条件下的高度文化自觉。陵县认真贯彻中央部署，坚持以邓小平理论和"三个代表"重要思想为指导，深入贯彻落实科学发展观，采取有力措施，推动社会主义文化发展，使人民基本文化权益得到更好保障，社会文化生活更加丰富多彩，人民精神风貌更加昂扬向上。

---

① 王承宽．21世纪中国人口和计划生育管理问题研究．南京航空航天大学，2006：130.

陵县县委、县政府根据陵县文化建设的实际情况，采取多种措施，扎实推进城乡文化建设。一方面，通过加强政府对城乡文化的领导、加大城乡文化建设的投入、积极申报非物质文化遗产以及切实搞好文化资源共享工程等政策措施，探索提高城乡劳动力素质的有效途径。另一方面，通过发展乡村文化大院、组建庄户剧团等生动的文化艺术和丰富多彩的群众文化活动，寓教于乐，使城乡群众在娱乐中学习到新的知识技能，在娱乐中确立是非观念，在娱乐中学会处理农村社会的矛盾，在娱乐中增长发展经济的才干。

2. 旅游资源开发

发展是硬道理，是解决中国所有问题的关键，也是提高国家文化软实力的关键。本世纪头 20 年是中国社会主义现代化建设的重要战略机遇期，也是文化发展的重要战略机遇期。党的十七大提出要树立强烈的机遇意识、发展意识，开阔发展思路，拓宽发展途径，推动公益性文化事业全面繁荣和经营性文化产业快速发展，不断增强中国文化的总体实力和国际竞争力。

陵县有着悠久的历史文化渊源，早在夏商周时期，这里称鬲氏国，人口稠密，一片繁华。从汉到明初一千五百年间这里一直是州和郡的所在地，是鲁西北的经济、政治、文化中心。神头镇位于陵县城东 20 华里处，据考证，是西汉"智圣"东方朔的故里。

近年来，陵县县委、县政府高度重视对东方朔及其故里这一珍贵文化旅游资源的开发利用，划拨 200 万元专款对文博苑进行维修、重新布展，开设了智圣东方朔展室，还以省旅游局将陵县列为全省重点规划的四个县之一为契机，聘请省级旅游专家进行规划，多措并举投资，进一步开发文化旅游资源。同时，积极申报各级非物质文化遗产，力争打响"智圣"东方朔品牌。

"智圣"东方朔——陵县非物质文化遗产

东方朔（公元前161年～公元前93年），字曼倩，官至太中大夫。《史记》、《汉书》对其均有记载。他博学机智，能言善辩。《史记·滑稽列传》、《汉书·东方朔传》记载了他滑稽幽默、正言直谏、诙谐劝谕的独特风格。他的滑稽幽默，并非为了阿谀取宠，更无法掩盖他刚正不阿的豪情和满腔精忠报国之心。后人由于敬佩东方朔的人格，崇拜他渊博的学识，便把他誉为智圣，捧为滑稽大师、知识之星、岁星、桃仙子、六爻八卦的祖师爷等。早在汉代就有很多把他神化了的民间传说，由其引发的一系列文化现象影响甚广。

东方朔民间传说两千多年来在陵县及周围县市区传诵不衰。其传说主要有反映东方朔非凡身世、闪耀爱国忧民思想、散发博学机智光辉、展示滑稽幽默风采、体现相术占卜才能等五个类型，其中流传深广、朗朗上口的有《桃仙子的传说》、《义救颜真卿抗击"安史之乱"》、《"厌次春龙"》、《东方朔嬉戏汉武帝》、《东方朔教盲人算卦》等。

陵县力争打响"智圣"东方朔品牌，使之与"文圣"孔子、"武圣"孙子齐名。2006年以来，陵县组织专门人员，精心准备相关申报材料，经过6个多月的艰苦努力，《东方朔民间传说》先后入选首批省、市级非物质文化遗产名录，目前正积极申报国家级非物质文化遗产。

3. 群众性文化体育活动

（1）群众性文化活动。近年来，陵县县委、县政府在大力发展经济、切实提高人民群众生活水平的同时，积极倡导广泛开展群众性文化活动，丰富精神文化生活。文化主管部门认真贯彻县委、县政府工作部署，不遗余力地致力于群众性文化活动的广泛开展。针对陵县系全省农业大县的实际，在大力开展城区广场文化、企业文化活动的基础上，着重开展了文化下乡镇、进农村活动。

完善文化设施。制定完善了《新农村文化建设标准》，对乡镇综合文化站、村文化大院建设工作进行了明确规定，采取政府投入、争取专款、大户捐助等多渠道筹资方式，不断完善县文化馆、乡镇综合文化站、村文化大院等文化设施，形成了覆盖全县的三级文化网络。

充实专业人员。选聘相关专业毕业生或有文艺特长的工作人员，充实到县文化馆、乡镇综合文化站工作。各村积极推举有此特长、认真负责的业余文艺爱好者负责村文化大院的管理工作，使基层文化活动有了组织保障。

加强业务指导。县文化主管部门注重对乡镇村文化活动的业务指导，着重加强了对农民业余文艺人才和文艺团体的培养和指导，充分发挥其作用。2006 年以来，深入各乡镇村观摩指导，自编自演、自娱自乐的群众性文化活动广泛开展。开发区卢坊，陵城镇东关、孙来仪，义渡口乡果园，糜镇李寺、陈辇，边临镇仁义店，徽王庄镇王淮安等村庄的文化活动开展得有声有色，小有名气。尤其值得一提的是，义渡口乡果园村庄户剧团，每周固定四天晚上开展文艺活动，春节期间更是天天活动，吸引了本村及周围村庄村民前来演出和观看，无论男女老少均踊跃参与，既有传统的梆子腔，又有时尚的现代舞，还有唱身边人说身边事的表演唱。该剧团还多次登上市、县舞台演出，并应邀到其他村庄进行演出交流，有力地活跃了农村文艺舞台，丰富了精神文化生活，促进了民族团结，2006 年被评为"山东省优秀庄户剧团"。

农村群众性文化活动的广泛开展，为广大农民群众提供了展示才艺的舞台，使健康向上的社会主义文化产品占领农村阵地，在社会主义新农村建设中起到了不可替代的作用。

（2）全民健身运动。山东省全民健身计划一期工程已经于 2000 年完成，二期工程正在实施中，城市社区体育得到了较好的发展，并在城市精神文明建设和文化产业发展中发挥出越来越重要的作用。就陵县来说，由于城乡在经济、文化发展上的不平衡和对健身认识的差异，还存在不少问题需要进一步地改进和解决，如用于发展体育事业的资源不足，群众的体育意识薄弱、体育活动手段单一，群众体育的组织化、经常化程度低等问题。为此，陵县采取一系列措施，克服困难，大力发展群众体育，推进全民健身运动的顺利展开。

（3）调动社会力量办体育。陵县动员侨胞、经济大户捐款，或兴办体育场馆，在村里兴建篮球场、羽毛球场，购置乒乓球桌，安装灯光照明，以便于常年开展群众体育活动。同时，还采用了由政府引导、群众自发、民办公助形式来建立各类体育场馆。

陵县创建青少年体育俱乐部

陵县体育局在县委、县政府的正确领导下，根据上级的文件精神，从 2003 年开始积极争取国家资金创建青少年体育俱乐部，经过不懈努力，国家体育总局以群体字〔2003〕90 号文件，对陵县创建青少年体育俱乐部予以承认，争取到一期扶持资金 10 万元。五月份争取到乒乓球台 7 张、综合健身器 1 台，价值 6 万余元。

2004 年，俱乐部按照上级要求的创建宗旨、目的，积极开展活动。2004 上半年，制定了俱乐部的各项规程、制度、会员守则，各种活动正有序开展。相继创建了乒乓球俱乐部和陵县乒乓球协会，此项活动少老中青年都适宜，既增强了体质，又大大活跃了城区全民健身的氛围，到目前，乒乓球俱乐部会员已发展到了 100 余人，会员队伍每年还在不断壮大。

俱乐部还定期组织"季度排名赛"和"全县乡镇、机关、企事业单位友谊联赛"；组织"走出去、请进来"，与兄弟县市区进行交流赛，经常代表陵县参加德州市的大型比赛，并多次取得过前三名的好成绩。陵县体育局以此为契机，推动了群众体育各项活动的广泛开展，为陵县经济的健康发展奠定了基础。

第7章

县域环境保护

环境保护是实施可持续发展战略的重要组成部分。县域经济发展和环境保护既相互制约又相互联系，处理好它们的关系是可持续发展的重要内容。

陵县在经济快速发展过程中注意到了环境保护工作，并取得了一定成绩，但必须看到，陵县环境保护工作仍然任重而道远。

7.1 县域环境保护的现状

在县域发展特别是县域工业化过程中，重数量、轻质量，重投入、轻产出，重速度、轻效益，重发展、轻环境，高消耗、高排放、低利用的现象比较普遍。县域粗放式增长方式不仅对农业的可持续发展造成了非常不利的影响，而且给广大居民的身体健康造成了很大的危害。因此，贯彻落实科学发展观，走资源节约型、环境友好型发展道路，是县域经济发展的唯一出路。

为实现县域经济的又好又快发展，近年来，地方政府把保护环境放到突出位置，在加强环境保护方面采取了一系列措施，取得了积极的进展：重点流域区域污染治理取得初步成效，环境质量有所改善，工业企业的污染排放强度有所下降，县域经济发展总体上保持着良好的态势。与此同时，也应清醒地看到，在县域经济发展的大潮中，一些地方贪一时之功，重经济轻环保，以及一些政策和制度的不合理，给自然环境带来了严重的后果，环境问题也日益凸现，县域经济发展与资源环境之间的矛盾依然突出。因此，必须综合治理影响县域经济发展的环境问题。

环境保护工作对于保障县域经济的健康发展、提高县域经济发展质量至关重要。但恰恰在最基层的县级行政区域内，环境执法却沦为"最弱的一环"。从各地的情况来看，县域环境保护工作主要存在以下几个方面的问题：

1. 县域发展的压力给环境保护工作带来一定压力。县域经济经过 30 年的发展已经取得了巨大成绩。同时，发展的压力也在加大，各地竞争势头足。由于县域经济在地域和人才以及技术资源等方面的条件，使得县域经济发展方式比较粗放。这种粗放式的发展方式的压力"传导"给环境保护工作，加大了环境保护工作的难度。同时，城镇化和工业化是县域发展的现实选择，而城镇化和工业化本身也对环境建设提出了新要求。这些要求都增加了环境保护工作的难度，给环境保护工作带来压力。

2. 县域环境保护投入不足，制约着环境保护工作的开展。2007 年 9 月，国家环保总局环境监察局与美国环保协会联合发布的《中国环境监察执法现状、问题与对策研究报告》报告显示，中国环境执法的人力投入、资金投入和设备配置都存在短缺现象，其中尤以县级环境执法状况最为严峻。无论从执法人员素质、资金还是设备投入看，与省、市级执法机构相比，县级执法机构都是最差的，县级环境执法机构的实际支配资金总额甚至在逐年下降。在县一级环境保护部门，人均只有 0.08 辆执法用车。

3. 县域经济发展方式增加了环境保护工作的难度。县域经济发展的主体以中小企业居多，这些企业多是民营企业，而且规模不大。这些民营企业本身存在规模小、资金投入困难等现实问题。这就使得其在产品选择和技术装备上，考虑环境因素小。以中小企业为主体的县域经济在发展方式上是粗放的，带来的环境问题是比较多的，这就增加了环境保护的难度。

7.2　陵县环境保护工作的目标与重点

过去几年，陵县主要重视经济发展，对环境保护工作不够重视，造成对环境的污染较严重。随着经济发展面临的环境、资源压力凸现，陵县开始认识到环境保护的重要性。尤其是 2007 年以来，陵县高度重视环境保护工作，以贯彻国务院《关于落实科学发展观加强环境保护的决定》为契机，按照中央、省、市环境保护工作要求，结合陵县实际，确立了"以科学发展观为统领，突出排污企业治理和新污染源控制两大重点，着力做好水污染防治、大气污染防治、农村环境保护、生态县建设四项工作，努力让人民群众喝上干净的水，呼吸清洁的空气，吃上放心的食物，在良好的环境中生产生活，全面构建社会主义和谐社会"的环保工作思路，提出了"思想上真重视，投入上不欠账，建设上三同时，监管上真到位"的总体要求，进一步加强领导，加大措施，从严执法，强化监管。

7.2.1 工作目标

根据省、市政府要求，结合陵县实际，陵县确定"十一五"期间节能降耗工作的目标是，到 2010 年，全县万元 GDP 能耗、规模以上工业万元增加值能耗、万元 GDP 电耗三项指标比 2005 年降低 23％，万元 GDP 取水量、规模以上工业万元增加值取水量比 2005 年降低 40％，全县 7 户重点企业"十一五"末实现节能 34580 吨标准煤。经过 5 年的努力，主要能耗指标达到全市先进水平，建立起比较完善的节能法规标准体系、政策支持体系、监督管理体系和技术服务体系。

表 7-1   陵县"十一五"节能减排目标任务一览表

指标与行业名称	要求	"十一五"目标
生产总值能耗	万元生产总值能耗降低	23％
万元生产总值取水量	万元生产总值取水量降低	40％
规模以上工业万元增加值取水量	规模以上工业万元增加值取水量降低	40％
减排 SO_2	二氧化硫（SO_2）总排放量消减	18％
减排 COD	化学需氧量（COD）总排放量消减	12％
重点企业节能量	7 户重点用能企业实现节能量	3.458 万吨标准煤

数据来源：2007 年 10 月陵县经贸局提供。

表 7-2   陵县重点用能企业名单及其 2007 年、"十一五"节能量

序号	企业名称	2007 年节能量（万吨标煤）	"十一五"节能量（万吨标煤）
1	中茂圣源纸浆有限公司	0.21	1.04
2	黎明纺织有限公司	0.15	0.75
3	泰华纸浆有限公司	0.12	0.61
4	乐悟集团有限公司	0.09	0.43
5	绿源化工有限公司	0.07	0.36
6	谷神生物科技集团有限公司	0.031	0.148
7	华茂热电有限公司	0.025	0.12

表7-3 陵县"十一五"减排任务分解表　　　　　单位：吨

时间	化学需氧量总排放量（COD）	SO$_2$ 总体排放量
2005	7021	4315
2006	7995	7789
2007	7497	7000
2008	6755	6635
2009	5978.2	6092
2010	5722.7	5657

数据来源：2007年10月陵县经贸局提供。

7.2.2　工作重点

在环境保护工作中，陵县按照科学发展观的要求，重新审视陵县发展战略，重点抓好以下四项重点工作：

推行规划环评，严把准入关。规划是发展的纲领和灵魂，发展必须规划先行。城市和区域规划是否科学合理，关键在于是否有利于可持续发展，是否有利于改善民生和建设和谐社会，是否有利于环境保护。陵县努力克服传统的片面发展观，调整县域经济的发展方向，坚决按照《环境影响评价法》等法律法规，严格执行"三同时"，深入开展建设项目清理整顿，从源头上控制污染源的产生。

实施节能减排。节能减排是建设资源节约型、环境友好型社会的必然选择，是推进经济结构调整、转变增长方式的必由之路。陵县工业仍以传统产业为主，资源型、初加工型等高能耗高水耗产业及重点耗能企业在经济结构中所占比重较大，2006年，全县7户高耗能重点企业耗能占规模以上企业总能耗的比重较大，结构性矛盾比较突出，要完成"十一五"下降23％的目标，结构调整和节能降耗的任务十分艰巨。为此，陵县县委、县政府高度重视节能减排工作，相继出台了系列文件和措施，建立起县节能减排工作领导小组，成立了县政府节约能源办公室，并强化了工作职能，印发了《陵县节能减排综合性工作实施方案》，抓好节能降耗、机构建设和能源监察等各项工作。

调整县域发展战略，建设生态县。县域社会发展战略的选择要充分考虑环境保护的因素。县域经济的发展必须更新思想，树立和普及环境意识，明确地把环境保护与整治作为县域经济开发战略的重要组成部分加以高度重视，才能使经济开发与环境治理同步协调进行。许多地方明确提出了"生态兴县"、"生态先行"等目标。这样的战略选择是搞好环境保护工作的关键。陵县也积极调整县域发展战略，积极探索区域经济、社会、环境可持续发展的生态县建设，并把环境保护参与综合决策作为促进经济和社会健康发展的重要途径。

转变经济发展方式，发展循环经济。经济发展方式的转变，不仅要促进粗放式增长向集约化的转变，还要大力发展循环经济，切断污染的源头，从生产过程开始运用清洁技术。这样，才能从根本上降低发展过程中对环境污染的压力，真正实现科学发展。陵县也从本县资源、经济发展状况出发，大力发展循环经济，不仅把其作为环境保护的工作重点，而且作为经济发展的重点工作。

7.2.3 工作措施

认识到环境保护的重要性以后，陵县采取积极出台环境保护政策、把好"绿色项目"门槛、全面做好环评工作、做好节能减排、建设生态县等诸多措施来落实环境保护工作。

1. 出台环境保护政策

为加强环境保护，陵县政府出台了一些环境保护的规定，2002 年发布了《陵县"十五"期间主要污染物排放总量控制计划实施方案》和《陵县固体废弃物污染防治规划》，2006 年发布了关于落实科学发展观加强环境保护的意见、关于对重点水污染企业处理情况的通报、《陵县"十一五"期间主要污染物排放总量控制计划实施方案》、《陵县环境保护第十一个五年规划》的通知。这些环保政策的出台为陵县做好环境保护、治理污染提供了基本保障。

2. 控制源头

陵县在招商引资的过程中，采取"四堂会审"、"项目论证"、"现场观摩"等有效的管理措施，确保招商引资有动力、有活力、有压力。通过项目论证，把好"绿色项目"门槛，坚决杜绝高耗能、高污染、增值低的项目进入园区。2007 年以来，对新投资项目严格把关，县工业项目建设管理领导小组严格执行产业政策、环保政策，规范完善新上工业项目报批程序，实行项目联评，投资上报联审。新上项目严格落实环保第一审批权，不符合环保政策的企业一律不准进入陵县建设，形成了"不履行环评手续或环评不过关的，发展计划部门不办核准和备案，土地部门不提供土地，金融部门不予贷款，能源部门不予供电、供水，工商部门不发执照，开发区不予安置"的联合管理局面，从源头上严格控制了新污染源的产生，2007年上半年已拒批高污染项目4个，有效杜绝了"双高"企业落户陵县。

坚持"预防为主，环境优先"和"不欠新账，多还旧账"的原则，严格执行《环境影响评价法》，严格市场环境准入，始终把好"三关"，即项目引进关、"环境影响评价"关和"三同时"制度落实关；强调"三不上"，即污染严重的项目不上，资源浪费严重的项目不上，社会和经济效益差的项目不上，确保新上项目符合国家产业政策和环境承载力，从源头上控制新污染源的产生，保证全县经济可持续发展。并在项目建设过程中严格执行"三同时"，已建成企业排污不达标的不准投产，确保"三同时"制度执行率达到100％。

3. 做好环评工作

全面落实"环评"和"三同时"制度，坚决按照《环境影响评价法》等法律法规，严格执行"三同时"，深入开展建设项目清理整顿。2007年以来共办理新、扩、改建项目环评10多家，新上治污设施企业9家。2007年以前建设的几家高耗能高污染企业均已补办了环评手续，增上了治污设施。县经济开发区"环评"和"三同时"制度执行较好，目前区内115家企业中，被省、市、县审批的企业数108个，"环评"执行率为94％，开发区区域环评正在进行中。

4. 加强节能减排工作

贯彻国务院下发的《国务院关于加强节能工作的决定》的要求，在具体工作中，陵县把握好以下四个方面的重点工作：一是要以结构调整促节能，加快发展低耗能高附加值产业。围绕建设区域制造业基地，积极发展高新技术产业，合理调控传统工业的生产规模，着力优化工业结构。加快运用高新技术和先进适用技术，改造提升传统产业的设计、制造、装备和管理水平。

实施建设项目能耗审核制度，切实提高高耗能产业市场准入门槛。大力发展节约型农业。加快发展农村沼气等可再生能源，推广"畜—沼—林"、"畜—沼—菜"等农业循环经济模式。突出发展现代服务业。围绕建设现代商贸名城和区域性服务中心目标，加快发展技术含量和附加值高的金融保险、现代物流、中介服务和旅游、会展、文化、信息等市场潜力大的行业，努力提高服务业在国民经济中的比重。二是要以强化管理抓节能。抓好重点用能单位的能耗管理；加快推行绿色照明工程，鼓励、引导全社会广泛应用节能型照明灯具；推进政府部门节能，影响和带动全民节约。三是要以技术创新求节能。加快推进工业企业节能技术改造；大力开展建筑节能及高耗能建筑综合节能改造；支持发展可再生能源利用；大力推广醇醚燃料等清洁能源，抓好沼气发电、太阳能发电、秸秆发电项目的实施。四是要以健全机制促节能。完善各项节能法规标准体系，建立节约型社会评价考核机制和节能激励约束机制。

在县政府的积极引导下，陵县的重点企业认真贯彻执行节能法律法规，落实山东省人民政府办公厅转发省经贸委省统计局《关于加强1000户重点用能企业节能工作的意见的通知》以及县（省、市）政府的相关要求，加强节能管理，推进节能技术进步，提高能源利用效率。采取了以下主要措施：一是加强对本企业节能降耗工作的管理，明确节能任务和责任，建立健全节能工作机构和管理体系，设立能源管理岗位。二是把节能目标分解落实到车间、班组，落实责任，逐级考核，强化节能目标管理。三是建立和完善能耗定额、能源计量与统计、节能奖惩等各项规章制度，并认真组织实施。四是完成能源审计工作，在此基础上编制企业节能规划。能源审计报告和节能规划由陵县经贸局初审后，必须报市经委审核。五是安排资金进行节能技术改造，采用节能新技术、新工艺、新设备和新材料，淘汰高耗能落后工艺、技术和设备。六是组织开展经常性的节能宣传与培训，加强企业节约型文化建设，主要耗能设备操作人员未经培训不得上岗。七是自觉接受所在县（市、区）政府和市、县节能行政主管部门的节能指导与管理。

5. 建设生态县

陵县通过组织保障，做好规划、加强监督来建设生态县：

（1）健全的组织领导。陵县成立了由县领导为组长、相关单位负责人为成员的生态县建设领导小组，专门设立了领导小组办公室，全面负责生态县建设的日常组织、协调工作。认真贯彻落实《陵县2003～2007年度生态县建设工作任务分解书》、《陵县生态县建设目标责任考核奖惩暂行办法》、《陵县生态县建设目标责任书考核奖惩实施细则》。

（2）将生态县建设的指标任务量化到各相关部门和乡镇及重点企业，切实加大了督察与考核奖惩力度。各乡（镇、区）、县直有关部门和重点企业也成立了环保工作机构，配备了专职人员具体负责这项工作。全县上下初步形成了一个县、乡、村分级管理、部门相互配合、上下联动的工作机制，确立了生态县建设是"一把手工程"和全面建设小康社会总抓手的战略地位，为生态县建设的扎实推进提供了强有力的组织保障。

（3）规划统领生态县建设。2005年以来，以绿色陵县建设为突破口，大力推进生态县建设，委托德州市环境保护科研所编制完成了《陵县生态县建设规划》。2006年3月18日，《规划》通过了省、市专家论证，2006年4月30日，县人大常委会审议并批准，2006年5月17日，县政府下发《关于印发〈陵县生态县建设规划〉的通知》，要求各乡（镇、区）政府（管委会）、县政府各部门、各有关企业、有关学校结合各自实际，按照生态县建设量化任务要求，认真组织实施。《规划》勾勒了陵县生态建设的宏伟蓝图，使建设更具计划性、操作性，更加规范、有序。

（4）有力监督保障生态县建设。除县环保局外，陵县在开发区设立了环保分局，有力地实时监管区内企业贯彻执行环保法律法规。同时，在各乡（镇、区）、县直有关部门和重点企业安排了分管环保专职人员，保证了国家、省、市有关生态建设规定和环境保护法律、法规、规章的有效落实。

6. 大力加强环保执法力度

（1）加强大气、固体废弃物污染防治。一是督促燃煤电厂增上脱硫、除尘设施。2007年，谷神生物投资600万元和黎明纺织投资460万元的脱硫除尘设施已安装完毕，华茂科技投资560万元的脱硫除尘设施也正在安装过程中。二是安装在线自动监控装置及配套设施，并与环保部门联网。泰华纸浆、县污水处理厂、谷神生物、华茂科技、中茂圣源、黎明纺织等重点企业按照上级环保部门要求，在线自动监控装置及配套设施费用均已上交市环保局或已订货，"在线"设备总共投资400余万元。三是建立健全生活垃圾日产日清与处理机制，并加大资金投入，积极筹建城市生活垃圾无害化处理厂，尽快实现垃圾分类无害化处理与利用。四是对各企业所产生的炉渣、粉煤灰、生产废渣等工业固体废弃物及时清运，进行综合利用。五是通过焚烧炉、杀菌消毒设施对医疗废物严格处理，并对其他危险废物实施安全转移，避免环境污染。

（2）以点带面，狠抓重点企业环保工作。抓住重点企业，督促重点企业认真落实整改措施，加大了污染治理力度。在各级政府的督促下，陵县重点企业加大治污投入力度，重点搞好废水治理和废气治理。

表7-4　陵县重点企业废水治理情况一览表

指标 企业名称	污水治理 投资（万元）	COD（mg/L）		NH₃-N（mg/L）	
		处理前	处理后	处理前	处理后
同兴酒业	2000	2000	65	0.5	0.1
泰华纸浆	3000	3500	280	0.9	0.5
中茂圣源	3600	4000	160	1	1
华茂科技	750	4000	120	20	13.7
谷神生物	1950	2000	60	40	2.42
兴豪皮业	700	1500	70	40	20
信达化工	550	160	110	无	无

数据来源：陵县环境保护局。

表7-5　陵县重点企业废气治理情况一览表

指标 企业名称	污水治理 投资（万元）	COD（mg/L）	
		处理前	处理后
圣源热电	600	3000	1000
黎明热电	460	3000	1000
谷神热电	600	3000	380
华茂热电	560	3000	380

数据来源：陵县环境保护局。

（3）细化目标，层层签订消减目标责任书。将上级环保部门下达的约束性指标纳入全县经济社会发展"十一五"规划，制定了《陵县"十一五"期间主要污染物排放总量控制计划实施方案》、《2007年度主要污染物总量减排计划》，与市政府签订了生态县建设目标责任书、水与大气环境污染控制目标责任书，在全县环境保护工作会议上同10余家重点企业签订了环境污染控制目标责任书，立下了军令状，按年度量化了主要污染物消减指标任务。

（4）扎实有效开展环保专项行动。严格规范环境执法行为，重点整治不执行环境影响评价、违反建设项目"三同时"、不正常运转治污设施、超标排污、十五"土（小）"企业复燃、阻挠环保执法等违法行为，坚决落实限期整改、停产整顿、关停取缔等措施，从严、从重查处，对违反环保法律法规的企业加大经济处罚力度。在执法检查中，强调"一条纪律"，做到"三个结合"。"一条纪律"即无论哪级环保检查组到来，任何单位、企业不得以任何理由阻挠或拒绝环保检查，严禁"门难进、人难找"不配合检查的现象发生；"三个结合"即明查与暗访相结合、定点检查与随机检查相结合、群体检查与个别走访相结合，坚决做到违法案件逐一查处，严重违法案件一查到底。

（5）不断加大督导和责任追究的力度。按照《陵县环境保护重点督察整改方案》，对"双高"行业逐一列出清单，提出整改措施、期限及相关处理意见。实行派驻厂员责任制，对10余家重点企业明确分工，确保环保人员、责任督导到位；实施环境监测跟踪，每周一次定期例行监测，特殊情况随时监测，出具环境监测报告，及时提供科学决策依据；实施全天候监察，掌握信息，定期汇报，发现违规问题及时处理解决，坚决打击"老板发财、群众受害"的违法行为。定期召开环境保护工作调度会，听取环保部门和重点污染企业汇报，不定期组织相关部门人员到企业检查，以便掌握情况，督促进度，确保全县环保会议和重点企业环保调度会议精神贯彻落实到位。对逾期不完成治理任务的，按照《环境保护违法违纪行为处分暂行规定》的条款追究相关责任。

（6）严格贯彻区域限批措施。一是凡出现两起以上未批先建的违规建设项目，县环保局将进行通报批评并暂停审批项目所在地的所有建设项目；二是县区域出现一起违反国家产业政策、不符合环保要求，或一起严重违反环保"三同时"制度的建设项目违法行为，县环保局将暂停审批项目所在乡镇的所有建设项目，直至整改到位；三是以解决危害群众健康和影响可持续发展的环境问题为重点，进一步加大环保执法力度，加快推进全县经济由"环境换取增长"向"环境优化增长"的转变，确保主要污染物排放总量年度消减任务的完成，逐年改善总体环境状况，促进经济社会"又好又快"发展。

（7）切实加强重点流域污染治理和城市污水处理工作。严格执行关停、取缔沿笃马河、马颊河、德惠新河"（土）小"企业的措施，全面启动污水处理厂的运行，切实降低重点企业污染负荷，并在主要河流上进行布点监控，严格控制各项污染指标。2006 年，县财政投资 600 多万元用于第一污水处理厂的综合改造工程，增上了脱磷除氮设施和污泥回流装置及辅助设施，现已全部完成并使用，出水水质实现了稳定达标排放。同时，谷神生物、同兴酒业、中茂圣源通向县第一污水处理厂，总长 5779 米的污水管网也已施工并投入使用。2007 年总投资 1 亿多元的第二污水处理厂的道路、桥涵已完工，新、老城区管网（11000 米）铺设工程已建成 10540 米，只差 460 米即将竣工。该工程建成投产后将进一步改善生态环境质量。

7.3　陵县环境保护工作的成效与问题

7.3.1　工作成效

在各项强有力的措施推进下，陵县全县环保突出问题得到初步解决，节能减排工作取得显著成效，环境质量有了明显改善，生态破坏加剧的趋势得到有效遏制，各项环境保护工作都取得了较好的效果。陵县重点企业污染治理工作取得了明显成效。如下表 7-6 所示：

表 7-6　陵县重点企业污染治理情况一览表

企业	主要污染物	治理前情况	治理后情况	削减率
信达化工	COD	500mg/L	110mg/L	78%
同兴生物	COD	2000mg/L	65mg/L	96.8%
	NH_3-N	5mg/L	1mg/L	80%
兴豪皮业	COD	7500mg/L	150mg/L	98%
	NH_3-N	300mg/L	20mg/L	93%
华茂科技	COD	4000mg/L	120mg/L	97%
	NH_3-N	200mg/L	40mg/L	80%
	SO_2	3000mg/m³	380mg/m³	87.3%

续表

企业	主要污染物	治理前情况	治理后情况	削减率
圣源纸浆	COD	4000mg/L	160mg/L	96%
	NH_3-N	无	无	—
	SO_2	3000mg/m³	800mg/m³	73.3%
谷神生物	COD	2000mg/L	60mg/L	97%
	NH_3-N	40mg/L	2.42mg/L	94%
	SO_2	3000mg/m³	380mg/m³	87.3

　　各环保监测设备纷纷到位,企业积极进行环保工作使得陵县环境也有了明显改善。重点企业水污染设施调试运转正常,大气脱硫除尘设施基本安装完成,水、大气在线自动监测仪器设备全部订货。县域主要河流水质明显好转,尤其是马颊河张习桥省控断面主要污染物 COD 浓度正在逐月下降,2007年具体情况是:三月份457mg/L,四月份202mg/L,五月份186mg/L,六月份152mg/L,七月份51.9mg/L,五个月共下降405.1mg/L。

　　通过大力进行生态县建设,陵县已有3个乡镇被评为市级"环境优美乡镇",陵县第一中学被评为市级"绿色学校",陵县世纪家园被评为市级"生态居住小区"。2007年,又制定了4个市级、4个省级、1个国家级环境优美乡镇,30个生态文明村,1个生态居住小区,1个省级绿色学校,1个生态工业园建设计划,并及时上报了相关材料等待上级审批。

　　主要企业节能降耗工作取得了积极效果。乐悟集团定岗定责,抓节能增效不放松,成立了专门的技术革新小组和技术部;植物油总厂成立技改小组,对部分设备进行技术改造。锅炉安装自控系统,日节煤10%～15%,节电15%～20%;脱绒小隔圈生产,缩小锯片直径,年节约支出1.8～2.5万元;定网网室改造和清弹回收,使出绒率达11.5%,创历史新高,比原来增2个百分点,每吨毛籽多出绒20公斤;预榨机改造,棉粕日产增60%,玉米粕增一倍,分别达到240吨和200吨。金棵生物成立技术部,解决技术难关十余个,革新项目21个。动员全体员工搞创新,制定了奖励办法,在技术改造的同时,能自己制作的设备自己动手做,年节支80万元,抓物料配置和物耗管理,年节约资金百余万元。

7.3.2 主要问题

如前所述，陵县环境保护工作成绩有目共睹。同时也要看到陵县环境保护工作存在的问题：首先，受传统经济发展方式的影响，一些企业重数量、轻质量，重投入、轻产出，重速度、轻效益，重发展、轻环境，高消耗、高排放、低利用的现象依然存在，导致环境保护欠账过多，离真正意义上的资源节约型社会还有较长距离；其次，由于部分职能部门对环保的认识还存在不足，未充分履行各自的环保职能，各项环保法律法规的执行力度仍显得不够；三是环境执法力度有待加强，执法资金、设备投入仍有待增加。陵县需要在以后的工作中继续努力，以早日实现经济社会和自然的和谐发展。

第 8 章

县域法制建设与社会稳定

县域发展，不仅取决于法治化，而且受益于法治化，法治不仅是县域发展的条件，更是一种潜在的资源，法治发展水平是县域发展核心竞争力的重要体现。

正因为如此，陵县司法、行政部门及其工作人员不断创新工作方法，努力探索化解各类社会矛盾的解决之道，为和谐社会的构建提供了有力的法制保障。

8.1　县域法制建设的作用与重点

改革开放以来，党中央、国务院高度重视社会主义民主法制建设。党的十五大确立了依法治国、建设社会主义法治国家的基本方略。党的十六大进一步把发展社会主义民主政治，建设社会主义政治文明，作为全面建设小康社会的重要目标。党的十七大提出全面落实依法治国基本方略，加强建设社会主义法治国家，对进一步推进依法治国基本方略做了全面部署。十七届中共中央政治局以完善中国特色社会主义法律体系和全面落实依法治国基本方略为题进行了第一次集体学习，强调要切实把党的十七大提出的全面落实依法治国基本方略、加快建设社会主义法治国家的重大任务落到实处。作为基层政权组织，县域在国家法制建设方面起着独特而又十分重要的作用。从当前的社会主义新农村建设和县域的城镇化、工业化建设的背景来看，社会利益群体的细分化，利益诉求渠道和内容的多元化，都需要以法律来调节和规范，县域范围的法制建设具有极强的现实紧迫性。

8.1.1　县域法制建设的作用

法律是调整人们行为关系的准则。在市场经济体制下，随着体制的规范，法律法规体系的作用更为明显。就当前县域发展的情况来看，法制建设在县域范围内至少发挥着以下几方面的作用。

一是保障发展的功能。通常所说的法律为改革开放"保驾护航"，其实就是法律对发展的保障功能。具体到县域范围内来说，法律在解决民事经济纠纷、预防和打击经济犯罪、预防暴力犯罪、打击职务犯罪等各个方面，都有着不可替代的作用。而这些作用的发挥正是为了保持良好的社会秩序和生产秩序，保障并促进县域发展。

二是规范运行的功能。县域内市场经济运行的主体，有企业、有政府，也有个人；有大企业，也有中小企业。不同的市场主体在同样的市场上运行，最不可或缺的就是规范。县域内社会活动的主体，有强者，也有弱者；有道德高尚者，也有品行不良者。对于各类社会主体，必须有一个最低尺度行为标准。法律正是上升为国家意志的各种行为规范的总称。法律体系对于各种经济和社会活动主体行为的规范，是市场经济有序运行、社会活动有序开展的保障。

三是保护权益的功能。市场和社会活动的基本原则就是保障合法权益。合法权益得不到保障，市场和社会就难谓公平。在社会主义市场经济体制下，保护每一个社会和经济主体的合法权益显得尤其重要。对于县域来说，保护合法权益尤其是要强调保护农民的合法权益。这包括依法打击制售假劣农资的违法行为，维护农民在农资消费中的合法权益；依法整治农村市场秩序，维护农民在市场交易中的合法权益；依法保护农业、农村资源的环境，保护农民安全生产、心身健康权益；依法打击各种行政侵权、经济侵权行为，维护农民合法的政治民主权益和经济权益等等。

四是维护稳定的功能。稳定是社会发展的基础，县域稳定是社会稳定的基础。新农村建设需要一个和谐、稳定、有序的环境。建立和谐、稳定、有序的环境是法治的本质要求和目的所在。通过认真贯彻执行农村治安方面的法律，维护良好的乡村治安环境；通过依法打击各种侵权行为，形成良好的农村经济秩序和政治秩序；依法解决农村各种矛盾纠纷，形成和谐的人际关系和党群、政群、干群关系等等，均是社会稳定的基础。

8.1.2 县域法制建设的要点

从当前的实际情况和各地的实践来看，县域范围内法制建设的要点应该集中在以下五个方面：

普法教育是法制建设的基础。普及法律知识，让人民群众知法守法，尤其是在广大农村普及法律知识十分必要。有关部门要充分利用广播电视、报刊、网络以及张贴标语口号、举办法制讲座、送法下乡等手段措施，深入组织开展形式多样的普法宣传教育活动，提高干部群众法制意识和对平安建设重要性的认识。

综合治理是法制建设的重点。社会治安问题是社会上各种矛盾的综合反映。对社会治安实行综合治理，也是社会主义新农村建设本身的客观需要。建设社会主义新农村必须加强社会治安的综合治理。它是中国独创的在党的领导下，把政府、司法机关和社会各方面的力量组织起来，充分运用政治的、经济的、行政的、法律的、思想教育的和文化的各种手段，完善信用体系，构建诚信社会；惩罚制裁犯罪，挽救失足者，改造违法犯罪者；消除产生违法、犯罪的原因和条件，全面预防和减少违法犯罪。县域内的综合治理工作要以社会主义的各项法律、法规为核心，充分利用传统、习俗和道德、环境因素的作用，正确反映和兼顾不同方面群众的利益，正确处理改革、发展、稳定的关系。

着重调解是法制建设的方针。注重排查、化解社会矛盾纠纷，大力加强基层调解机制建设，调整充实调解员队伍，形成县乡村三级调解网络，是农村法制建设的重中之重。在农村，尤其要强调"着重调解"的原则。农村中各种纠纷的调解机制对于一个村庄秩序的形成至关重要。一方面是因为调解可以省去诉讼中的金钱与时间成本，另一方面，调解这种纠纷解决方式与中国乡土文化较为合拍，农民群众易于接受。

打击犯罪是法制建设的手段。犯罪活动尤其是暴力犯罪，对社会秩序的破坏性强、危害大。打击犯罪是保持稳定的重要方面。严厉打击暴力犯罪始终是维护社会治安的重要措施。同时，要坚持"打防结合"，把暴力犯罪扼杀在萌芽状态，注意调节和排解人民内部矛盾，化解纠纷，疏通思想，防止小的纠纷发展为暴力冲突。

信访工作是法制建设的补充。信访工作也是中国社会综合治理工作的特色。要重视群众信访，善于从信访中看出社会动向，判断治安形势。努力通过信访渠道解决基层的突出问题，防止这些问题蔓延、发展成犯罪。信访工作有许多具体情况，需要结合中国的实际不断完善。

8.2　陵县预防和解决民事纠纷

社会稳定是人民群众的共同心愿，是改革发展的重要前提。妥善解决民间经济、邻里、家庭、轻微伤害等民事纠纷，是维护社会稳定的重要方面。经过多年探索，陵县形成了预防和解决民事纠纷的多种渠道、多种途径，它们相互配合、协同作用，在"平安陵县"、"和谐陵县"建设中发挥了重要作用。这些渠道和途径可以概括为民事纠纷预防和解决的"两大系统"和"两条防线"。其中，两大系统是指以人民调解和法院调解共同构成的民事纠纷调解系统和以法院裁判和执行共同构成的民事权益司法保护系统；两条防线是指以司法行政系统为主体构建的人民调解防线和以人民法院为主体构建的便民诉讼网络防线。在县委以及相关部门的直接领导下，通过该两大系统和两条防线的协同作用，陵县社会管理体制不断健全，社会稳定与和谐的程度不断提高。

8.2.1　诉讼外调解纠纷

在市场经济条件下，矛盾和纠纷是不可避免的。居家过日子的夫妻、父子，低头不见抬头见的邻居，讨价还价的买卖双方，甚至偶尔相遇的陌路人，都有可能产生矛盾和纠纷。这些矛盾和纠纷预防和解决得好，有利于增进人与人之间的感情，加深人与人之间的理解，促进社会稳定与和谐；这些矛盾和纠纷预防和解决得不好，就有可能引起更为激烈的冲突，甚至酿成人命大案，破坏社会秩序与安宁。民间纠纷预防和解决的程度和效果是考验一个地方的领导人能力和有关部门工作魄力和效率的重要标杆。在陵县，县委十分重视民间组织和司法行政工作人员在预防和解决民间纠纷中的作用，并建立了一整套工作规范和程序，形成了比较完备的诉讼外民事纠纷调解体系。

1. 构建"三位一体"诉讼外民事纠纷调解体系

为满足人民的法律诉求，公正、高效地解决民间纠纷，陵县司法局在全县城乡范围内构建了比较健全的诉讼民事纠纷解决机制。首先，在各乡镇设立"法律诉求工作站"：家庭成员之间、邻里之间、社会成员之间发生了矛盾、形成了纠纷的，可以到法律诉求工作站寻求救济。工作站里配备的专业工作人员会给当事人提供免费的法律咨询服务，同时指导其通过法律途径解决纠纷。一般来说，通过做当事人工作，发现纠纷不可能和解，必须提交其他途径解决时，法律诉求工作站人员会给当事人指出解决纠纷的基本途径——提交人民调解委员会调解或者向人民法院提起诉讼，由当事人自主选择。

其次，以乡镇司法所为主体设立"司法调解中心"，解决人民内部矛盾，为社会稳定、和谐设置"安全阀"。在陵县，13个乡镇（经济开发区）的司法调解中心都有专门的办公用房，建立了完善的接待和处理纠纷的规章制度，深受群众欢迎。陵县以乡镇为单位、以司法所为主体设立司法调解中心的做法引起了司法部的重视，被称为"陵县经验"，并向全国推广。

再次，在企业、乡村普遍设立"人民调解委员会"，发现纠纷及时解决，有效防止矛盾激化和恶化。现在，陵县已在39个企业、989个行政村设立了人民调解委员会，通过选举和聘任等方式产生人民调解员3175人。"有矛盾、有纠纷找调委会"成为陵县人民群众的共识。据不完全统计，仅2007年上半年，全县各人民调解委员会共受理案件3690件，调解成功3500件，调解成功率达94.85%。

根据有关部门的设计安排，在陵县，当事人之间形成民事纠纷之后，可以向法律诉求工作站寻求帮助。法律诉求工作站工作人员通过向当事人宣讲法律，尽力促成当事人和解。如果不能和解的，告知当事人向司法调解中心、人民调解委员会申请调解，或者直接向人民法院提起诉讼。其中，当事人自愿向司法调解中心、人民调解委员会申请调解的，由相关的司法调解中心或者人民调解委员会进行调解处理。这样形成了一个三位一体的民间纠纷预防和处理机制。

2006年底，糜镇某村74名妇女到镇政府上访，反映该村土地承包不合理的问题，强烈要求将承包地平分到各家各户。镇领导高度重视，派镇司法所长刘丰军处理。到村以后，刘丰军连续多次召开上访代表会议，逐一听取了各位代表的意见。村民的要求是把刚收上的承包款退回，然后把地分到各家各户。其理由是这块承包地是滋生腐败分子的温床，如果这块承包地不均分，在村里就没有好日子，永远不稳定。刘丰军先后走访了5名村干部和40多户群众，弄清了事情原委，最后权衡利弊，同村干部一起召开群众代表大会，退回了承包款。钱是退回了，承包地该怎么办？172亩地700多口人分，如何种？因时间临近春节，刘丰军建议节后再做处理，以免影响大家过节的情绪。春节过后，刘丰军带领3名干部，自带生活费住进了村子里。这些干部多次召开群众代表会和村干部会议，在听取村干部和群众意见的基础上，根据有关法律和政策，最后决定以河滩树地为交换条件，由群众自愿选择是种树地和还是承包林地。这样，该村的承包土地问题终于得到了圆满解决，群众非常满意，从此再没有发生上访事件。

2. 完善调解组织规范和调解程序

组织建立之后，制度是保障。为了确保各类调解组织及其工作人员依法办案，增强人民群众对于调解结果的信任度，县司法局注重完善法律诉求工作站、司法调解中心和人民调解委员会的制度建设，实现调解程序公正和结果公平。例如，制订了《人民调解委员会工作职责》、《人民调解员工作职责》、《调解员守则》等适用于农村和企业的人民调解委员会的规范和制度。根据这些规范和制度，农村、企业的调解委员会每周、乡镇的调解委员会每月要排查一次矛盾纠纷，并及时采取措施调处，真正做到"排查得早、发现得了、控制得住、解决得好"。在陵县，小的纠纷2至3天解决，一般的纠纷5至7天解决，特别疑难复杂的纠纷不超过半个月解决。人民调解委员会解决不了或者不属于其职责范围的纠纷，应当及时告知当事人通过其他途径解决，同时向有关部门移交相关情况，做到不推不拖，坚决防止矛盾激化甚至民转刑。

3. 不断提高调解工作人员素质

人的问题始终是所有问题的核心。诉讼外纠纷解决系统能否发挥其应有的功能和作用，能否得到人民群众的响应和支持，关键在调解工作人员的素质。县司法局特别重视人民调解员的道德素质和业务素质培养，强调通过理论学习、实践考验、群众评价等方式，在丰富人民调解员的法律知识的同时，不断提高其办案的合法性、合理性和公正性。陵县司法局确立了选拔任用人民调解员的三项标准：一是对组织忠诚，对当事人尊重，以诚相待，以情动人；二是思想进步、好学善学、追求高尚的人生目标；三是精通业务，乐于奉献，秉公执法，刚直不阿。实践证明，这三项标准对于加强人民调解员队伍建设发挥了十分重要的作用，全县人民调解员的业务素质和道德素质不断提高，得到了纠纷当事人和案外人的信任。

8.2.2 践行司法为民理念

诉讼是解决民事纠纷最权威、最有效的方式。在陵县，通过充分发挥人民调解组织的作用，大部分纠纷已经被消灭在萌芽状态。但是，并不是所有的纠纷都能通过人民调解组织成功解决。近年来，由于经济发展、财富增加以及人们的权利意识不断增强，当事人提交法院解决的纠纷的数量逐年上升。同时，经过人民调解组织的调解过滤，提交法院解决的往往都是矛盾比较尖锐、处理难度较大的纠纷，加之在民间"酝酿"的时间比较长，这些纠纷如不及时解决，极易引发更为激烈的冲突，产生更为严重的不利后果。针对这种情况，陵县法院充分调动各方面的积极性，构建了方便民众通过司法解决纠纷的系统工程。

1. 构建便民诉讼网络

陵县面积达1213平方公里，辖区范围大。如果将所有的诉讼案件都放在县城的人民法院审理，就不利于降低当事人的成本，不利于法官查清案件事实，不利于提高诉讼效益，不利于发挥案件审理的法制宣传教育作用。为此，陵县人民法院提出"把困难留给法院，把方便留给群众；把付出留给法院，把利益留给群众"的口号，建设了以人民法庭为中心、以辖区内的便民诉讼联络站和便民诉讼联络点为依托的三位一体便民诉讼网络。其具体做法是：1999年，为了便于规范管理，提高审判质量，集中财产、物力搞建设，陵县将原有的12处人民法庭合并为5处。然后，以人民法庭为中心，在原乡镇或街道办事处驻地设置便民诉讼联络站，以5～10个自然村为单位、在集市或者其他交通比较便利的地方设置便民诉讼联络点。一般是1个法庭设置3～5

个联络站，设 15 个左右便民诉讼联络点。联络站使用乡镇撤并前的人民法庭使用的办公场所和设施，平时委托乡镇政府协助管理，人民法庭定期（一般是五天）派审判人员到联络站办公一天，并提前对外公布具体时间，现场收案办案。联络点选择素质较高的村支书或村主任为联络员，由村委会协助提供临时性的办公场所和办公设施，同时给予联络员以适当的报酬，人民法庭根据需要派出审判人员到联络点收案办案。

为了加强便民诉讼网络的宣传，陵县人民法院制作了便民诉讼网络图板，详细标明每个人民法庭及其所设便民诉讼联络站和联络点的位置、管辖范围、联络人员姓名、联系电话等信息，便于人民群众充分利用便民诉讼网络解决纠纷。便民诉讼网络的运行，极大地便利了纠纷当事人，提高了纠纷解决的效率和效益，深受人民群众欢迎。

2. 实施"春雨工程"

为全面落实社会主义法治理念，践行"司法为民"宗旨，使法官贴近群众、法律服务社会，陵县人民法院开展了以"司法便民、司法利民、司法为民"为主题，以便民诉讼网络建设、诉调对接经验的进一步完善为依托，以"法润社区、法暖乡村、法助企业、法育学校、法理行政"为主要内容，以进一步提高法院办案质量和效益、普及法律知识、增强法律意识、依法解决矛盾和纠纷、为建设"平安陵县"、"和谐陵县"提供高效的法律保障为目标的"春雨工程"活动。

"春雨工程"要求法院审判工作人员转变观念，调整思维模式和角色定位，由过去的法律制裁实施者回归到法律服务者和法律保障者，由过去强调当事人义务为本位转变到强调当事人权利为本位，由过去为办案而办案转变为坚持办案的法律效果和社会效果并重，由过去的判决模模糊糊转变为让当事人赢得堂堂正正、心悦诚服，输得明明白白、口服心服，从而提高法院的权威性，增强民众的法律意识，使法律真正如同春雨一般洒遍社会的各个角落，让整个社会因为法律保障而生机勃勃。

为了充分发挥法律保障的"春雨"作用，陵县人民法院制定了周密的活动方案。全体审判人员在做好本职工作的同时，主动走出机关，走进社会，与政府行政部门、群团组织、各类学校加强联系与沟通，宣传法治，用法律知识为群众排扰解难。其中，2007 年向群众发放法律宣传资料 5000 余份，举办法律知识讲座 80 多场，巡回开庭 14 次，17 名法官被学校聘为法制副校长。这些活动收到了良好的社会效果，民众的法律意识明显提高，遇到纠纷以暴力方式实施自力救济的情况明显减少。

3. 构建交通事故处理新机制

随着经济的发展，公路建设加快，机动车的数量急增，因交通事故产生的纠纷占农村纠纷比重也明显上升。妥善解决因交通事故引起的纠纷，不但是维护受害人合法权益、平衡各方利益的需要，而且是维护社会安宁与稳定的迫切要求。2004 年 5 月 28 日，陵县人民法院从便民、利民角度出发，结合审判工作的实际，成立了专门的道路交通事故合议庭，负责对本院辖区内交通事故损害赔偿纠纷案件的审理和裁判。

然而，一件交通事故的处理，绝不是人民法院一家就能把所有的问题解决，还必须有相关部门的协同与配合。例如，道路交通事故发生后，现场如何处置，若因现场产生争议，证据如何取舍认定？救治受伤人员的费用由谁支付、如何支付？保险公司、机动车驾驶人、车辆所有人、车辆实际支配人不在规定时间内垫付或者支付相关费用的，如何处理？当肇事者企图逃避责任时，人民法院如何与公安交通警察部门协调，将扣押的肇事车辆变价以折抵肇事者应当承担的赔偿责任？为了妥善地解决这些问题，2005 年 10 月陵县人民法院召集陵县交警大队、各大医院、保险公司等相关部门的负责人召开座谈会，就道路交通安全事故处理及受伤人员救治等问题进行深入探讨。经过研讨和协商，各相关单位进一步明确了自己在道路交通事故案件处理中的责任，知悉了自己与其他相关部门配合和协作的具体内容。此后，陵县人民法院根据《民法通则》、《道路交通安全法》、《道路交通安全法实施条例》、《机动车交通事故责任强制保险条例》、最高人民法院发布的《关于审理人身损害赔偿案件若干问题的解释》、公安部发布的《交通事故处理程序规定》等规范性文件的规定，与陵县交警大队共同制订了《关于进一步做好道路交通事故案件处理工作的具体意见》（以下简称《具体意见》）。从此以后，陵县交通事故纠纷案件的处理进入了一个全新的时期。

《具体意见》从以下几个方面创新了道路交通事故纠纷处理机制，收到了良好的社会效果。首先，咨询和立案窗口前移，便利当事人选择纠纷解决途径。陵县人民法院交通事故合议庭在陵县交警大队事故科办公室设立咨询立案值班人员，并以图板形式设立醒目的《诉讼指导》，告知选择通过诉讼解决纠纷的相关当事人应当准备和提供的资料、证据，免费提供《交通事故损害赔偿案件诉讼指南》、《道路交通事故案件举证须知》、《诉讼风险告知书》、《民事起诉状》样式等材料。当事人选择通过诉讼解决交通事故纠纷的，可以在值班人员处办理立案手续。符合立案条件的，值班人员在三日内将相关材料转县人民法院立案庭，由立案庭进行统一编号登记，案件纳入审判流程管理体系。当事人申请诉前财产保全的，值班人员应当立即将相关材料转立案庭，由立案庭审查处理。

其次，与交警部门密切配合，尽量在交通事故处理程序中处理当事人之间的纠纷。交通事故发生后，对难以在短时间内调解处理，或者一方明确表示不同意调解的案件，交警部门可以及时向合议庭通报情况，同时告知当事人可以向人民法院设在交警大队事故科的值班人员咨询甚至要求立案。交通事故合议庭收到有关信息后，可以与交警部门先行"会诊"，并在此基础上向当事人提出合理建议，促使当事人同意调解处理纠纷。当事人仍不愿意接受调解的，人民法院应当立案并交由交通事故合议庭审理裁判。

第三，人民法院与交通警察协同努力，确保顺利采取财产保全措施。交通事故发生后，受害人请求采取财产保全措施，经人民法院裁定准许的，交通警察部门应当按照人民法院的协助执行通知，立即协助对肇事车辆或者其他财产采取查封、扣押措施，不得以交通事故尚未处理完毕等为由拒绝协助执行。在诉讼过程中，受害人申请先予执行，经人民法院裁定准许的，交通警察部门同样应当按照协助执行通知书的要求，将本部门扣押的财产交由人民法院处理。

通过《具体意见》的规范，不但人民法院与交通警察部门之间的协同配合加强了，而且大大提高了交通事故案件的处理效益。据统计，陵县交通事故合议庭设在县交警大队的值班人员年均接待咨询达765人次，交通事故合议庭每年平均审结交通事故案件100余件，每件案件的平均审期为28天。同时，由于人民法院与交警部门协同配合，及时采取财产保全和先予执行措施，解决了因交警部门无权长时间扣留事故车辆而导致肇事车辆被转移、受害人合法权益无法得到保障的问题，最大限度地维护了受害人的合法权益。

8.2.3 维护当事人合法权益

在市场经济体制下，矛盾和纠纷是不可避免的。司法是解决纠纷的最后途径，也是具有最高效力和最权威的途径。因此，司法是社会主义市场经济体制中的一项至关重要的权益保障和平衡机制。公正是司法的本质与核心，公正司法是维护社会和平与安宁、促进经济发展的重要途径。陵县结合现代社会发展的实际情况，在确保司法公正方面做了大量工作，不但维护了当事人的合法权益，而且为陵县的经济发展创造了良好的法制环境。

1. 加强法官队伍建设

在长期的实践工作中，陵县人民法院认识到，司法是否具有权威性，关键在于司法是否公正；司法是否公正，关键在于是否具有一支高素质的法官队伍。加强法官队伍建设，提高法官素质，是维护司法公正和权威的有效途径。陵县人民法院抓法官队伍建设，着力点主要集中在两个方面：一是狠抓法官的业务素质；二是加强法官队伍廉洁建设。首先，司法人员的良好的业务素质是公正司法的前提和基础，陵县人民法院始终将法官队伍建设作为维护司法公正和司法权威的基本要素工作抓紧抓好。近年来，陵县人民法院一方面严把法官队伍入门关，挑选高素质的法律专业人员从事审判工作，另一方面紧抓法官继续教育工作，法官的年龄和学历结构不断合理化，业务能力不断提高。全县共有审判人员 44 人，年龄在 30 至 40 周岁的占 41%，40 至 50 周岁的占 48%，73% 的法官取得了大学本科学历。自 2002 年至 2007 年，陵县人民法院共审结民事案件 967 件，调解结案率达 70%，上诉率 7%，审结刑事案件 101 件。

其次，司法行为的廉洁性是司法公正和司法权威的重要保障，陵县人民法院建立了教育与制度建设并重的司法廉洁确保机制。近年来，陵县人民法院开展了以思想政治教育、职业道德教育和纪律作风教育为主要内容的"三个教育"活动，以奠定法官廉洁自律的思想基础；通过严格审判工作纪律和财经工作纪律，建立"隔离带"和"防火墙"，形成了有效的腐败防范机制；通过实行"一岗双责"、"诫免谈话"、"通报批评警示"等制度，形成了预防和反对腐败的监督和惩处机制。实践证明，陵县人民法院构建的思想教育和制度建设相结合的腐败预防体系是成功的、有效的，基本形成了教育、管理、监督三管齐下，审判队伍"不愿"、"不能"、"不敢"腐败的良好局面。2007年全县只发现一件法官违法违纪的案件，就是其反腐倡廉工作取得良好效果的最好例证。

2. 维护法律权威

公正是司法的生命。无论是审理民事案件还是审理刑事案件或者行政案件，陵县人民法院始终将公正放在第一位。在处理民事案件时，尽管强调尽量以调解的方式结案，但并不单纯依赖调解，而是在维护公正的法律秩序的前提下，"能调则调，当判则判"，绝不为了提高调解结案率而牺牲公正。近年来，陵县人民法院判决的一审民事案件平均上诉率不到3%，从一个侧面证明了其裁判质量的可靠性。而在审理刑事诉讼案件时，陵县人民法院既强调维护正常的法律秩序，又重视维护被告人的合法权益，被告人的服判率显著升高，近五年陵县人民法院审理的刑事案件的上诉率平均不到1%。在审理行政诉讼案件时，面对民与官的较量，陵县人民法院坚持站在公正的立场进行裁判，不偏不倚，既让老百姓满意，又让行政机关信服。自2002年至2006年，陵县人民法院共变更了28件行政处罚和工伤认定案，维护了行政相对人的合法权益，敦促行政机关依法行政，维护了司法权威。

近年来，由于多种原因，劳资纠纷问题比较突出，农民工工资经常被拖欠。针对这一情况，陵县人民法院加大审判力度，为农民工工资案件开辟绿色通道，全力依法维护农民工合法权益，先后为百余名农民工追回欠薪200多万元。2003年至2005年间，孙某等17位农民工先后两次受雇于包工头王某，承建德州某车业有限责任公司陵县开发区厂房土建工程。工程完工后，王某以车业公司没有进行工程结算为由，拒绝向孙某等支付工资。多次交涉无果后，孙某等来到陵县丁庄法庭起诉，请求依法维护其合法权益。丁庄法庭受理案件后，根据农民工的实际情况，经院长批准，为孙某等办理了缓交诉讼费的相关手续，并在法律规定的最短期限内，传唤被告王某和车业公司到庭审理。两被告在庭上相互推脱，无法达成调解协议。于是，法庭在最短的时间内依法判决两被告承担连带责任，共同向孙某等17名农民工支付工资16.6万余元，并承担本案的诉讼费用。判决生效后，王某离家出走，去向不明。丁庄法庭又做车业公司的思想工作，最后车业公司从应当支付给王某的合同款中优先支付了 17 名农民工的工资 16.6 万余元。2007 年 2 月 12 日，孙某等特意给陵县人民法院送来了写着"人民法官，为民解忧"八个大字的锦旗，以表谢意。

3. 加大执行力度

法律的全部意义在于它在社会生活中的实现。裁判的执行是法律实现的重要形式和内容，裁判执行的情况直接影响法律的权威性和尊严。在执行难普遍存在的情况下，陵县人民法院从思想、组织、制度、措施等方面加大力度，确保法院裁判的有效执行。其成功做法之一就是多方形成合力，共同破解执行难。例如，为了解决抗拒执行、阻碍执行的问题，陵县人民法院主动要求政法委统一组织协调，法院、公安、检察等单位协同配合，形成威慑力量，确保案件顺利执行，取得了良好的社会效果。2007 年 8 月 23 日，陵县人民法院在执行一件离婚后的财产分割案件时，执行法官及干警遭到了被执行人王某一家以及不明真相的群众共 40 余人的围攻。县政法委了解情况后，立即组织县公安局干警前去维持现场秩序。在极短的时间内，县政法委书记、公安局副局长带领公安局防暴大队、刑警大队、派出所民警等近百人来到执行现场，说服不明真相的群众离开现场，并对暴力抗执的王某等 4 人实施司法拘留，案件最终得以顺利执行。

8.3 陵县预防和打击犯罪

相对于民事、经济纠纷案件来说，刑事犯罪案件对和谐社会构建的破坏作用更大，产生的后果更为严重。依法严厉打击犯罪行为，同时做好预防犯罪的各项工作，做到"打"、"防"结合，消除隐患，维护人民群众生命财产安全，是国家公、检、法机关的重要使命。陵县公安局、人民检察院、人民法院以建设"和谐陵县"、"平安陵县"为目标，在预防和打击犯罪方面积极配合，产生了良好效果。近年来，陵县的社会治安和法治环境不断优化，社会安宁与和谐程度不断发展，为陵县社会、经济、文化建设创造了良好的氛围。

8.3.1 严厉打击暴力犯罪

暴力犯罪始终是社会最大的毒瘤，破坏力强、影响极坏。为预防和打击暴力犯罪，陵县公安局始终坚持侦破案件与制度建设相结合，取得了良好的效果。陵县公安局的做法主要集中体现为三个方面：一是坚持严打整治方针丝毫不动摇；二是狠抓治安防控体系建设；三是建立坚实的工作保障机制。

严打整治是维护社会治安的重要措施。陵县公安局通过区域斗争、专项斗争等形式，坚持打霸治痞、打黑除恶与侦破多发侵财案件相结合，因地制宜、因案施策，始终对各类暴力犯罪行为保持高压威慑态势，从而有效遏制了重大刑事案件和侵害群众利益案件的发生。近 5 年来，陵县公安局重、特大案件破案率达 95％以上，其中共立杀人案 25 起，侦破 23 起，摧毁各类犯罪团伙 66 个，抓获团伙成员 737 名，立、破其他刑事案件 3415 件。2005 年 3 月 5 日上午 10 时 13 分，陵县公安局接到报案，在陵城镇张集村麦地发现一名生命垂危男子和一辆出租车。接案后，侦技民警在 3 分钟内赶赴现场，经初步侦查确定为一起劫车杀人案，并迅速成立侦破指挥部。根据现场情况，指挥部判断犯罪分子出逃时间不长，立即部署分兵三路，在陵县、平原、德城、临邑范围内围追堵截。11 时 30 分，在案发地南面河对岸发现了犯罪嫌疑人丢弃的衣服，并在其中找到几张 3 月 3 日哈尔滨至德州的火车票。指挥部据此判断，犯罪嫌疑人还将继续逃窜，于是命令各交通要道、车站的派出所进入备勤状态，随时准备增援。下午 18 时，三名犯罪嫌疑人孙某、张某和王某在平原开往德州的公共汽车上被抓获，一起恶性流窜抢劫杀人案在 8 个小时内即成功告破。

社会治安的根本好转，最终还是要"以防为主"。陵县公安局根据公安部提出的"三基"建设目标，强化了三项建设工作。一是以加强乡镇联防队和村级治保巡逻队建设为主要内容的巡逻防范队伍建设，现在全县 13 个乡镇

（开发区）均建立了联防队，989 个村庄的群防群治队伍全部健全。仅 2006 年，通过乡镇联防队巡逻组织抓获犯罪嫌疑人 146 人，破获刑事案件 271 起。二是以主导警务理念加强情报信息网络建设，建立了县、乡、村三级预警信息系统。三是本着向科技要警力、要战斗力的理念，将技术防范摆在治安防控工作的突出位置，其中最为典型的就是安装摄像头进行 24 小时不间断观察。目前全县已安装前端摄像机 170 部，监控部位达 68 处。2007 年 1 至 10 月份，通过治安动态监控系统破获各类案件 96 件，提供破案证据 29 条、破案线索 36 条。

预防和打击犯罪，队伍是关键。高素质、能战斗的队伍必须得到来自各方面的支持。因此，陵县公安局强调努力建立坚实的工作保障机制。通过加强组织领导，形成打击犯罪齐抓共管、整体作战的态势，保障整体合力的充分发挥；通过不断优化外部环境，取得党委、政府、社会各界和广大人民群众的广泛支持，为打击犯罪创造有利条件；通过加大硬件投入，最大限度地发挥技术和信息的潜力，提高队伍的科技应用能力；通过加大经费投入，确保办案、办公经费和警察待遇，增强队伍的向心力和凝聚力。

8.3.2　依法打击经济犯罪

在社会经济生活中，个别人由于私欲膨胀，总是企图利用国家法律和企业管理漏洞捞取不正当利益，最终造成国家或者企业财产损失，个人则走上犯罪道路。为了维护国家和企业财产安全，陵县司法机关采取多种措施和途径，堵住国家和企业财产流失的"漏洞"，抓住各种伸向国家和企业财产的"黑手"，取得了可喜的成绩，受到广大人民群众的肯定。其中，自 2002 年以来，仅陵县人民检察院以支持起诉的方式办理的国有资产流失案件就达 115 件，为国家挽回损失 500 余万元。陵县人民检察院办理的某制药厂国有财产流失案就是一个典型。

该制药厂原为市属国有企业，2001 年决定改制为民营企业。在改制过程中，职工反映存在国有资产严重流失的问题，陵县人民检察院决定立案调查，并认真核实有关线索。经过细致工作，梳理出企业负责人和有关业务员贪污、挪用、截留货款、占用资金等事实，决定对该厂原业务副厂长及两名业务员分别以涉嫌贪污和职务侵占等罪名立案侦查，责令其退还款项 15 万元，同时对其他截留货款或者以打欠条的方式占用资金的人员限期退出公款，先后又收回公款 115 万元。针对企业改制后，原企业的债务人拒绝履行债务的情况，陵县人民检察院民行科又以支持起诉的方式提起民事诉讼，追回货款 57 万元。通过办理此案，陵县人民检察院共挽回国有资产损失 180 余万元，取得了良好的社会效果。

8.3.3 预防和打击职务犯罪

职务犯罪不但损害国家、社会和广大人民群众的利益，而且损害国家公权行为的廉洁性和合法性，对社会的破坏作用极大。陵县人民检察院针对当前腐败案件的特点，正确处理查办案件与改革发展的关系，重视查处违背科学发展观、阻碍改革发展和影响和谐稳定的一切职务犯罪案件，强调查处与预防相结合，实现办案政治效果、法律效果和社会效果的统一，取得了明显的成效。

（1）深入开展"三比一看"活动。陵县人民检察院在查办职务犯罪工作中提出"全方位储备线索、集中精力抓大要案、统一意志抗干扰、锲而不舍抓结案"的要求，深入开展"办大案、攻难案、比结案、看效果"的"三比一看"活动，有效推动了办案工作。自 2003 年以来，仅反贪局就立案 82 件，起诉 65 件，判决 58 件，63 人被绳之以法。

（2）坚持"系统抓、抓系统"的方针，集中查办群众反映强烈、案件多发的行业或领域的职务犯罪案件。该类案件的查处，尽管涉及的金额不大，但它关系社会最底层的普通农民的利益，办案社会效果很好。

（3）坚持标本兼治，狠抓职务犯罪预防工作。陵县人民检察院根据职务犯罪案件的特点，开展了"系统预防、单位预防、个案预防"的职务犯罪预防工作，实行"一案一分析、一案一建议、一案一整顿、一案一教育、一案一回访"的"五个一"制度，启动了行贿犯罪查询系统，在民政局、教委、国税局、国土管理局等单位召开了预防职务犯罪联席会。通过多种多样的形式，延伸了预防触角，增强了预防效果。

8.4 陵县社会安全与稳定工作

法律和制度并不只是适用在解决纠纷、惩罚违法、打击犯罪等方面，更重要的是能够规范人们的行为，从而预防和减少纠纷与矛盾。然而，法律和制度不能自动发挥作用，必须有专门的机构和人员来执行法律，使制度付诸实施。执行法律和制度的部门，就是行政机关。行政机关依法办事，是维护社会安全和稳定必不可少的前提。作为一个县级行政机关，在维护社会安全和稳定方面，主要有城市管理、信访接待和安全生产等方面的工作。

8.4.1 城市管理

工业化的必然结果是城市化。城市化是社会发展水平的重要指标。城市管理水平决定着社会和谐程度，是一个地方的名片。陵县相关部门的负责人更是提出要像理家一样看待城市管理的重要性。但是，由于多种原因，目前小城镇管理仍是一件相当困难的事，正如有人所说，"七个大盖帽管不住一个小草帽"。没有强烈的责任心和高超的能力是做不好城市管理工作的。

经过长期的实践，陵县探索出了一条较为可行而有效的城市管理之路，取得了较好效果。陵县城市管理工作者认为，要做好城市管理工作，必须正确认识和处理四种关系，即市容与繁荣的关系、堵与疏的关系、治标与治本的关系、管理与服务的关系，重点抓好五个方面的工作，即严格执法、文明执法、标本兼治、建章立制、城乡环境综合治理。

以上述认识为基础，陵县在城市管理工作方面强调以下几个方面的工作：

（1）以队伍建设为依托，夯实城市管理基础。城市管理工作点多、线长、面广，要让政府放心、市民开心，必须有一些业务精通、纪律严明的队伍。1998年，陵县成立了城市综合管理办公室，2003年5月，成立了城市管理综合行政执法局。在建立健全了规章制度的基础上，综合行政执法局定期组织政治学习、业务学习和法律学习，聘请了常年法律顾问，由其定期宣讲法律，处理执法中的难题。

（2）以舆论宣传为载体，营造全民参与城市管理的氛围。为了形成"人人关心城市环境、人人支持城市管理、人人参与城市管理"的局面，营造"城市是我家、管好靠大家"的氛围，综合行政执法局通过广播、电视、发放宣传资料、张贴标语、悬挂过街横幅等多种形式，进行了广泛的宣传造势。还与县文明委共同开展"争做文明市民、共建美好家园"活动，不断扩大城市管理工作的影响。

（3）以专项整治为突破口，推动城市管理工作向纵深发展。近年来，陵县城管综合行政执法局先后开展市容市貌整治、户外广告清理、占道经营取缔等专项行动，实施街道亮化工程、垃圾收集袋装化工程，使城市面貌发生了重大变化，城市管理工作不断向纵深方向发展。

（4）以规范管理为目标，建立城市管理长效机制。只有依法进行管理，管理之后不能反复，城市管理工作才能产生长期效应。陵县城管综合行政执法局通过采取疏堵结合、标本兼治，分片包干、奖惩分明，现身说法、加强警示，分级管理、分别对待等方法，确保维持城市管理的长期效果。例如，在取缔马路市场时，执法局的做法是：取缔前充分宣传、取缔时提前进入、取缔后死看死守，调整力量部署，实行早、中、晚无缝管理，不给违章者可乘之机，确保取缔效果。

8.4.2　信访工作

认真接待和依法处理人民来信来访是发扬民主的一种重要方式，也是预防和解决纠纷、维护社会稳定的重要制度。以"建设和谐陵县"为目标，以"为群众解决困难、为基层解决问题"为根本出发点，陵县制定了完善的信访工作机制，同时落实责任，效果良好。困难解决了、思想上通了，群众也就不再上访了。自2003年以来，陵县未发生一件集体进京上访事件，越级到市以上上访也是零记录，连续取得了省市"先进信访单位"荣誉。陵县的做法主要体现在以下几个方面：

（1）强化领导，落实责任，不断健全和完善工作机制。陵县五大班子领导按照信访工作"一岗双责"的规定，实行信访工作包乡镇、包县直单位制度，对于涉及人数多、处理难度大、社会关注度高的信访问题，实行领导包案制度，做到"四定四包"，即定包案领导、定任务、定承办人、定办结时限，包调查、包处理、包做思想教育工作、包息诉罢访。同时，陵县建立了领导公开接访制度，县委书记、县长每月10日定期公开接待上访群众，在这种定包制度下，大部分案件都能得到妥善解决。

（2）强化基层基础建设，筑牢"第一道防线"。按照"有人管事、有章理事、有权定事、有钱办事"的要求，先后健全了乡镇司法调解中心、信访接待处理中心和纪检协调中心等一系列化解基层矛盾的有效载体，并优化资源，整合工作力量，综合运用法律、政策、行政、经济等手段以及教育、协商、调解的方法，及时公正地处理信访问题，提高基层及时就地化解矛盾的能力。同时推行"四个制度"，使其分别发挥不同的作用，即党员议事制度，强化党员对党支部工作的监督；村民代表参事议事制度，发挥基层民主，强化村民对于村务工作的监督；村民说事制度，畅通民情传达渠道；村务公开制度，增强透明度，自觉接受监督。全县组织1000多名干部组成驻村工作组，进驻989个行政村，围绕"察民情、排民忧、帮民富、保稳定"这一主题开展工作。

（3）强化矛盾排查调处，把不稳定因素消除在萌芽状态。为了切实掌握基层民心动态，陵县实行信访、司法、综治、治安四条线定期摸底制度，对群众关心的问题及各类信访话题，坚持村（企业）每天一排查、乡镇（单位）每周一排查、县每月一排查，发现问题即落实承办单位及责任人，限期办结。同时建立县、乡、村三级信访网络，实行昼夜值班。

由于信访工作得力，矛盾和纠纷得以及时、有效解决，社会环境更为稳定、和谐，为社会和经济发展创造了良好的条件。

8.4.3 安全生产

安全生产是经济发展和社会进步的核心工作。离开安全生产，经济效益就无从谈起。为此，陵县始终重视安全生产工作，以"安全第一、预防为主、综合治理"为工作方针，坚持"以人为本、科学发展、安全增效"的指导思想，以"抓源头、抓重点、抓检查、抓基础、抓整改、抓队伍建设"为方法，扎实开展安全生产指导与监督工作，取得了良好的效果。

　　根据实际情况，陵县确定的安全生产总体目标是：确保不发生重特大生产安全事故，扼制和减少一般性企业生产安全事故。为此，县安全生产监督管理局对企业采取了"二严"、"四降"、"五强化"的工作措施。"二严"就是严格执行法律法规，预防麻痹思想和侥幸心理，严查事故隐患和"违章指挥、违章作业和违反劳动纪律"的"三违"现象；"四降"就是降低事故率、降低死亡率、降低受伤人数、降低经济损失；"五强化"就是强化重点管理、强化监督检查、强化隐患整改、强化执法力度、强化安全生产教育培训。这样，建立了安全生产目标体系、事故防范责任体系和安全生产考核监督体系，形成了安全生产长效机制。因此，近年来，陵县安全生产形势一直较好，没有发生特大、重大生产安全事故。

　　明确了目标和任务，关键就在于落实。陵县安全生产监督管理局强调抓好重点行业、重点企业的安全生产监控、检查，及时消除各类安全隐患，防止重大、特大安全事故的发生。陵县安监局将全县企业分为三类，分别采取不同措施，强化监督指导和管理。具体来说，对于易燃易爆、有毒有害的一类企业实行重点管理、全方位监控、随时指导；对于虽无毒无害，但规模大、影响大的二类企业实行定期检查、指导，促进企业日常监管到位和防范措施落实；对于其他一般企业等三类企业实行不定期的监督和指导。此外，还建立了重大危险源档案和管理台账，对各重大危险源的性质、危害程度、发生事故的可能性、存在的形式、具体部位、储量、运行的稳定性、日常的监控手段和措施、应急救援方法和能力等予以明确，做到心中有数。同时，对于一般性企业也及时进行安全生产的检查督促，仅 2007 年就开展各类企业安全检查 60 余次，检查各类企业 300 多家，查处隐患 400 余处（项），现场整改200 多处（项），下达隐患整改通知书 30 余份。坚持每季度组织一次综合检查，对全县企业进行拉网式检查，监督改善安全管理的薄弱环节，帮助企业解决问题，消除事故隐患。

　　当然，安全生产无小事。从事安全生产工作的人员时刻不敢丝毫放松，随时提高警惕，从不敢说一句大话。正因为如此，陵县的安全生产工作才形成了良好的局面，取得了良好的效果。

第9章

政府行政和组织保障

　　基层组织和干部队伍是发展县域经济、维护社会稳定的组织保障和中坚力量。大力发展县域经济，必须加强农村基层组织建设。

　　在市场经济条件下，农村基层干部队伍建设出现了许多新情况、新特点，这是农村基层组织建设面临的一大考验。可喜的是，陵县找到了一条既切合实际，又行之有效的干部队伍建设路径。

9.1 县域政府职能转变与组织保障

政府职能转变是继续完善社会主义市场经济体制和发扬社会主义民主的重要内容。政府职能转变不仅包括政府职能内容的转变，还包括政府行政职能方式、政府职能的重新配置以及相应政府机构的调整和改革。县域作为基层政权的组织形式，也面临着转变职能的要求。这个要求是顺应国家宏观层面政府职能转变的需要，也是一个县域经济发展的内在要求。

9.1.1 县域政府职能转变的两个方向

县域范围的政府职能转变，既有职能转变的共性要求，也有自身特殊的内容。总括起来看，县域范围的政府职能转变要坚持下面两个方向：

一是强化经济管理职能。政府职能转变的根本目的是为了促进地方经济和社会的发展。因此，这种转变就必须与本地区市场经济发展相适应，政府职能调整的领域必须是市场能够以更高的效率替代地方政府调控本地区经济发展的某些功能的领域，或者是通过市场机制更能够实现社会经济目标的领域。地方政府职能转变对本地区市场经济发展的影响主要表现在三方面：第一，消除地方政府对某些可市场化交易资源的垄断性配置和不当干预，为地区市场竞争机制与资源配置机制的形成创造公平的制度环境；第二，提高地方政府提供地方公共品的能力和效率，为地区市场经济发展创造良好的基础设施与地方公共品供给条件；第三，为市场供求与市场竞争机制的形成创造良好的地方性制度安排与制度供给条件，降低地区市场经济运行的制度成本。

中国地方政府职能转变的一个重要目标是把不适合由地方政府承担的资源配置与社会经济管理职能交给市场与地方性社会中介组织。但这种"转变"有一个条件，就是地方政府职能转变中的资源配置与社会经济管理职能调整必须与本地区的市场发育程度相适应，以本地市场机制与社会中介组织具备承担地方政府转移的职能为前提。

二是强化公共服务职能。党的十七大报告要求："加快行政管理体制改革，建设服务型政府。"党的十七届二中全会通过的《关于深化行政管理体制改革的意见》中也指出："各级政府要按照加快职能转变的要求，结合实际，突出管理和服务重点……增强地方特别是基层政府提供公共服务的能力。"中国地方政府职能转变已经由最初的中央政府向地方政府放权让利、地方政府向国有企业放权让利为主要内容，发展到目前的提高地方政府公共产品供给能力、改进地方政府公共管理效率、优化地方公共政策为主要内容。提供公共性服务应该成为政府的基本职能，服务型政府是现代政府的基本角色定位。根据这样的角色定位，政府有责任向社会提供良好的公共物品与服务。强化政府的公共服务职能，是政府职能转变的一个方向，也是一条必须坚持的原则。

9.1.2　县域政府职能转变的条件

政府职能转变是一个不断变化的过程。职能只有随着形势的变化而变化，才能保持活力。同时，政府职能转变需要一些条件才能巩固下去。政府职能转变需要具备三个条件：

一是加强和改善党的领导。党的领导是中国一切事业发展的根本。在政府职能转变中，要坚持党管干部的原则，同时，坚持在使用中培养干部，敢于和善于给干部压担子，善于在实际工作中发现干部。坚持党的领导与改善党的领导要结合起来。要从提高党的执政能力的高度来认识加强和改善党的领导的重要性。要不断完善党的干部政策，完善选人用人的标准。

二是加强干部队伍建设。从县域范围来看，干部队伍建设就包括公务员队伍建设和农村基层干部队伍建设。公务员队伍是县域范围重要的行政力量。干部素质的高低和作风的好坏，干部认识水平的高低，直接关系着政府职能转变的成效。要从思想上、组织上和作风上提高要求，要建立培训制度，帮助其提高认识，增长知识，使其更加适合县域经济和社会发展的需要。农村基层干部队伍是县域经济和社会建设的支撑力量，加强农村基层干部队伍建设，是搞好县域发展的关键。加强教育培训，着力提高素质，是搞好农村基层干部队伍思想作风建设的基础。要以长知识、增才干为目的，对基层干部加"压"充"电"。要注意改进方式方法，强化教育效果。在教育过程中，要紧密联系农村基层干部思想作风实际，明确学习重点，精心设计专题，优化教育内容。同时，要加强对基层干部的管理。尤其要进一步加强党风廉政建设，要通过体制、机制的创新，不断加大从源头上预防和治理腐败的力度，保证基层干部廉政勤政，使基层党员干部成为基层党员的模范和表率。

三是加强基层组织建设。基层组织是县域发展的细胞。激活每一个细胞，基层发展就会充满活力。从县域范围来看，基层组织存在数量多、党员干部知识水平低、观念落后等客观问题。但是，基层党员和群众是经济和社会发展的具体实践者，积极性和主动性强。为此，要因势利导，把基层党员群众的积极性保护好、发挥好。要按照新时期党的建设的新要求，抓好基层党建工作，提高党员素质，发挥党员在县域发展中的模范带头作用。同时，要按照社会主义新农村建设的要求，加强对农民的培训，培养新型农民。基层组织建设是转变政府职能的重要保证。

9.1.3 提升基层党组织的执政能力

党的执政能力如何，事关巩固党的执政地位，事关开创中国特色社会主义事业新局面的兴衰成败。党的基层组织是党的全部工作和战斗力的基础。目前，在广大农村、某些地区、某些部门确实存在着党的基层组织在群众中凝聚力下降、战斗力不强等问题，在有些时候这样的问题甚至很突出。基层党组织不仅是县域经济建设各项方针政策的落实终端，更是县域经济建设的具体领导核心。基层党组织执政能力的强弱直接决定县域经济发展的快慢。同时，当今经济多元化发展趋势对基层党组织领导经济工作的能力提出了新要求。随着市场经济体制的建立，城乡一体化步伐加快，农业与第二、三产业相互渗透日益明显，联系更加紧密，农村经济发展呈现出多元化趋势。要将基层党建与经济建设相结合，大力发展县域经济，夯实推进县域经济发展的新措施，确保人民得到实惠。只有这样，基层党组织的执政能力才能不断迸发出蓬勃的生机与旺盛的活力，从而成为推进县域经济发展的根本保证。

9.2　陵县转变政府职能的着力点

为贯彻落实国务院《全面推进依法行政实施纲要》关于转变政府职能和深化行政管理体制改革的精神，结合山东省政府关于《山东省依法行政第四个五年规划》（2006～2010 年）及《德州市人民政府关于 2006 年德州市依法行政工作要点》，陵县政府在推进依法行政、转变政府职能方面做了大量实质有效的工作，并出台了相应的文件加以规范。

9.2.1　服务于经济建设

陵县在正确定位县域经济发展基础上，在工业、农业、对外贸易与资本流动等方面取得了经济发展的成就；同时，陵县注重劳动就业与社会保障工作，发展文化、教育、医疗、旅游等社会事业，做好环境保护与法制建设，突出表现了转变政府职能所取得的成效。

县委、县政府把开发区建设作为全县发展的头等大事来抓，开发区建设在"非典"期间仍未放松，打下了开发区的总体框架。抓住了德州市区和德州市经济开发区的"两个东进"的战略机遇与全省加快县域经济发展的重大机遇。走新型工业化道路，从根本上解决财政困难。提出了工业立县的战略，举全县之力发展工业经济。国家取消农业税后，更逼迫陵县经济转型，加快工业化进程。同时发展现代农业，走农业市场化经营的路子。灵活运用国家金融政策与税费政策，为经济发展打好软环境。在农村城镇化建设方面，大力实施"以城带乡，以工促农"战略。

9.2.2 强化公共服务

陵县政府以切实的行动强化传统的公共服务职能。在科教文卫方面，加强素质教育，加大基础教育的投入力度，加大职业教育和职业培训力度；完善养老保险尤其是农村养老保险，全面推进医疗保险制度建设；完善城乡居民最低生活保障制度；扩大社会保险覆盖面，健全社会救助体系；建立覆盖全民的、一体化的医疗卫生体制，推进城乡文化建设和旅游服务。

陵县政府注重解决新农村建设的种种矛盾和问题，转变为农村提供服务的方式。陵县是农业大县，土地和农业生产一直是县政府、乡政府的头等大事。1. 解决土地纠纷。随着中央"惠民"政策的贯彻实施，农民对土地更加热爱，由此引发的土地承包经营纠纷日益增多，诉讼案件增加。为了减轻诉讼成本给农民带来的负担，陵县政府及时成立了农业土地承包合同仲裁委员会，受理农民因土地承包经营合同纠纷的仲裁事宜，将政府的调节职能依法由农业土地承包经营仲裁委员会承担。为解决土地承包经营合同纠纷，增加了一条法律救济途径，减轻了农民因土地承包经营合同纠纷的费用负担，给农民带来实惠，也将政府的调节职能转而由社会中介机构承担，转变了政府职能。2. 转变服务农村的方式。随着社会的发展，陵县人民政府将困扰政府的农业规模种植问题交给了各专业协会。如蔬菜协会、水果协会等，由专业协会依据市场的需求，制订种植计划，发展农业规模种植、定单农业已经在部分乡镇推广应用，农民得到了确实、可效的实惠。

此外，陵县政府也注意创造为人才服务的外部环境。首先，创新管理方式，坚持人才统揽全局。结合党政机构改革，改变人才队伍单一、人才私有以及党政群和事业单位人才"扎堆"的现象，综合运用市场和行政手段，优化人才资源的配置，引导人才向农业、企业、第三产业及民营企业合理流动。以培养和选拔党政领导人才、企业管理人才、专业技术拔尖人才为重点，以改革创新为动力，以为经济社会发展提供人才支持为根本出发点，紧紧抓住培养、吸引和用好三个环节，开发利用县内甚至国外多个市场、多种资源。其次，创新人才政策，构筑人才流动平台。建立和完善高级人才信息库，及时掌握国内人才动态。充分发挥高层次人才在人才吸引上的群体带动效应，利用人才牵引项目，通过项目吸引人才。赋予人才交易主体双方充分的自由选择权，政府要从"办市场"转向"管市场"，积极发展多元投资结构的人才中介机构和行业管理协会；推出市场监管的新方式，包括规范市场准入、加强市场监督、研究制定人才市场管理办法等。第三，创新激励模式，注重人才导向作用。充分发挥政府在人才资本投资上的导向作用。如科技人员奖励办法、外来人才贡献奖励办法、人才准入制度等。

9.3 陵县干部队伍建设

加强组织建设，转变政府职能，需要一支强有力、高素质的领导干部队伍，需要一支有本事、肯干事的人才队伍。陵县重视人事工作，注重人才引进，积极发挥人的主观能动性。

9.3.1 严格干部选拔与任用

陵县纪委、县委组织部抓住换届时机，严肃换届期间组织人事纪律，严格干部的选拔与任用。大批年轻有为的干部走到领导岗位上来，乡镇领导班子的年龄、性别和知识结构有了明显改善，整体战斗力和发展后劲有了明显增强。

陵县组织各级领导干部认真学习《干部任用条例》等政策法规及上级有关换届工作的文件规定，进一步明确选拔任用干部的原则、条件、程序、纪律和选举工作的规定，做到坚持原则不动摇、执行标准不走样、履行程序不变通、遵守纪律不放松，确保整个换届工作顺利进行。乡镇党委主要负责人、纪检和组织人事干部以及其他参与换届工作的人员自觉带头遵守纪律，做到"十个严禁"：严禁违反民主集中制原则，拒不执行或者擅自改变党组织做出的重大决定，或者违反议事规则，个人或者少数人决定重大事项；严禁拿原则作交易，搞封官许愿，收受或者索取贿赂；严禁参加与换届工作有关的单位、个人的宴请或娱乐活动；严禁借参与换届工作之机谋取私利，接受有关单位或工作对象的礼品、礼金、有价证券和支付凭证；严禁为"跑官要官"者说情打招呼或提供便利；严禁打探传播小道消息，随意猜测议论干部人事问题；严禁泄露酝酿讨论干部任免等情况；严禁在干部考察过程中敷衍塞责、弄虚作假或隐瞒、歪曲事实真相；严禁借换届之机对他人进行造谣诬陷，影响、干扰换届工作；严禁在选举中进行违反党章、其他党内法规和国家法律法规以及其他有关章程的活动。

加大对换届工作的监督检查力度，严肃查处违反组织人事纪律的行为。县纪委、县委组织部联合派出换届督查组，对换届工作进行重点督促检查，发现问题及时纠正。加大对违规违纪违法问题的查处力度，坚决执行"十不准"：不准"跑官要官"；不准相互吃请；不准利用各种关系搞非组织活动，为自己和他人拉选票；不准造谣、传谣、信谣；不准用匿名信等形式对他人进行人身攻击；不准采取授意、暗示等方式，把个人意志转化为以组织名义来推荐干部；不准隐瞒、夸大干部表现的事实，向组织说假话；不准压制民主、刁难、打击举报人；不准以威胁、贿赂、欺骗及其他手段妨碍、侵犯代表或公民自由行使选举权和被选举权；不准拒不执行上级调整、交流干部的决定，或在调离后干预原任职单位的干部选拔任用。对违反"十不准"规定的，发现一起，查处一起，绝不姑息迁就。同时，建立严格的责任制，对因工作失职导致换届选举出现问题造成不良后果的，对严重违反组织人事纪律行为查处不力的，要追究有关领导干部的责任。

加强思想政治工作，教育引导各级领导干部自觉维护全县改革发展稳定的大局，各乡（镇）党委、县直各部门及纪检委、组织部要充分发挥党的思想政治工作的优势，教育各级领导干部以党和人民的事业为重，积极支持领导班子配备改革，自觉维护全县改革发展稳定的大局。通过深入细致的思想政治工作，教育引导各级领导干部牢固树立正确的人生观、价值观、利益观，在县委的坚强领导下，认真履行职责，抓好当前工作，确保换届工作和日常工作"两不误、两促进"。

严格执行廉洁自律有关规定，坚决防止和杜绝换届期间铺张浪费及侵占公款公物等行为。干部新老交替是干部队伍建设的自然规律。从以往情况看，绝大多数领导干部在换届调整时能够严格执行廉洁自律规定，自觉遵守财经纪律。但也有少数单位在干部迎来送往中大操大办，铺张浪费；个别领导干部借机谋取不正当利益，公款报销个人费用，非法侵占公家财物，私自处理固定资产，甚至乱签字、乱花钱等，损害了党和政府形象，给国家和人民利益带来了损失。对此，必须引起高度重视，严格要求，坚决制止。交流的干部到任时要轻车简从，严禁举行超标准的迎送宴会；退出班子的干部要严格执行财经纪律，严禁带车、带物（办公物品、家具、电脑）等；担任领导班子主要负责人离任的，要及时委托审计机关依法实施离任经济责任审计。要加强对干部在换届期间遵守廉洁自律规定情况的监督，对违反规定大搞迎来送往、超标准接待，在群众中造成不良影响的，给予批评教育，情节严重的做出组织处理；对借换届调整之机侵吞公款公物的，要按照《中国共产党纪律处分条例》等规定对当事人进行严肃处理，同时追究单位主要负责人的责任。

培养选拔女干部、发展女党员。妇女参与政治经济和社会事务的管理，是时代发展的必然趋势，也是当今国际社会关注的重点问题。陵县认真做好培养选拔女干部、发展女党员工作，让更多的优秀女干部进入各级领导班子。截至目前，全县共有妇女干部113人（副科级），全县女党员达2207人，占全县党员总数的25％以上。同时陵县也看到，培养选拔女干部、发展女党员工作与形势发展和上级党委的要求相比还存在很大差距。主要是各级党组织的认识程度不够高、工作的力度还不大；女领导干部的配备比例不足，担任正职的女干部偏少；女领导干部的分布不平衡；女领导干部的后备人选不足和基层女干部的来源不足的状况尚未从根本上得到改变；女党员在整个党员队伍中的比例偏少，特别是农村和企业生产一线女党员数量少的问题更为突出等等。这些都制约了广大妇女参政议政的积极性，长此下去必将会对全县两个文明建设产生不利的影响，必须切实加以改变。乡镇党政领导班子中在有1名女干部的基础上，数量要有所增加；县直60％的领导班子要配上女干部，特别是公检法司等维权部门首先要配备女干部；女职工比较集中的行业、部门以及企事业单位的领导班子成员要多选配一些女干部；县直、乡镇党政领导班子中女正职的数量要力争达到10％以上；农村党支部、村委会班子中至少配上1名女成员；要有10％的村配上女村党支部书记或村委会主任。经过3～5年的努力，全县新发展党员总数中女党员所占的比例要达到25％以上。妇女较多的行业和部门，发展女党员的比例还要再高一些。要使党员队伍中女党员的绝对数量和所占比例逐年稳中有升。确保女干部、女党员工作健康发展。坚持从基层抓起，切实加强女干部队伍建设。组织、人事、妇联等部门要对全县女干部现状进行一次摸底排队，分门别类进行建档立卡，建立女干部人才库。要逐步壮大女干部队伍，县委决定，每年从大、中专院校优秀毕业生中的党员、团员、学生干部中物色一部分人选，分配到乡镇或县属企业等基层单位工作，并进行跟踪培养，解决妇女干部来源不足的问题。招聘、招考录用干部时，要规定女干部应占一定比例，同等条件下优先录用女干部；注意在实践中培养锻炼女干部。要有计划地对女干部进行交流、轮岗或压担子锻炼，提高女干部从宏观上考虑问题和处理解决实际问题的能力。要特别注意从县直机关选派 30 岁左右、素质较高的年轻女干部到乡镇锻炼，也可安排她们到基层挂职包村、包企业，丰富其实践经验。对长期在基层工作的也可安排她们到上级机关工作。对后备女干部，要让她们到经济建设的第一线或下一级的正职岗位上去锻炼，对班子中缺乏全面领导经验、有发展潜力的优秀女干部要有意识地往前排，有的可放到常务副职的岗位上压担子，条件成熟的，要及时提拔起来担任主要领导职务。

9.3.2　开展干部教育与培训

为建设高素质干部队伍，提高广大党员干部的执政能力和执政水平，根据县委要求，陵县制定了干部教育年度计划和长远规划，按照分级负责、层层培训的原则，加强对基层干部的教育培训。2001 年，结合"三个代表"学习教育活动，在县乡机关干部中开展了"刹六风、正六气"活动，机关干部的工作作风得到了根本转变；2003 年，开展了"干部依法行政、群众遵纪守法"集中教育活动，突出解决党员干部和广大群众在工作作风、依法行政、清正廉洁、发展经济等 8 个方面的突出问题。2006 年在第三批先进性教育活动中，开展了"整顿农村党员队伍"活动，处置各类不合格党员 32 名，净化了党员干部队伍。进一步健全了现代远程教育网络，加大对农村党员干部的培训和指导力度，扩大了党员电化教育的覆盖面，拓展了农业科技的辐射范围。通过集中教育，党员干部队伍的整体素质有了明显提高，党员干部的思想工作作风有了明显转变，依法行政的能力有了明显增强。认真贯彻执行新时期干部教育培训的指导思想，初步形成以理论基础、党性锻炼、业务能力为框架的教育培训内容，不断完善分层次、分类别、多渠道、多形式的教育培训格局。进一步健全干部培训制度，切实加强干部教育培训基地和师资队伍建设，大力提高教育培训质量，努力形成有组织按计划调训与干部自主参训相结合的充满活力的教育培训机制，全面提高各级各类干部的理论素养、思想品德、业务能力和知识水平。

以《干部教育条例》为基本依据，探索多样性的培训方式。一是继续坚持干部脱产培训。就党政领导干部队伍，按市委要求，每年抽调部分县乡领导干部到上级党校进行脱产培训。继续办好县委党校轮训班，培训 35 岁以下县直和乡镇的优秀中层干部，每年举办一期，时间不少于 7 天，人数 100 人左右；举办村支部书记培训班，每年一期，时间不少于 5 天，五年轮训一遍。各基层党校负责培训一般机关干部及村级其他干部。就企业经营管理人才队伍，协调选送企业经营管理干部到国内高校、优秀企业去学习锻炼，努力培养一批适应市场经济的优秀人才。就专业技术人才队伍，制定校地对接优惠政策和产、学、研联合配套措施，加快实施人才强县战略，推动陵县高层次人才队伍建设。加强对各级专业技术拔尖人才、农村实用人才的培养，力争每年举办一期 50 名左右的拔尖人才和各类专业技术人员培训班。二是继续抓好干部的在职学习。各级领导干部要养成良好的学习习惯，勤于思考，善于总结，每年要写出 1～2 篇有价值的学习心得体会文章。各单位要做好机关干部年度学习计划，每次学习要列出专题，组织好专题讨论，机关干部的学习情况要纳入干部年度考核的重要内容，一并进行考核。三是继续抓好在职干部学历教育。凡年龄在 40 岁和大专学历以下的县直各部门和各乡镇的在职机关干部、职工都要积极参加大专以上文化的学历教育；农村村干部特别是工业重点村、新农村建设等示范村村干部也应积极参加学历教育。通过抓学历教育，力争到 2010 年，使陵县党政机关、企事业单位具有大专以上文化的干部达到干部总数的 90％。

9.3.3　注重领导干部作风建设

在陵县第十二次党代表大会召开之际，陵县纪委、县委组织部下发了《关于领导干部严守换届纪律进一步加强作风建设的通知》，指出陵县第十二次党代表大会是全县人民政治生活中的一件大事。为营造良好的会议环境，确保县委换届工作健康顺利进行，根据市纪委和县委有关指示精神，严守换

届纪律、进一步加强领导干部作风建设:

(1) 要求各级领导干部严格遵守政治纪律。切实增强党性观念、政策观念、党纪观念和法律法规观念,深入学习、坚决贯彻党章,坚决贯彻执行换届工作的有关规定,自觉在思想上、政治上和行动上与中央、省委、市委和县委保持高度一致。坚持组织原则,绝不允许弄虚作假、阳奉阴违,搞当面一套背后一套;绝不允许拉帮结派,搞"小圈子",策划或参与非组织活动;绝不允许编造、传播政治谣言、小道消息等。

(2) 要求各级领导干部严格遵守组织人事纪律。认真执行《干部任用条例》和有关规定,贯彻执行中央纪委、中央组织部《关于地方党委换届工作中进一步严肃组织人事纪律》的要求,不准采取授意、暗示等方式,把个人意志变为以组织名义推荐干部;不准为本人及配偶、子女、其他亲属和身边工作人员的职务提升和职位安排拉关系、托人情、走后门,跑官要官;不准行贿买官、收受或索取贿赂卖官;不准在民主推荐和选举中搞拉票、贿选等活动;不准借机诬告陷害、诽谤中伤他人;不准在选拔任用干部工作中营私舞弊,压制民主或者打击报复;不准以威胁、欺骗及其他手段妨碍、侵犯党员、代表或公民自由行使选举权和被选举权。对通过非正常渠道,或打着领导的旗号向组织讲条件、要待遇的,一律不接待、不办理,及时向县委报告。

(3) 要求各级领导干部严格遵守财经纪律。严禁借换届之机滥发钱物;严禁以任何借口、任何名义、任何方式增加津贴、补贴、奖金发放的项目和数额;严禁举债或暂收暂存款、押金、专项资金等发放奖金福利;干部调动时及时做好财物清交工作,不准带走所配公物;严禁突击花钱、公款旅游和用公款进行高消费娱乐活动;严禁利用各种名义用公款请客送礼和互相宴请。严格执行领导干部乘车标准,到新工作岗位后按规定可以配备公务用车的,原则上从现有车辆中调剂;确需新购的,要严格按规定办理,严禁突击购车、超标配车。

(4) 要求各级领导干部严格遵守工作纪律。换届期间,各级党员领导干部要坚守工作岗位,履行岗位职责,做到人心不能散,思想不能乱,工作不能断,严防贻误工作和失职渎职问题发生。凡工作单位或职务变动的干部,必须按规定到新单位和岗位报到,尽快熟悉情况,履行工作职责,严禁无正当理由拒不执行组织决定。新老班子成员要及时、认真地做好工作交接,保证正常工作运转,对因不及时交接工作造成损失的,给予严肃批评并追究责任。

各级党组织要高度重视换届期间的领导干部作风建设，认真贯彻落实党风廉政建设责任制，坚持管好班子带好队伍，对领导干部严格教育、严格监督、严格要求，引导各级领导干部切实增强遵守换届纪律的自觉性和主动性，弘扬新风正气，抵制歪风邪气，努力营造良好的换届环境，确保换届工作的健康顺利进行。纪检监察机关和组织、审计等部门要认真履行职责，加强协调配合，强化对换届纪律执行情况的监督检查。对违反有关规定，情节较轻的，予以批评教育、书面检查、诫勉谈话等处理；构成违纪的，严格依纪做出处理并通报批评；触犯刑律的，移交司法机关处理。

9.3.4　做好干部监督工作

在干部监督方面，进一步转换思想观念，逐步确立以"立体、宽带、刚性"为特征的干部监督工作新思路，实现了监督运行方式从封闭式向开放式转变；监督运行程序由事后监督向事前、事中监督转化；监督渠道由单一型监督向复合型监督延伸；监督途径由组织监督向执纪监督、司法监督、审计监督、舆论监督、群众监督不断拓展，形成立体式、全方位的监督网络，做到干部工作开展到哪里，干部的权力行使到哪里，领导活动延伸到哪里，监督工作就实施到哪里。同时完善了监督管理机制，健全了领导班子内部相互监督机制，建立了干部监督管理的群众参与机制、横向联动机制。

在干部队伍建设方面，陵县从干部选拔、任用到干部教育、培训，再到干部监督，落实党的政策方针，铸造了一支强有力的干部队伍，为各项工作的开展奠定了基础。

9.4　陵县组织保障

党的基层组织和广大党员必须适应新形势、新任务的要求，努力推进基层组织工作方式与内容的改革创新，创造新的业绩，总结新的经验，不断增强党的创造活力。党的基层组织是党全部工作和战斗力的基础。加强党的执政能力建设，必须探索新方法、完善新机制，不断提高基层党组织的创造力、凝聚力和战斗力。陵县党委和组织部门在党的基层组织建设方面经验突出，效果显著。

9.4.1 加强县乡村三级党组织建设

在省、市委组织部的指导下，2001 年 6 月，陵县县委制定下发了《中共陵县县委关于开展"三级联创"活动的意见》，全县各级党组织思想上重视，行动上统一，方法上灵活，措施上得力，确保"三级联创"活动落到了实处。

（1）建立健全抓乡村基层组织建设的长效机制。县委成立了以县委书记为组长的"三级联创"活动领导小组，加大对农村基层组织建设的领导力度。制定了陵县基层组织建设五年规划和年度目标，将党建工作总体目标进行分解、细化到各单位。坚持每月召开一次书记办公会，听取组织部门的专题汇报，研究部署基层党建工作，确保各项工作落到实处。认真实行县委常委包乡镇制度和县级党员领导干部驻村蹲点制度，县委书记作为党建工作第一责任人，每年驻村蹲点时间都在一个月以上，督促指导所包乡镇和村庄的各项工作，培养典型，总结经验，带动了党建工作的全面开展。健全落实了县直各个部门的责任，坚持部门包后进村、机关干部帮扶贫困户制度，协助搞好村级班子建设，有效解决了群众生产、生活中的实际困难。共选派县乡机关干部 1018 人，组成 306 个工作组，进驻到后进村开展整顿工作。据统计，各工作组共投入资金 713.7 万元，平整新修道路 14.8 公里，提供物资 5 吨，图书 4300 多册，办实事 150 件，化解各类矛盾纠纷 68 件起。

（2）选好配强乡村两级班子。在乡镇领导班子建设上，县委抓住换届调整的有利时机，通过认真组织民主推荐、考察工作，严格选拔任用程序，一大批年轻有为的干部走到领导岗位上来，乡镇领导班子的年龄、性别和知识结构有了明显改善。几年来，认真组织好四批千名干部驻村的同时，突出抓了"双百工程"、后进村综合整治，整体战斗力和发展后劲有了明显增强。在农村班子建设上，一方面，进行后进村治理整顿和"百日整顿"活动，对后进村进行了综合整治；另一方面，引入竞争机制，拓宽选人用人渠道。在全市范围内第一批对"两推一选"农村党支部书记活动进行了探索。2002年下半年，成功组织了村级领导班子换届选举，优化了农村班子尤其是农村党支部书记的年龄、文化结构，支书、主任一人兼的比例达到了67.3%。不断探索总结农村干部的选人用人标准，在村干部的选拔培养上，优先考虑有责任心和奉献精神的经济能人，近年来，共有546个经济能人被调整充实到村级班子中。

（3）加强县委组织部门自身建设。陵县组织部门切实加强自身建设，造就了一支党性强、作风正、业务精、工作实、纪律严的组工干部队伍。在思想上，坚持用科学理论武装组织干部头脑，用先进事迹激励组织干部，用典型事例警示组织干部，开展廉政和守法教育，使组织干部增强自律意识，构筑拒腐防变思想防线。在制度上，建立严格准入制度。实现了组织干部队伍的年轻化、知识化和专业化。建立换岗交流制度。近年来，共推出5名干部到县直和乡镇担任领导干部，其中，县级干部1名，正科级干部4名。建立组工干部定期谈心制度和社会监督员制度。

（4）推进办公自动化进程，提高工作效率。自市委组织部提出实施"镇镇上网"工程后，陵县把"镇镇上网"工作列入固本强基工程的重要内容，作为加快党建信息化建设的一项重要任务来抓。通过成立机构、落实责任，深入基层、了解情况，筹集资金、更新设备，挑选人员、抓好培训等措施，加快了陵县的办公自动化进程，与此同时，陵县组织部还建立了局域网，开通了党建网站，安装了加密邮件接收系统，实现了办公自动化，提高了工作效率。

9.4.2　加强非公有制企业党组织建设

从规范党组织设置入手，不断加强非公有制企业党建工作。全县149家非公有制企业全部建立台账，其中规模以上84家。符合建立党组织条件的113家全部建立了党组织，组建率93.4%。其中，建立党委的8个、党总支3个，有8家企业被市委组织部授予"非公有制经济组织党建工作示范企业"。实行党建指导员制度。选拔政治素质好、有一定业务工作经验和企业经营管理知识的党员干部到规模较大、具有发展潜力的非公有制企业任党建指导员，帮助企业开展党建工作。目前，共选派党建工作指导员46名，年龄均在45

岁以下，其中副科级以上干部 25 名。深入开展"党工共建"活动。按照县"党工共建"活动领导小组制定的意见，根据全县非公有制企业的特点，对已建立党组织和工会组织的企业规范化建设。对有党支部、工会组织不健全的企业，要求党组织负责人全权负责工会的组建工作。对有工会组织但党员很少、无党组织的企业，党支部要求基层工会组织积极宣传党的路线、政策、方针，发展工会积极分子加入党组织，条件成熟后建立党支部。对新建的既无党组织又无工会组织的企业，陵县按照"党工共建、工建先行"的原则，先动员职工入会，建立工会组织，然后重点培养工会干部和工会积极分子入党。截至 2007 年，已建工会组织 889 家，会员 31317 余人。

9.4.3 保持共产党员先进性

先进性是马克思主义政党的生命所系、力量所在，要靠千千万万高素质党员来体现。胡锦涛总书记在十七大报告中明确提出要全面巩固和发展先进性教育活动成果，着力加强基层党的建设。自 2005 年 1 月以来，陵县县委按照中央和省、市委要求，在市委的坚强领导和市委督导组的精心指导下，始终坚持围绕"打造群众满意工程"这个目标，突出学习实践"三个代表"重要思想这条主线，突出建设社会主义新农村这个主题，突出取得实效这个重点，切实加强领导，大胆探索创新，扎实有效推进，顺利完成了保持共产党员先进性教育的各项任务，达到了"提高党员素质、加强基层组织、服务人民群众、促进各项工作"的目的。

（1）牢固树立大局意识，根据教育活动特点，实施通盘谋划、分类指导、依次推进。先进性教育活动分三批进行，时间长，每批又各有特点；党员涉及各个领域、各个行业，面广量大；新时期党员分布广泛，思想、工作、生活千差万别，状况复杂。县委班子认真分析形势，统一思想认识，把先进性教育活动作为加快发展的一次难得机遇，作为强班子、带队伍的良好契机，明确提出，举全县之力抓好教育活动。市领导多次到陵县检查指导先进性教育活动，市委主要领导把边临镇仁义店村作为自己第三批教育活动的联系点。通过领导带头，分类指导，强化督导，舆论宣传，使先进性教育活动分三批顺利完成。

（2）紧贴党员思想实际，坚持把学习贯彻"三个代表"重要思想贯穿始终，武装头脑，坚定信念，指导行动。在学习内容上，突出《党章》和《先进性教育读本》为重点，力求系统性；在学习方式上，实行分类施教，增强针对性；在学习组织上，搞好制度建设，确保实效性；一些措施增强了党员参加学习的自觉性，有效地促进了学习的逐步深入，确保了教育活动的效果。

（3）坚持"开门"搞教育，把握关键环节搞评议，倾听民声，广纳净言，确保把问题找准，把整改方案定实。水深好行船，风正好扬帆。只有首先把自身存在的问题找准，把带有根本性的问题、深层次的问题找出来，并针对存在的问题制定出切实可行的措施，才能保证把问题整改好、解决好；也只有坚持走群众路线，"开门"搞教育，使群众充分享有知情权、参与权、监督权和决策权，才能确保先进性教育活动真正成为群众满意工程。全县各级党组织建立健全群众监督评价的各项制度，形成了请群众参与、由群众评价、让群众监督的良好格局。

（4）坚持立党为公、执政为民，突出重点进行整改，着力解决群众关心、涉及群众切身利益的问题，全力打造群众满意工程。解决问题、改进工作、促进发展是开展教育活动的重要目的。为此，县委始终如一地坚持边学边改、边议边改、边整边改，在解决突出问题上下功夫，在谋求实际效果上作文章，确保教育活动真正成为群众满意工程。

（5）建立健全长效机制，探索保持党员和党组织先进性的有效载体，不断巩固和扩大学习教育成果。全县各级党组织坚持边实践、边探索，抓住党员教育和基层组织建设的重点、难点、薄弱点，着眼于见实效、见长效，把继承传统和改革创新结合起来，把落实整改措施和建章立制结合起来，把先进性教育活动取得的成效、创造的经验用制度的形式固定下来，变为经常之举，逐步形成全面、规范、科学的制度体系。

通过开展先进性教育活动，认真解决实际问题，努力让群众满意，取得了明显效果。党员树立了新形象，机关作风明显转变，基层党组织的凝聚力、战斗力明显增强。活动期间，全县要求入党的积极分子有 3560 多人，比同期增长 34％。经济社会发展开创了新局面，县委注重把广大党员在教育活动中激发出来的热情和干劲及时引导到加快发展上来，各项工作力度进一步加大，经济增长幅度明显提高，招商引资工作迅猛发展，经济发展后劲明显增强。

第 10 章

县域发展与现代化的观察与思考

县域发展是国家现代化的重要内容。针对国内就县域发展的不同观点，本章在总结陵县发展道路基础上，指出陵县的发展对于全国县域发展特别是中部欠发达地区县域发展的重要参考价值，并就如何促进县域发展和加快中国现代化进程提出相关政策建议。

10.1 县域发展重大问题论争

虽然国内学者和政府官员都就县域发展的重要性和必要性方面基本上达成了共识，但在如何发展县域问题上仍有不同的看法。分析研究这些思想交锋点，有助于更加清晰地认识中国县域发展与中国现代化的科学道路。

10.1.1 县域应优先发展何种工业

一些学者主张县域应优先发展工业，其理由是：一是工业化是发达国家的必经之路。国外发展实践也表明，工业化道路是人类社会不可逾越的发展阶段。几乎所有发达国家都经历了轻纺工业（劳动密集型）——重化工业（资本密集型）——重IT业（技术密集型）的过程，工业化也就是城市化、农村劳动力转移和城乡一体化的过程。二是工业化道路为中国百强县和一些地方的实践所印证。昆山、东莞、寿光、晋江市等百强县十几年的发展实践表明，无工不强，无工不富，无工不发达。中国其他一些经济发展比较好的地方工业都得到长足的发展。珠江三角洲、长江三角洲、湖南的邵东、醴陵等无一不是以第二产业的迅速发展带动区域经济发展的[①]。

也有人认为，各县优先发展县域工业的做法不利于资源的优化配置和各县比较优势，并可能出现产业结构雷同现象，造成重复建设，恶性竞争，最终不利于经济社会全面、协调、持续的发展。并认为只要能够富民强县，能够让老百姓口袋里的钱和县财政壮大起来，工业、农业、服务业、旅游业等，都可以根据本县的实际和比较优势加以发展，而不必刻意去追求经济结构的

---

① 赵国如. 以县城为中心推进县域经济的工业化城市化进程. 中国发展, 2006. 2.

完整，更不宜在县域范围内片面强调三次产业结构的比例问题①。

10.1.2　县域如何处理好工业和农业的关系

当前，中国社会经济生活中一个突出的问题是农业和工业的关系没有理顺。一方面，中国告别了短缺经济，工业产品大量生产，但工业产品市场销售不畅是一个严重的问题，由于工业产品缺乏市场，特别是农村市场没有开拓，工业企业吸纳新就业人数有限，农民的就业机会不能得到满足，农民非农收入增长有限，结果是农村消费市场未能启动，这进一步限制了工业产品的销售。另一方面，近年来农民增收难的一个很重要的原因是农产品市场信息不够通畅、灵敏，农产品种植结构不能适应市场的需求，农产品价格过低，农业生产经营风险高，而单个农民抗风险能力又较弱②。因此，在中国工业和农业二元结构远未根本改变的情况下，如何在工业和农业之间打一条通道，让农业的基础性地位得到充分体现，让工业能够有足够的实力去支持农业、反哺农业，也将是中国未来相当长的一段时期需要重点解决的问题。

10.1.3　县域内剩余劳动力的就业如何解决

县域剩余劳动力可分为城镇剩余劳动力和农村剩余劳动力两种类型。其中，由于农村剩余劳动力人口众多、问题复杂，因而农村剩余劳动力的解决是关键。一些学者主张着眼于剩余农业劳动力异地转移，其依据很简单，即改革开放近30年来，中国农业劳动力的转移很大比重表现为异地转移（中国2亿农民工中异地转移约占3/4）。另外一些学者主张农村劳动力应就近转移，其依据有四：一是农民工的福利、养老、就业以及公共设施等问题难以解决。二是进城农民就业增长空间有限。大中城市资本技术密集型产业较多，对人才教育和专业水平要求较高，农村地区劳动力普遍受教育水平不是很高，无法适应大城市现代工业和服务业的需要。三是过度发展大中城市会进一步加剧社会经济不平衡。在城市化过程中，土地加速向城市转移，原本稀缺的资

---

①　刘铭达．慎用"县域经济"的提法．中国改革，2005.12.
②　邓忠、田晓青．县域经济发展对新农村建设的促动机制分析．湖北行政学院学报，2007.2.

本也进一步向大中城市集中，城乡差距进一步扩大，农民增收和就业问题难以解决。四是县域经济对农民也有吸引力。县域经济是城乡结合的经济，有星罗棋布的小城镇，还有很多乡镇企业，在经济发展中对技术含量的要求相对较低，从而吸纳农村富余劳动力所需就业费用和城市基础设施费用也低。县域经济主要是以第二、三产业为主，特别是资金和技术含量不是很高的劳动密集型产业，能够吸引大量的农村剩余劳动力。此外，县域经济在经济、文化、习俗等方面与农民接近，农民更能很快地适应就业环境，降低了就业和生活成本，减少了社会问题，避免了文化认同难题，使得社会更加和谐[①]。

10.1.4 县域经济社会和环境如何协调发展

县域发展中普遍存在的一个难题是如何处理好经济社会发展与生态保护之间的矛盾。大力壮大县域经济已成为社会各界的共识，但不少地方仍然采取粗放型发展方式，经济增长是以高污染、高能耗、高消耗为代价，生态环境破坏较为严重。此外，在经济增长过程中，贫富差距加大，发展成果没有惠及广大人民群众，社会不稳定因素增多，构建和谐社会压力很大。因此，在经济发展过程中，如何兼顾社会和生态环保因素，实现经济、社会和生态的良性互动，是县域发展和现代化建设必须思考的问题。

10.2 县域发展道路的理性选择

陵县紧紧抓住了发展机遇，通过工业化、民营化、城市化、一体化的路子，营造了良好的发展环境，快速增强了经济发展实力，也带动了各乡镇的发展；通过加大农业基础设施投入，发展农业产业化，提高了农民收入；在

---

① 邓忠、田晓青．县域经济发展对新农村建设的促动机制分析．湖北行政学院学报，2007.2.

发展经济的同时，努力解决人民群众关心的热点难点和切身利益问题，人民群众得到了更多实惠。虽然陵县在发展中存在一些困难和问题，但总体而言，总结陵县发展道路，对于中国县域发展特别是欠发达地区县域发展，具有很好的启示和借鉴意义。

10.2.1　准确把握当地的区域功能定位

陵县根据其交通便利、临近市区、全省有发展工业的大环境、土地资源相对丰富、良好的基础设施条件（道路畅通、水电资源丰富）等特点，立足于农业实际，大力发展工业和招商引资，走出了一条适合自身的发展道路。陵县发展对于全国县域发展的启示是：制定县域经济的发展道路不能仅仅从本地资源出发，也不能仅仅从周边县域着眼，而要结合经济发展全局，从国内国际两个市场来进行分析。同时，也要看到，县域经济本质上是特色经济，不可能全方位、全门类发展，关键要因地制宜，树立"不求其多，但求其特，不求其全，但求其精"的特色经济理念，促使特色经济上规模、上档次、出效益，从而带动整体县域经济大发展。

10.2.2　因地制宜实施工业强县战略

陵县的工业化发展道路给人的深刻启示是，应因地制宜地走上发展新型工业化道路。

客观地看，地区经济发展的推动力要素很多，高素质的人才、便利的地理条件、丰富的资源（既包括石油煤炭等自然资源和能源，也包括旅游和文化资源），地区的经济发展要看其初始禀赋条件和可能利用的经济资源。例如，在马来西亚、新加坡，由于独特的港口条件以及先进的管理人才，这两个地区服务业表现出强劲的增长态势，服务业成为经济增长的主要驱动力之一，因而并不是所有地区的经济发展都要依靠工业发展。对于那些生态脆弱的地区而言，发展传统工业将给生态环境带来不利影响。

中国的国情则不一样。一方面，中国有一定的工业化基础。尽管改革开放的前30年走的重工业、轻农业，重城市、轻农村的发展道路，也造成了长期的城乡二元分割格局，但在县域范围内也留下一定的工业基础。实际上，中国工业化已发展到中期，不少县域的工业基础已比较牢靠。另一方面，中国内陆地区绝大多数县（市）依然是农业县（市），产业层次不高，因而有发展工业的潜力。

现阶段，从中国农业大国的现实出发，大力发展县域工业，有利于优化结构，延伸供应链；有利于壮大县域经济和财政实力；有利于城乡对接，从根本上解决"三农"问题；有利于解决生产力水平低下与科技水平不高的问题；有利于建设生态文明，实现可持续发展。

10.2.3 继续强化农业的基础性地位

陵县在快速发展工业的过程中，始终坚持发展农业不动摇，坚持农业的基础性地位不动摇。陵县清醒地认识到，农业发展事关全县发展大局，农业问题是个政治问题，同时农业的发展可以为工业的发展奠定基础。陵县的实践证明，工业和国民经济持续稳定发展的基础在农业。什么时候农业稳定增长，工业和国民经济全局就稳定增长。农业生产的波动一直是工业和整个国民经济波动的重要原因。其中，"粮食是基础的基础"，粮食生产一出现波动，就会引发国民经济的波动。所以农业基础作用主要反映在粮食上。

当前，国民经济进入新一轮高速增长时期，更要重视和加强农业基础地位。特别是多年来，因生态退耕、农业结构调整、自然灾害损毁和非农业建设占用等影响，中国耕地资源不断减少；一些地方在各类土地利用中还存在着低效、闲置、浪费等问题，加剧了耕地保护的严峻形势。随着人口的持续增长和经济社会的快速发展，中国土地资源的供需矛盾将越来越突出。保证全国 13 亿人口的粮食安全仍是中国头等重要的大事。

10.2.4 统筹城乡就业和社会事业发展

统筹城乡就业和社会事业发展是缩小城乡二元结构的必经之路。陵县五年来的实践证明，在发展工业园区，实现 GDP 高速增长的同时，农村剩余劳动力转移，提高农村基础设施水平，加快农业产业化进程，实现现代农业是非常关键的。尽管在发展过程中存在这样那样的不足和困难，但陵县已在许多方面迈出了可喜的步伐：工业化带动经济和财政收入的快速增长，城乡社会事业发展有了经济和财政实力；工业园区对就业的辐射带动作用越来越明显；工业化发展到一定阶段之后，对农产品的需求增加，并通过农业产业化和农村城镇化加快了城乡统筹步伐。

10.2.5　实现经济、社会、环境的和谐发展

陵县是一个欠发达县，发展经济在政府工作中占据很大比重。但陵县并没有因此而放弃对社会稳定、社会事业发展和保护生态环境的重视。陵县是全省信访工作先进县，说明政府在解决民生问题上的高度重视；陵县十分关注教育事业，陵县一中建设体现了县政府的大思路、大手笔；陵县正逐步把循环经济、保护环境、建设生态文明等都列为工作的重要内容，等等。陵县的发展很好地体现了党的十七报告所提出的必须坚持以人为本、坚持全面协调可持续发展、坚持统筹兼顾等原则。陵县的经验告诉作者，即使是欠发达县，在实现工业化过程中，仍然可以转变经济增长方式，统筹经济、社会和自然的协调发展，从行动上落实中央提出的科学发展观的要求。

10.2.6　建立强有力的组织保障体系

县域发展离不开强有力的领导和组织保障。在中国现有的政治经济和自然禀赋条件下，县域发展与领导人的带头作用关系紧密。陵县县委、县政府领导班子成员各有分工，工作职责和任务目标明确到了每个成员，规范了议事规则，民主集中制得到落实，每个班子成员能在自己的职责范围内大胆开展工作。例如，陵县落实了班子成员包乡镇、包重点企业、包项目建设责任制，并实行"一岗双责"，使每个人既抓发展、又抓稳定。建立了以商招商、开展竞赛活动、建立社会和谐稳定、开发区封闭管理、项目建设及企业生产经营服务、引进人才、企业家成长、十大骨干企业膨胀、干部教育培训、工作检查指导考核等十三个方面的工作机制，把涉及全局性的重点工作纳入了制度化、规范化、经常化的轨道。又如，在招商引资方面，陵县坚持领导班子人人都是招商专员，人人肩上有招商任务，人人都是招商环境，领导干部工作作风是最大的招商环境。实行了领导干部带头招商、以商招商、代理招商、专业队伍招商等各种招商方式，招商引资工作取得了重要成果。

10.3 中国现代化对县域发展的新要求

10.3.1 县域发展历程：中国现代化发展的缩影

县域是城乡结合部，县域集中了人数最多的农村居民。了解中国县域发展历程，就应了解几十年中国农村经济社会历史的变迁，以及中国各种社会、经济和政治矛盾如何集中在县域的发展实践。通过考察新中国几十年来的发展历史，作者发现，县域发展历程很好地反映了中国现代化发展战略。

1. 1949～1978 年：县域低水平均衡发展

1949 年中华人民共和国的成立标志着一个新时代的开始。但新中国面临的国内外形势却十分严峻：帝国主义的封锁包围不允许中国利用国际资本和先进技术，切断了中国发展市场经济的外部条件；长期的半殖民地半封建社会极大地限制了中国经济的发展，整个社会的生产力发展水平低下，城市与乡村、沿海与内地、大生产与小生产表现着极度的不平衡。在帝国主义和封建主义的压迫下，资本的匮乏和市场的分割使中国没有发育出完整的市场经济；商品流通的阻滞和社会财富剩余的稀缺，使中国只能走一条特殊的发展资本主义的道路。广大农村仍然以封建的小生产为主，没有进行农业近代化的任何努力。城市化和工业化不同步，产业结构和区域经济布局极端不合理。

在这种一穷二白的基础上发展社会主义，中国必须坚持独立自主、自力更生的方针，同时利用一切可以利用的力量为我所用。为了迅速实现社会主义的工业化，中国共产党人创造性地发展了马列主义。

在广大农村，为改造以小生产为绝对主体的小农经济，改善农民生活，在缺乏资金投入和农业机械化支持的条件下，实行了劳动力的联合，发展农村互助合作经济组织，进行生产关系的调整，调动了农民的生产积极性；同时，通过兴修水利、农具政策、品种改良、发展化肥和农药等提高生产力的措施来促进农业增长。这样，中国在农村走的是一条集体化的道路，其目的是发展农业保证中国人有饭吃，并为工业化提供积累资金，加速工业化进程①。

在城市，一方面，以国营经济为主导，利用资本主义工商业，以加工订货、包购包销的方法进行国家与民营之间、城市与乡村之间的物资交换；另一方面，为保证经济建设的顺利进行，在生产力低下和社会产品缺乏的条件下，实行"粮棉油"的统购统销政策和生活必需品的"票证"供给。由于商品经济不发达和市场条件不具备，从而形成了特殊条件下的社会主义计划经济。

在计划经济时期，尽管陈云、薄一波等老一辈领导人也提出要注意"综合平衡"，强调正确处理"积累、消费和投资"的比例关系，但中国事实上走的是一条农村支持城市，农业支持工业，农村居民支持城市居民，重投资、轻消费，优先发展重工业的发展道路。农村通过"剪刀差"等形式为中国发展建设做出了巨大贡献，但无法享受到城市的医疗、教育、卫生等社会公益事业。加之由于历史条件的限制，在农村进行的"一化三改"中的失误和人民公社化运动，使原本落后的农村经济社会发展雪上加霜②。

在即将全面改造农业经济的时候，赫鲁晓夫当政的前苏联在指导国际共产主义运动的思想和中苏合作方式等方面和中国产生严重分歧。在中苏交恶的情况下，前苏联撤走专家，逼迫中国还债。而当时整个国民经济仍然处于恢复发展时期，还清贷款只能继续依靠农业积累。国际国内形势的突变使中共"八大"决定的全党工作重心始终没有转移到经济建设上来。疾风暴雨式的政治斗争在较长一段时期影响着社会主义经济建设的顺利进行。落后的农业继续提供工业化积累，而各工业部门无力反哺农业。这样，从晚清以来一直存在的农业、农村、农民问题和产业结构不合理问题因为历史和现实条件的制约没有得到很好解决，成为制约中国社会主义建设的"瓶颈"。

---

① 王伟光主编. 建设社会主义新农村的理论与实践. 北京：中央党校出版社，2006，119～120.
② "一化三改"是过渡时期总路线的简称。过渡时期总路线指：在一个相当长的时期内，逐步实现社会主义工业化，逐步实现国家对农业、手工业、资本主义工商业的社会主义改造。过渡时期总路线的实质是解决所有制的问题，即把生产资料的私有制逐步改变为社会主义公有制。所以，"一化"指社会主义工业化；"三改"指农业、手工业、资本主义工商业的社会主义改造。

由于国家统一计划分配人、财、物和生产力水平的落后，改革前中国县域长期处于低水平均衡发展之中，县与县之间社会经济差异相对较小。但在县域内部，由于国家建设的重点放在工业和城市，农村居民一方面以"剪刀差"形式为国家重工业和城市建设做出了巨大贡献，另一方面，又不能享受到城市居民的种种福利，城乡二元结构进一步固化[①]。

2. 1978～2002 年：县域发展不平衡

十一届三中全会后，国家确定了改革开放的大政方针，并提出了有利于中国国民经济发展的四条措施：家庭联产承包责任制、农产品提价以及财政领域的放水养鱼、放权让利政策。在这些措施的积极引导下，虽然出现了一定数量的财政赤字，但比较好地解决了菜篮子、米袋子的问题，社会不同经济成分的活力也因此得到了充分的调动。特别是中国自实行联产承包责任制以来，农民种粮的积极性得到很大提高，粮食生产有了充分保障，农民收入大幅增长，农村储蓄存款余额也大幅度增长，农业生产率有了一定的提高，农村剩余劳动力有了向城镇转移的可能，这为乡镇工业的兴起和发展创造了条件。

此外，农产品统派购制度的全面改革，中央允许农民进城经营工商业，允许农民集体和个人购置机动车辆等扶持政策，也催生了乡镇企业的异军突起。中国农村工业发展过程中出现了三种模式：一是以外资企业和中外合资企业为主体的出口导向型的"珠三角模式"，二是以为大城市工业配套和拾遗补缺为主体的"苏南模式"，三是从发展小商品起步、以发展壮大个体私营经济为主体的"温州模式"[②]。这些乡镇企业为国家工业化、现代化做出了重要贡献，也在一定程度上推动了城镇化和城乡一体化。城乡居民家庭人均纯收入差距由 1978 年的 2.57∶1 下降到 1985 年的 1.86∶1[③]。

但农村居民收入快速增长的态势没有持续多久。1984 年之后，国家改革重心很快转移到城市，一系列政策、市场和社会改革因素对农民收支产生很大影响。首先，从 1984 年第 4 季度开始，国家实施了城市价格体制的改革，

---

① 作者注：计划经济时期，虽然农村也发展了诸如农村合作医疗之类的农村社会福利，但这仍是低水平的福利，而且随着以后乡村集体经济的削弱而瓦解。

② 王伟光主编. 建设社会主义新农村的理论与实践. 北京：中央党校出版社，2006. 176.

③ 国家统计局. 中国统计年鉴（2004）. 北京：中国统计出版社，357.

国内粮食市场逐渐对外开放导致粮食价格走低；其次，为了降低通货膨胀的影响，国家同时调整了城市工资水平，城市居民工资外收入也明显增加，城乡收入差距再次被拉开①；第三，1992 年，中国确定市场经济体制，东部地区加大了开放步伐，沿海县域与内地县域发展差距进一步扩大；第四，大中城市的企业加快了技术更新步伐，其竞争力大大增强，而乡镇企业在技术、成本、规模、市场等方面占有劣势。同时，那些乡镇企业起步慢的中西部地区很快受到了来自东部乡镇企业和大中城市企业的挑战，在竞争中处于不利地位，不少乡镇企业逐步退出历史舞台；第五，农民生产成本不断攀升，收入增长幅度下降；第六，医疗、卫生、教育等体制改革大大增加了城乡居民支出负担，特别是加剧了原本没有社会保障支撑的农村居民的负担，广大农民更是没有充分享受到改革发展带来的实惠。

总之，由于中国地区收入差距不平衡，县域间经济发展差距很大。那些经济基础好、发展较快的地区，县域发展速度也较快，居民社会福利水平也较高。反之则反是。即使在同一省份，县域发展也呈现较大差距。不仅如此，"农业、农村和农民"问题依然困扰着中国经济社会可持续发展，也是县域发展必须重点解决的难题。

3. 2002 年～　：探索县域科学发展

针对包括中国县域发展不平衡在内的种种不平衡、社会分配不公、资源能源消耗严重等问题，党的十六大报告提出了全面建设小康社会的主题，把全面建设小康社会作为今后二十年的奋斗目标和主要任务。党的十六届三中全会提出了重要的指导思想，即"统筹城乡发展、统筹区域发展、统筹经济社会发展、统筹人与自然和谐发展、统筹国内发展和对外开放"，以及"坚持社会主义市场经济的改革方向，坚持尊重民众的首创精神，坚持正确处理改革、发展、稳定的关系，坚持统筹兼顾，坚持以人为本"。这"五个统筹"和"五个坚持"是对全面建设小康社会体制实现措施的高度概括，体现了经济、社会和人的全面发展，体现了改革、稳定、发展三者紧密结合、相互统一的思想。

---

① 高焕喜. 中国县域经济发展中城乡统筹机制形成研究. 北京：中国财政经济出版社，2006.61.

十七大报告除了阐述统筹城乡发展、区域发展、经济社会发展、人与自然和谐发展、国内发展和对外开放"五个统筹"之外，还特别提出"统筹国内国际两个大局"。这表明，树立世界眼光，加强战略思维，善于从国际形势发展变化中把握发展机遇，应对风险，营造良好国际环境，是贯彻落实科学发展观、促进经济社会又好又快发展的"根本方法"之一。此外，十七大报告指出："建设生态文明，基本形成节约能源资源和保护生态环境的产业结构、增长方式、消费模式。"报告还强调，要使"生态文明观念在全社会牢固树立"。十七大报告首次提出生态文明，这是科学发展、和谐发展理念的一次升华。

在党的十七大报告中，胡锦涛同志强调"要把贯彻科学发展观落实到经济社会各个领域"，并把科学发展观写入了《党章》。中央在2004～2008年连续五年发布"1号文件"，表明中央从政策层面上高度重视农民、农村和农业问题。

中央的政策导向直接影响着县域经济社会发展道路。根据中央的要求，县域科学发展既要大力发展经济，也要求实现经济、社会、自然的协调发展；既要大力建设物质文明和精神文明，也要大力发展政治文明和生态文明。可以预见，县域的科学发展是对传统发展道路的根本变革，必将给中国政府绩效考核指标和各项体制带来深刻变革，也给中国社会经济发展道路指明了方向。

10.3.2 县域发展方向：从发展经济到关注民生

中国县域发展经历了从以阶级斗争为纲到以经济建设为中心的发展过程。可以预见，未来县域发展重点将转向民生。"民生"概念的提出，表明中国各级政府将在发展经济的同时，更加关心居民的政治、经济、社会等各种权利，是科学发展观和以人为本思想在执政能力上的具体体现。当然，"民生"并不否定长期以来所奉行的"以经济建设为中心"的发展理念。具体说来，县域发展方向从经济到民生的转变是由以下三个因素决定的：

1. 解决民生问题有一定的经济基础

在建国初期，国家虽然也努力通过公有制改造提高城乡居民生活水平，但由于当时特殊的政治环境，将重点放在重工业和国家主权安全方面，民生的重要性放在其次的位置。改革开放30年来，中国发生了翻天覆地的变化，经济发展平均每年的增幅在9％以上，所取得的成就是全世界有目共睹的。2007年，国内生产总值达到24.66万亿元，比2002年增长65.5％，年均增长10.6％，经济实力从世界第六位上升到第四位；全国财政收入达到5.13万亿元，比2002年增长1.71倍；外汇储备超过1.52万亿美元。2007年进出口总额达到2.17万亿美元，从世界第六位上升到第三位。城镇居民人均可支配收入由2002年7703元增加到2007年13786元，农村居民人均纯收入由2476元增加到4140元。随着经济实力的增强，中国已经具备解决民生问题的经济基础。

2. 政府转型是关注民生的重要契机

改革开放以来，中国一共进行了六次大规模的行政体制和机构改革。在行政体制改革和政府职能转变的过程中，政府的社会管理和公共服务职能得到了明显改善。突出表现在两个方面：

一是加大了对民生项目的投入力度。国家的财力除投资于一些企业无力或不愿办、但又是国民经济发展必需的大项目，如基础设施、能源、交通及高科技产业等之外，更多地用于提供公共产品和服务，如公用基础设施、公共文化设施、公共卫生设施、公共教育设施、义务教育、公共医疗卫生保健等，努力形成完整、系统的公共服务职能体系，做到公共服务不"缺位"。

二是注重提高政府公共服务总量与质量。以实施《中华人民共和国行政许可法》为契机，深化行政审批制度改革；强化了法治观念，严格按照法定权限和程序行使权力、履行职责，把政府各项行政行为纳入法制化的轨道；加强了政务公开，实施政府信息公开制度；推进政府决策的科学化、民主化，规范决策程序；要充分利用社会智力资源，建立健全领导、专家、群众相结合的科学民主决策机制，完善重大问题集体决策制度和决策责任制，不断优化政府重大决策的规则和程序，等等。

随着职能的转变，县及乡一级政府在努力发展本地经济的同时，也注重提高以民生为核心的公共服务水平，加大对城乡基础设施、教育、卫生、社会保障及公共事业的投入力度，完善政府公共服务的方式，创造为民服务的环境。

3. 民生与经济的相互作用

经济是民生的基础，民生也反作用于经济。从经济学的角度看，民生乃民众生活，属于居民消费问题，因而解决民生，就是扩大国内消费，调整经济结构。

长期以来，中国消费率偏低。从表10-1看出，中国消费率在全世界是最低的，既低于发达国家，也低于发展中国家，尽管样本国家并不足够多，但通过比较至少说明，中国的消费率过低。当前社会各界热议的各种民生问题实质上都是消费问题。所谓的新"三座大山"（教育、医疗和住房）毫无疑义地属于消费负担过重而难以消费的问题。

表10-1　2005~2006年部分国家的投资率、消费率

年份	2006 年							2005 年					
国家	巴西	中国	印度尼西亚	韩国	马来西亚	墨西哥	俄罗斯	美国	日本	德国	英国	印度	埃及
投资率（%）	17	41	24	30	19	22	21	17	23	17	17	24	19
消费率（%）	80	55	75	69	58	79	66	89	75	78	87	76	91

注：2005年数据来自联合国统计署；2006年数据来自世界银行。

不仅如此，改革开放以来消费率的发展趋势也是下降的。表10-2显示，消费率从1978年的62.1%下降到2001年的61.4%和2006年的50%，而且消费率的下降主要是居民消费不足引起的。

表10-2　1978~2006年中国消费率与储蓄率的变化　　　单位:%

时间	消费率	其中		储蓄率	其中	
		居民消费率	政府消费率		投资率	净出口率
1978	62.1	48.8	13.3	37.9	38.2	-0.3
1879	64.4	49.1	15.3	35.6	36.1	-0.5
1980	65.5	50.8	14.7	34.5	34.8	-0.3
"六五"时期	66.3	51.7	14.6	33.7	34.4	-0.7
"七五"时期	63.8	50.2	13.6	36.2	36.3	-0.1
"八五"时期	59.4	45.1	14.3	40.6	39.6	1.0
"九五"时期	60.4	45.8	14.6	39.6	36.5	3.1
"十五"时期	56.1	41.1	15.0	43.9	40.7	3.2

续表

时间	消费率	其中		储蓄率	其中	
		居民消费率	政府消费率		投资率	净出口率
2001	61.4	45.2	16.2	38.6	36.5	2.1
2002	59.6	43.7	15.9	40.4	37.9	2.5
2003	56.8	41.7	15.1	43.2	41.0	2.2
2004	54.3	39.8	14.5	45.7	43.2	2.5
2005	51.8	37.7	14.1	48.2	42.7	5.5
"十一五"时期						
2006	50.0	36.4	13.6	50.0	42.7	7.3

资料来源：国家统计局编《中国统计摘要2007》，中国统计出版社2007年出版。

　　消费率下降的同时，经济增长很大一部分由投资和出口拉动。虽然中国在国际政治经济形势存在很大不确定性的情况下提出了扩大内需的长期发展战略，但实际上仍是以扩大投资为主。

　　过度依赖投资和出口的缺陷十分明显：一是难以改变高污染、高消耗和低附加值的传统增长方式，难以实现经济和自然的协调发展。二是增加贸易摩擦。尽管中国出口到国外的大多是加工贸易和贴牌生产的日用品，国内企业获利很少，大部分的利润被国外进口商和零售商获得，但国外贸易保护主义上升势头明显，特别是随着美国国内经济增速放缓，而同期我产品对美出口增长迅速，美议员在国会不断叫嚣对华产品设限，美政府为顺应美国国内政治需要，美国将我视为非市场经济国家，对我启动反补贴调查；加大实施反倾销措施力度，频繁发起337调查①，并先后针对中国相关补贴政策、知识产权执法措施和出版物市场准入等问题在WTO争端解决框架内提出磋商请求，加大通过多边机制向我施压的力度，双方贸易摩擦日益尖锐。三是增加了宏观调控难度。能源资源供应紧张增加了通货膨胀压力，降低了居民消费预期。大量贸易盈余加剧了人民币升值压力，加大了投资冲动和通货膨胀压力，而提高利率的货币政策又加快了人民币升值进程。当前，受次级债的拖

----

　　① 美国"337条款"禁止的是一切不公平竞争行为或向美国出口产品中的任何不公平贸易行为。这种不公平行为具体是指：产品以不正当竞争的方式或不公平的行为进入美国，或产品的所有权人、进口商、代理人以不公平的方式在美国市场上销售该产品，并对美国相关产业造成实质损害或损害威胁，或阻碍美国相关产业的建立，或压制、操纵美国的商业和贸易，或侵犯合法有效的美国商标和专利权，或侵犯了集成电路芯片布图设计专有权，或侵犯了美国法律保护的其他设计权，并且，美国存在相关产业或相关产业正在建立中。

累，美国经济放缓，美国政府为此采取了货币贬值和降息的政策，这无疑将进一步推动人民币升值，大大加大了中国宏观调控难度。

提高国内消费需求的效应是多方面的：首先是减少了对外部市场的依赖，降低了中国与主要贸易伙伴之间的贸易顺差，也减轻了贸易摩擦；其次是改变了过去政府宏观调控过多地依赖降低投资率的格局；三是带动国内一系列产业的发展和就业人数的增加，并增加相关产业人员的收入水平；四是通过提高居民的消费服务数量和质量，提高人力资本，促进经济的可持续发展；五是加强对产品和服务的安全卫生状况的重视，推动环保和节能，实现人与自然的协调发展。

10.3.3 县域发展新要求：科学发展与社会和谐

1. 立足主体功能区定位，实施科学发展战略

主体功能区是"十一五"规划纲要创造性地提出的一个概念。中国"十一五"规划纲要提出，要"根据资源环境承载能力、现有开发密度和发展潜力，统筹考虑未来中国人口分布、经济布局、国土利用和城镇化格局，将国土空间划分为优化开发、重点开发、限制开发和禁止开发四类主体功能区"，并要求"按照主体功能定位调整完善区域政策和绩效评价"，以"规范空间开发秩序，形成合理的空间开发结构"。

主体功能区概念对于中国县域科学发展有着重要的指导意义。中国的宏观区域经济政策以前通常限于地理上的空间范围，如东部率先发展、西部大开发、中部崛起，等等。虽然表述不同，但政策含义都是允许各地大力发展工业和附加值高的产业。这样，各地纷纷出现了大力发展工业、大力发展乡镇企业的局面。中国 20 世纪 80 年代"村村冒烟"发展乡镇工业就是这一政策真实的写照。不顾地方生态、社会、经济、自然条件而盲目发展工业的后果是很明显的：消耗大量自然和能源资源、严重的环境污染、生态退化，公共卫生和疾病事件频频发生，经济结构重复，效率低下。因此，要贯彻好科学发展观、促进县域经济健康发展，就必须落实国家关于主体功能定位的区域开发战略。只有按照区域主体功能定位，规范空间开发秩序，调整产业方向，引导企业合理区域集中和规模经营，才能避免走"遍地开花"办乡镇企

业的老路，才能形成合理的空间开发结构，才有利于发展循环经济、推行清洁生产，实现经济社会的可持续发展。

为促进县域经济健康发展，需要根据优化开发、重点开发、限制开发和禁止开发这四类不同的主体功能区域来调整县域经济的发展方向。

（1）优化开发区域的县域发展方向。优化开发区域是指国土开发密度已经较高、资源环境承载能力开始减弱的区域，包括：长江三角洲、珠江三角洲、京津唐等沿海地区是优化开发区域，以及各省的优化开发区，如武汉城市圈、中原城市群、沈阳—大连工业走廊、济南—青岛工业走廊、南昌—九江工业走廊、绵阳—成都工业走廊等。在这些优化开发区域中，县域发展尤其是工业的发展，要改变以往依靠大量占用土地、大量消耗资源和大量排放污染来实现经济较快增长的模式，把提高增长质量和效益、提升产业层次和竞争力放在首位，继续成为带动经济发展的龙头和参与经济全球化的主体区域。

（2）重点开发区域的县域发展方向。重点开发区域是指中国中部各省，除北京和珠江三角洲外的京广铁路沿线、陇海铁路沿线、除长江三角洲外的长江沿线，等等，这些地区资源环境承载能力较强、经济和人口集聚条件较好。在重点开发区域的县域经济发展中，要加强和充实基础设施，努力改善投资创业环境，积极吸引外来资金和扩大对外开放，促进产业集群发展，不断壮大经济规模，加快工业化和城镇化进程，积极承接优化开发区域的产业转移、承接限制开发区域和禁止开发区域的人口转移，逐步成为支撑经济发展和人口集聚的重要载体。

（3）限制开发区域的县域发展方向。限制开发区域是指资源环境承载能力较弱、大规模集聚经济和人口条件不够好并关系到较大区域范围生态安全的区域，包括：长江中上游生态功能区、黄河中上游生态功能区、青藏高原生态功能区、南北水调水源保护区、内蒙古草原生态功能区、淮河生态功能区、太行山生态功能区、大兴安岭生态功能区。在限制开发区域内，要因地制宜地发展资源环境可承载的特色产业，要降低城镇建设强度、降低工业发展强度，要加强植树造林和保持水土，加强生态修复和环境保护，积极引导富余劳动力和超载人口逐步有序向外转移，不断完善生态功能，逐步建成为国家的重要区域性生态功能区。

（4）禁止开发区域的县域发展方向。禁止开发区域，是指依法设立的各类自然保护区、风景名胜区、森林公园、文化自然遗产、地质公园等。在禁止开发区域的县域经济发展中，经济增长不是最主要的，生态环境保护对于国家而言是根本，为此，要实行强制性保护，控制人为因素对自然生态的干扰，严禁不符合国家规定的开发活动①。

2. 尊重经济规律，发挥市场配置资源的基础性作用

县域经济是各种生产主体和消费主体的混合体。从生产供应方来看，有劳动力、土地、资本、技术及资源管理；从需求方来看，有农民、工人、公共部门及有关人群。不过，相对于大中城市而言，县域经济国有企业比重低，有的县除电力、通讯、银行等国有企业之外几乎没有国有企业。县域经济非国有成分高的特点为市场发挥基础性作用创造了良好的条件。

对于县域经济而言，能够将这些生产关系以及不同水平的生产力顺畅地联结在一起的最有效率的媒介便是资本，而资本最大的用武之地便是市场，"各种经济成分唯一可能的经济联系就是市场"②。马克思早就提出了资本的纽带作用，他说："在工业上运用股份公司的形式，标志着现代各国经济生活中的新时代。一方面，它显示出过去料想不到的联合的生产能力，并且是工业企业具有单个资本家能力所不能及的规模；另一个方面，在股份公司中联合起来的不是个人，而是资本③。"

按照马克思的劳动价值论，资本不创造价值，但资本能促进小生产向大生产发展，从而也就推动了生产力的发展，生产力提高了，劳动创造的价值也就增加了。因此，资本获得利润相应增加，劳动者所得报酬也会相应提高，这是三方皆能获利的良性循环。他指出资产阶级在资本力量的帮助下"在它的不到一百年的阶级统治中所创造的生产力，比过去一切世代创造的全部生产力还要多，还要大④"。同时，资本的发展一方面促进了社会化大生产的发展，另一方面也为资本主义经济向社会主义转化准备了基础，因为由资本的发展而形成的"股份制度就是在资本主义体系本身的基础上对资本主义的私

---

① 吴海峰. 运用区域主体功能定位促进县域经济健康发展. 中国经济时报，2007－07－05.
② 《列宁全集》第2版，第43卷，人民出版社，83.
③ 《马克思恩格斯全集》第12卷，人民出版社，37.
④ 《马克思恩格斯全集》第1卷，人民出版社，31.

人产业的扬弃；它越是扩大，越是侵入新的生产部门，它就越会消灭私人产业"①。

中国的国情决定了中国必将长期处于社会主义初级阶段，因而注定了中国需要发挥资本的积极作用。广大县域经济总体上尤其不发达，更需要发挥资本的媒介作用。近年来，各地兴起的招商引资热潮虽然带来一定的负面效应（如占用耕地过多、环境污染、扭曲政府绩效考核的科学性等），但客观地来看，资本扩大了企业生产规模，资本带来了先进的管理经验，资本吸引了优秀的技术人才，资本提高了工业劳动生产力。

尤其要指出的是，中国广大农村经济要依靠资本的纽带作用改变传统的农业生产方式，提高农业劳动生产率。过去人民公社的实践表明，单纯的劳动力联合是无法实现农业产业化和解放生产力的。分散的农户也不可能开拓大市场，至多只能是组成传统意义上的集贸市场。农业产业化的实现，要靠资本的带动，要靠劳动力的自由流动，要靠农业范围内的土地自由流通。开拓市场和组织营销要靠龙头企业和专业户的带动。具体说来，通过龙头企业提供市场信息，带动农民生产，龙头公司负责农产品的加工和市场的开拓，并为农户提供产前和产中的服务，龙头公司和农民之间有相对稳定的契约关系②。通过龙头企业、农户以及中间环节的基地的相互作用，实现农业生产的规模化、标准化和集约化、农业产品加工的深度化、农产品销售的分工化使农产品竞争力大大提高。农产品顺利销售，资本获利，农民增收，小城镇吸收更多的农村剩余劳动力从事第三产业，经济步入良性循环，工农业消费市场启动，从而带动城乡、工农和区域的协调发展。所以说，是资本、自由流动的劳动力和农业范围内自由流通的土地联合推动着农业产业化，提高了农业生产率，彻底把小生产改造为大生产；是龙头企业开拓了农村市场和吸收了农村剩余劳动力，增加了农民收入；是城市提供了农业产业化所必需的资金、技术和人才，领导着农村经济发展。反过来，是农村经济的发展推动着国内市场的繁荣、内需的扩大和城乡、区域经济的协调发展。

为发挥资本的纽带作用，优化配置经济资源，推进县域经济又好又快地向前发展，作者认为，可参考以下途径：

---

① 《马克思恩格斯全集》第 25 卷，人民出版社，496.

② 许毅、柳文．《转变农业生产方式：当前解决三农问题的一种现实途径》，载入财政部科研所编：《热点与对策 2004～2005 年财政研究报告》．北京：中国财政经济出版社，2005.

（1）加大中央银行对农村经济发展的支持力度。中央银行应适当增加对农村信用社的支农再贷款支持；逐步放开农村信用社存贷款利率，实行利率市场化改革；县级及以下的邮政储蓄上存人民银行后，人民银行应按照一定比例、低利率贷给农村信用社，实现农村资金为"三农"服务的宗旨。此外，中央银行应培育好信用环境，真实地评定贷款对象的信用等级；深化改革，尽快改革金融零售业务不灵活、批发业务难批发的不良状况。

（2）信用联社加大信贷支持力度，加强金融环境建设。信用联社以助推农业产业化发展为重点，进一步加大支农力度。切实把支持"三农"作为信贷工作重点之一，进一步增加对农业产业结构调整的贷款投入，重点支持以特色农业、科技农业、品牌农业为重点的现代农业。加大对农业增产、农民增收和农村经济结构调整的信贷支持；努力满足农户发展种养业、农副产品加工运输和消费等方面的合理资金需求；加大农产品生产、加工、储运、销售等环节的信贷资金支持。按照推进农业农场化、农民职业化、生产基地化、产品标准化的要求，采取"龙头企业＋基地＋中介组织＋农户"的经营模式，由政府引导、统一规划种植、饲养小区，企业提供种、苗、技术，大力发展合同、订单种养业，加大对全市农业龙头企业和中介组织的信贷扶持力度，使其迅速膨胀，引导农民发展高效农业、特色农业和外向型农业。

（3）农业银行继续大力支持农业产业化龙头企业。农业银行继续支持对开拓市场做出巨大贡献的农业产业化重点龙头企业。一是根据优质企业的状况和资金需求，适度下放贷款审批权限，扩大授权授信，拓宽重点企业金融营运空间。二是积极寻求培育和扶持优质龙头企业客户群。三是适应其贷款需求特点，改善贷款方式，单独制定适合其特点的信用等级评定标准，积极办理公开授信和国际贸易融资额度等业务，简化审批手续，提高贷款效率。

（4）充分发挥财政资金和政策的杠杆导向作用。在条件允许情况下，财政部门应根据形势的变化，与金融部门密切配合，并研究支持中介组织发展的财税政策，大力推广"基地＋农户＋龙头公司＋中介组织（如协会等）"的生产组织模式，更好地发挥资本纽带作用。这主要表现在：第一，建立县、乡农业发展基金，主要用于农田基本建设和农业科技推广的大中型项目，以提高农业综合生产能力。发展基金可以从乡镇企业上交的利润中划出一部分（具体由县市决定）。农业发展基金专户存入信用社，由县、乡财政调控，由信用社监督专款专用，确保效益；审计部门定期进行审计，确保安全。第二，对财政支农资金实行信贷化管理。无偿的财政支农投资改为贷款投入，变财政资金的"输血"功能为"造血"功能，提高资金的使用效益。第三，将财政资金、集体积累资金和农户资金有效结合起来，整合全社会资源，引导、鼓励农村民间资金向"三农"投入。第四，对积极支持中小企业发展而使经营效益受到影响的金融部门给予必要补偿，以鼓励金融部门增加信贷投入。

（5）对符合条件的企业积极争取上市。在国家实行稳健的财政政策和从紧的货币政策情况下，上市不仅可以为县域发展开辟一条低成本、高效率的融资渠道，而且有利于企业建设现代管理制度，提升企业发展层次。

3. 关注民生，促进县域和谐发展

发挥市场要素特别是资本配置资源的基础性作用，将提高社会生产能力，提高经济效率，这是县域发展不可逾越的发展阶段。同时，也应看到资本的消极作用，因为"只要还存在着市场经济，只要还保持着货币权力和资本力量，世界上任何法律都无法消灭不平和剥削。只有建立起大规模的社会化的计划经济，一切土地、工厂、工具都转归工人阶级所有，才可能消灭一切剥削[①]"。市场制度天然产生两极分化和大企业的垄断，这种分化积累到一定程度会引发消费能力的相对下降，从而影响消费能力同生产能力的同步增长。

为此，政府应有意识有计划地采取相应的政策，运用财政、金融等分配杠杆对社会产品有步骤地通过再分配手段来进行组织协调，从而能最大程度地避免资本的消极作用，保护劳动者的合法权益。为此，县域发展要做到以下几点：一是完善收入分配机制，不断提高居民收入，特别是要提高低收入人群的收入，扩大中等收入者的比重，同时有效调节过高收入；二是加快完善社会保障、教育、卫生等制度，促进教育、卫生、社会保障福利消费的均等化；三是加大对农村基础设施、农村科技服务的投入力度，改善农村生产和生活条件，提高农民收入；四是保障农民工基本权益，规定农民工最低生活保障水平；五是加大对农村剩余劳动力的培训。

无论限制开发区域还是禁止开发区域都要把发展劳务经济、促进农村人口转移作为县域经济发展的一大战略。要强化对农村潜在移民的技能培训，

---

① 《列宁全集》第 2 版第 13 卷，人民出版社，124.

扩大"阳光工程"规模，不断提高培训质量，增强农民转产转岗就业谋生的实际本领。

4. 加强政府自身建设，全面提升行政执行力

首先是转变政府职能，建设效能政府。要加快推进行政管理体制改革，继续推进非行政许可项目审批制度改革，进一步转变政府职能。积极推进政府管理创新，规范工作程序，再造和优化工作流程，推动政府管理专业化、标准化运作。强化行政成本效益观念，量化行政效率的考核标准，发挥绩效评估的导向作用和激励约束作用，全面提升行政效率和服务水平。

其次，健全政府职责体系，建设服务型政府。坚持科学发展观和正确的政绩观，把局部利益和全局利益结合起来，把当前利益和长远利益结合起来，把政府努力的方向和老百姓的期盼结合起来，把政府考核的指标和老百姓的评价结合起来，把对上级负责和对群众负责结合起来，深入推进行政首长负责制、首问负责制、行政过错责任追究制，进一步完善主办部门责任制、业务主办人制度和责任倒查机制，确保政令畅通，忠实履行为人民服务的职责。

第三，改进机关作风，建设实干政府。当前，形式主义、官僚主义问题比较突出，弄虚作假、奢侈浪费和腐败现象比较严重。要大力弘扬艰苦奋斗的优良作风，厉行节约，勤俭办事，力戒形式主义，反对排场和浪费。大力弘扬求真务实的工作作风，精简会议、减少文件，提倡开短会、讲短话、发短文。提倡现场调研，腾出更多的时间到基层去，到群众中去，到困难多、问题多的地方去，多办得民心、顺民意的事情。加强与公共媒体、社会公众的良性互动，为促进工作营造有利的舆论环境。

第四，提高政府透明度，建设阳光政府。坚持从严治政，构建完善有效的廉政监督机制，切实做到用制度管权、按制度管事、靠制度管人，从源头上预防和遏制腐败。加大违纪违法案件查处力度，重点加强工程建设、产权交易、政府采购、土地管理等领域的监管。强化行政监察、审计督查，完善政府工程招投标制度，积极在政府工程建筑物拆迁等领域引入市场竞争机制，堵塞管理漏洞。加大政务公开力度，让公共权力在"阳光"下运行，提高政府工作的透明度与公信力，建设人民满意的政府。

5. 寻求多方面支持，努力营造良好外部环境

（1）资金支持。县域发展离不开外部财政支持。在体制政策框架范围内，积极争取财政资金是非常必要的。这包括：第一，争取支农惠农资金，包括争取小麦直补、粮食综合补贴、棉花良种补贴、小麦良种补贴、农机具购置补贴。第二，积极争取工程项目资金，包括农业产业化项目资金、省道建设项目资金、城市开工建设项目资金、农业开发项目资金、小型水库工程建设资金。第三，积极争取社会事业投资，包括在教育、医疗卫生、节约能源和环境保护等社会事业发展资金。第四，积极争取小城镇补助和贴息资金等，引导、鼓励各类企业向县城和重点中心镇集中，引导农村人口向城镇有序流动和集聚，扩大农村劳动力向第二、三产业转移的空间，增加就业岗位，加速城镇化进程①。

除一般性资金支持外，还要根据主体功能区域的特点，实施专门的扶持政策。例如，在"因素法"转移支付中，明确按照功能区概念，整合原有多项财力性转移支付，合并为生态地区、农业地区两大类支付，并在已有的发达地区对欠发达地区"对口支援"转移支付基础上，积极探索、发展搬迁式扶贫等方式②。

积极争取企业流动资金。一是通过向上级金融部门做工作，争取更多经济产业发展所需的融资。二是积极构建银企融资的平台。通过组织多种形式的银企恳谈会、座谈会、分析会等，互通信息、加强沟通、相互理解，形成政府、金融机构和企业三方互动格局，探索出解决工业企业贷款难的新路子。

（2）政策支持。政策支持的关键是在中央和省级政府的调控下，适度扩大落实县级经济管理权限。扩权对试点县有三大好处：一是信息直接获取，有利于试点县更好地把握机遇，以获得省里更大的支持。二是项目资金直接下达，有利于提高资金下达效率，计划指标单列，有利于保障试点县获得省相应的项目、资金、土地等支持。三是减少审批环节和管理层次，有利于提高办事效率。

当前，中国一些省份对经济强县已经赋予了地级市的投资权限，这对强

---

① 范宝学. 调整财政政策　促进辽宁县域经济发展. 理论界，2006.11.
② 贾康. 在新农村建设、环境保护和主题功能区建设中实行政策与相关的创新. 财政研究简报，2008.2.

县经济发展起到了巨大的推动作用。但是还应扩大放权范围和放权力度，按照"能放都放"的原则，赋予全部县级政权更大的发展自主权和决策权。进一步加快行政审批制度的改革，凡是国家产业政策鼓励发展的、不需要国家和省里预算内投资的、不借用国际金融组织和外国政府贷款的项目审批权都应该下放到县一级；凡是能一步到位将审批改为备案的，应该一律取消审批；农村小城镇建设的规划权、外贸进口权也应该下放到县；对于少数确实不能下放的审批事项，应该简化手续，提高效率，限时审批。县级政权也要全面深化改革，加强自身建设，积极慎重地用好用足省委、省政府赋予的权力，努力营造良好的县域经济发展环境①。

（3）人才支持。加强人才引进工作。继续实施人才发展战略，多形式聘用高层次科技专家和管理人才，营造凝聚人才的良好环境。多方联系沟通，从省级部门聘请挂职副县长；同高校开展人才培训和项目合作，聘请外地专家担当经济社会发展顾问，积极营造良好的人才投资环境。

---

① 齐子忠．发展壮大县域经济 夯实新农村建设基础．山东省农业管理干部学院学报，2007.1.

参考文献

1. 陈成文、许一波. 从构建和谐社会看建立新型农村社会救助体系. 湖南师范大学社会科学学报，2006.1.

2. 陈少强. 农业产业化与新农村建设. 中国发展观察，2006.5.

3. 陈学军. 县域经济如何走新型工业化道路. 西南农业大学学报：社会科学版，2005.4.

4. 戴蓬军、邓俊淼. 推进农业产业化，促进县域经济发展. 农业经济，2007.2.

5. 邓忠、田晓青. 县域经济发展对新农村建设的促动机制分析. 湖北行政学院学报，2007.2.

6. 范宝学. 调整财政政策 促进辽宁县域经济发展. 理论界，2006.11.

7. 方大春、郑垂勇. 区域经济发展理论对后发县经济发展战略的启示. 安徽农业科学，2006.8.

8. 高焕喜. 中国县域经济发展中城乡统筹机制形成研究. 北京：中国财政经济出版社，2006.

9. 国务院发展研究中心课题组. 对中国医疗卫生体制改革的评价与建议调研报告. 中国发展评论，2005 年增刊 1 期：13，157.

10. 纪玉山等. 科技创新促进经济增长的微观机理与政策选择. 经济社会体制比较，2007.5.

11. 贾康、刘军民. 支持县域经济发展的财政政策研究. 杭州师范学院学报（社会科学版），2005.2.

12. 蒋志坤. 基本养老保险跨统筹区域转移问题研究. 中国人民大学，2006.

13. 金相郁. 中国城市聚集经济的实证分析——以天津市为例. 城市发展研究，2004.1.

14. 孔祥云．探索具有中国特色的农业剩余劳动力转移之路．清华大学学报：哲学社会科学版，2001.1

15. 劳动和社会保障事业发展"十一五"规划座谈会，北京，2005 年 12 月 8～9 日．

16. 李洋．找准完善中国新型农村合作医疗制度的着力点．农村经济，2007.2.

17. 李佐军．正确理解新型工业化．华中科技大学学报：社科版，2007.2.

18. 蔺桂敏．发展县域经济　促进社会主义新农村建设．中共铜仁地委党校学报，2007.1.

19. 刘国斌等．县域经济发展与新型工业化道路的选择．税务与经济，2006.6.

20. 刘铭达．慎用"县域经济"的提法．中国改革，2005.12.

21. 刘小龙．中国县域经济论纲．城市经济，2003.6.

22. 陆学艺主编．晋江模式新发展——中国县域现代化道路探索．北京：社会科学文献出版社，2007.

23. 罗伯特·M. 索洛等．经济增长因素分析，北京：商务印书馆，2003：201.

24. 毛泽东文集（第 3 卷）北京：人民出版社，1999：206.

25. 齐子忠．发展壮大县域经济　夯实新农村建设基础．山东省农业管理干部学院学报，2007.1.

26. 山东省统计局．十六大以来山东经济社会由加快发展向又好又快转变．

27. 尚可．关于发展县域经济的几点思考．中国网，2005－8－31.

28. 双传学．从"百强县"经验看中国县域经济的和谐发展．经济纵横，2006.12.

29. 万有喜．创新金融服务支持县域经济．金融与经济，2007.4.

30. 王宝安．在市场经济体制下走新型工业化道路．财贸经济，2007.1.

31. 王承宽.21 世纪中国人口和计划生育管理问题研究．南京航空航天大学学报，2006：130.

32. 王培根、龙泉．农村剩余劳动力转移与县域经济发展互动性研究．重庆大学学报：社会科学版，2006（12）：4.

33. 王思斌．转型中的中国社会救助制度之发展．文史哲，2007（1）：121

~126.

34. 王伟光主编. 建设社会主义新农村的理论与实践. 北京：中央党校出版社，2006.

35. 魏礼华. 浅析县域民营经济在新农村建设中的重要作用. 商场现代化，2006：487.

36. 魏丽华. 从成功范例看县域民营经济对和谐社会主义新农村建设的重要性. 中国发展，2007.1.

37. 县域经济社会发展的财政政策研究课题组. 县域经济社会发展的财政政策研究. 经济研究参考，2005：49.

38. 杨靖山. 县域农业经济产业化发展中需注意的几个问题. 中共石家庄市委党校学报，2005.4.

39. 杨强、张荣兰. 对县域经济与金融和谐发展的思考. 河南金融管理干部学院学报，2006.5.

40. 于发友. 县域义务教育均衡发展研究. 山东师范大学学报，2005：93.

41. 张静. 当前县域经济资金运作机理、金融缺陷及对策. 金融研究，2006.9.

42. 张培刚. 发展经济学教程，北京：经济科学出版社，2005：512.

43. 张茹、应瑞瑶. 县域经济发展与金融支持：常熟个案研究. 南京农业大学学报：社会科学版，2006.2.

44. 赵国如. 以县城为中心推进县域经济的工业化城市化进程. 中国发展，2006.2.

45. 赵履宽、杨体仁、姚先国等. 劳动经济学. 北京：中国劳动出版社，1998：441.

46. 郑功成. 论我国的经济发展与社会保障. 经济评论，1996.3：30～34.

47. 中国农民工问题研究总报告起草组，中国农民工问题研究总报告，2006.

48. 周金堂. 把发展县域经济与建设新农村结合起来. 经济日报，2006-08-08.

后 记

本书缘于 2003 年初作者与李世民同志（时任山东省陵县县长）的一次交流。在交流中，他提出了一系列关于陵县发展的问题与作者探讨。这些问题既抽象又具体，既宏观又微观，既有经济的，也有社会的，既涉及政策制定，又涉及政策执行。

显然，这些问题的分析和解决，仅靠一两个人是无能为力的。于是，寻找一群具有不同学习背景和工作背景的专业人士来共同思考和回答这些问题的想法由此而生。作者相信，通过建立起一个政策信息沟通交流的渠道、搭建起一座理论与实践相结合的平台，对于相关各方都会有所裨益。

于是，从 2003 年开始，一群志趣相投的博士与陵县人一道，共同面对、共同思考、共同探索如何实现陵县经济社会更好、更快、全面发展的目标。

五年来，博士们通过重点访谈、实地考察等多种形式，深入陵县各城区、街道、乡村，亲历见证了陵县党委和政府带领全县人民努力拼搏、务实工作，在紧抓经济建设的同时，加强对教育、医疗、社保等事关民众根本利益的投入，将民生之所需视为最重要之"公务"，把国家大事落实到事关百姓的一件件小事中，让全县人民体会到了"发展依靠人民、发展为了人民、发展成果由人民共享"的具体而真实的含义。

作者不能不说，陵县 5 年来跨越式发展是对"科学发展与社会和谐"两大时代主题的具体而有效的诠释，其成绩令人欣喜，其经验值得总结，其做法可资借鉴，当然，其中所存在的问题也同样值得思考。

但无论是成绩还是挑战，都可以看作是中国现代化历史进程中的一个缩影。因为，把陵县放在追求国家现代化的背景下进行研究，可以透视现代化建设的一般规律，把握现代化的主要矛盾和面临的问题，进而有针对性地提出符合中国县域发展实际的政策建议，加快中国现代化进程。

这一切，便是作者观察陵县、思考陵县、最终完成本书写作并公开出版的理由。

需要说明的是，在整个调研和写作过程中，博士们就研究框架、基本思路、研究方法、理论观点、政策主张，甚至语言表达等问题都进行了坦诚的反复交流和讨论，前后数易其稿，投入的时间和精力可想而知，但作者备感欣慰。因为，作者所做的，是一件具体而有益、平凡而重要的事情。

当然，本书得以完成，离不开陵县县委和县政府自始至终的支持和配合。而且，作者还要感谢黄震、谭秋桂、刘斌、汤学兵、鄢圣文、向燕晶、瞿长福、魏永刚等同志为完成本书所作出的艰苦而富有成效的努力。

作者

2008 年 6 月 20 日

责任编辑:文　白
文字编辑:刘　群
版式设计:鼎盛怡园

图书在版编目(CIP)数据

县域发展与中国现代化/刘建平　徐璐玲等著. −北京:人民出版社,2008.8
ISBN 978−7−01−007255−5

Ⅰ. 县…　Ⅱ.①刘…②徐…　Ⅲ. 县−地区经济−经济发展−研究
Ⅳ. F127. 524

中国版本图书馆 CIP 数据核字(2008)第 130484 号

县域发展与中国现代化

XIANYU FAZHAN YU ZHONGGUO XIANDAIHUA

刘建平　徐璐玲　等著

人 民 出 版 社 出版发行
(100706　北京朝阳门内大街166号)

北京瑞古冠中印刷厂印刷　新华书店经销

2008 年 8 月第 1 版　2008 年 8 月北京第 1 次印刷
开本:710 毫米×1000 毫米 1/16　印张:16.25
字数:250 千字　印数:00,001 − 17,000 册

ISBN 978−7−01−007255−5　定价:35.00 元

邮购地址 100706　北京朝阳门内大街 166 号
人民东方图书销售中心　电话 (010)65250042　65289539